霧峰無霧

——給哥哥的信

——游宗明老師 著

ISBN 978-986-6431-40-1

自序

由於對佛法的喜愛，我的一生拜過許多師父，其中如證法師對我關愛有加，特地買了一套《妙雲集》送我，叫我努力拜讀，將來於佛法就能通達。他對我的期望是很高的，但我卻覺得自己很笨，《妙雲集》一直都讀不懂，裏面每一本書我都只翻了前面幾頁，因爲看不懂，所以不想閱讀，因此幾十年來整套書都還很新。等到來正覺同修會的時候，聽說有人要《妙雲集》，我迫不及待地把整套書都奉上；把它送走後心中覺得很輕鬆，感覺非常愉快；畢竟讀不懂，也不想讀的東西，留著無用。沒想到快樂沒多久，聽說要破邪顯正救護學人，我得要去研究《妙雲集》到底有沒有錯？錯在哪裡？這就好像你最不喜歡吃的東西，偏偏要你把它吃完一般；最不想讀的書，想不到最後還是要讀，於是硬著頭皮努力讀它；由於證悟般若的緣故，現在我終於讀懂了——原來《妙雲集》有很多重要法義都說錯了，而且是非常嚴重的錯誤；如果不改正，整個佛教正法將被《妙雲集》的歪理連根拔起而推翻，問題不可謂不嚴重。但是這種佛教的危機，除了平實導師獨具慧眼、法眼，一眼看出其居心叵測的企圖心之外，似乎佛教界渾然不知，一片佛法興旺的太平景象；可見佛教界對邪魔外道錯誤知見的入侵毫無警覺性，對世尊說後世有人會進入佛門，身穿僧衣吃如來食而破壞佛法的行徑，渾然不覺，實在可怕。

如證法師對佛教的認知也跟時下僧人一般，認為西藏密宗也是佛教，而且認為它超越顯教，所以他去世之前說我跟密宗有緣，以後也要去學密法。於是我也乖乖的聽話去學密宗，當第一位上師死了之後，我就去找第二位學，第二位上師死了就去找第三位；這些漢人的上師死了就去找西藏上師，也是同樣的死了就去再找下一位；於是紅教上師死了，就去找黃教的；黃教上師死了，又去找白教、花教等；當時並沒有覺得有什麼奇怪，直到有人問我「**到底跟幾位上師學法**」的時候，我屈指一算，才知道我拜過的上師死了八位。他們對我說：「**你不要再去拜上師了，這些上師都被你拜死了。**」我當然不相信有這回事，因為我是誠心來學 阿彌陀佛**長壽密法**的。

從密宗的所謂顯教法義來看釋印順著作，就知道《妙雲集》的錯誤都是被密宗誤導的；只要佛教有的東西，密宗也都有，但是內容都不一樣；譬如正統佛教有「如來藏」，密宗也有如來藏，但它的如來藏是中脈裡面的明點，不是佛法所說的第八識。佛法講八識，密宗也有八識，密宗講的是「第七意識、第八意識」。佛法有無上瑜伽，密宗也有無上瑜伽，但密宗的無上瑜伽是雙身法，不是正統佛教說的「與無上解脫的佛地功德相應」。佛教有佛，密宗也有佛；佛教之佛是男性，其實就是中性身，因爲是馬陰藏相，已經遠離男女之欲貪；但是密宗的佛有佛父、佛母，根本就未離欲界，明眼人一看就知道密宗的「佛」不是佛教之佛，可是有誰敢一語道破？

由於正統佛教的容忍，才會使得密教得寸進尺，想要像天竺時代一樣併吞佛教而後快。若想要佛教不滅亡，就要如古德所說的：「**若非破邪，無以顯正。**」所以破邪是顯正的最好方法，雙具破邪、顯正則是護持佛教正法最好的方法。有人以爲這種方法不夠圓融，須知正邪不能兩立，猶如白天與黑夜不能並存。只要黑夜不說：「**我的黑暗叫作白天。**」那就無妨各自運行。今天，密宗從裡到外都不是佛教，卻打著「**藏傳佛教**」的招牌冒充佛教，還凌駕於正統佛教之上；入篡佛教正統以後還打壓正統佛教，想要全面取而代之，重新再來一遍「密教興而佛教亡」的天竺故事，當然應該把眞相說清楚、講明白，看看密宗到底是不是佛教？不是佛教而公然宣稱它是佛教，這是欺瞞社會大眾的行爲，乃天地所不容。黃金就是黃金，黃銅就是黃銅；有人要買黃金，有人想要黃銅，這個我們都尊重，但就是不可以把黃銅騙人家說：「這就是黃金。」要詐騙集團技倆的人，以爲有眾多人把黃銅稱爲黃金，則黃金就會被貶作是黃銅。末學拙筆爲文，不求風流雅緻飄逸，直言而不修飾，純依自己的性情秉筆直宣，只是要人認清黃銅絕對不是黃金，如此而已，是爲序。

佛弟子 **游宗明** 謹序

公元二〇一二年十月五日

目錄

第一篇

第二篇

霧峰無霧——給哥哥的信

哥哥如晤：

台灣最近是有點熱，不過若到日月潭去，在潭邊步道吹風還頗涼爽，昔日兄返台時帶您去玩的文武廟，人潮洶湧，大陸來的、日本來的遊客都有，我常到那裡去放書跟大家結緣，順便到潭邊步道走一走感覺還不錯。因爲要送書與人結緣，所以城市鄉村乃至天邊海角偏遠地區，我帶著一家人到處跑，由於這幾年只有星期日下午半天時間，所以只跑一百到一百五十公里的範圍，在那裡忙得不亦樂乎；這也是拜台灣高速公路發達之賜，沒有這樣跑，我還不知道台灣的寺廟還眞多呢！我進廟，會先去看放書的地方；哇！琳琅滿目，從一本一百五十元到八百元的書都有人拿來贈送，可見台灣人眞的肯布施，作善事不落人後；可是善心也會被人利用，所以不要高興得太早。

一百五十元的書是《如何解脫人生的種種痛苦？》「苦海還願人」編著，維摩詰居士弘法會印行，而且還標明「**非賣品 第一集**」；既然非賣品，爲何一本要一百五十元？這就是他暗藏玄機的地方；他在書後標明一次最少要匯款十本以上，如果有業障、嬰靈纏身要作印書送人之功德的，則百本、千本、幾千本都不棄；如自己送不出去就由他們替你贈送，你只要寄錢來就可以了。看來還眞好心，我的朋友就曾匯去十幾萬元給他印書。到底印多少且不說，書的內容，首先印經咒，後面就吹牛他的功力如何；邪見一大堆，令人不忍卒讀；這根本就是利用佛教之名在詐騙錢財，我那朋友後來知道了，後悔得要命。

這本書一一七頁說「達摩、二祖、三祖、四祖、五祖、六祖都只讀一部經而已」，一一八頁又說「可見達摩、二祖、三祖、四祖雖讀楞伽經，卻未抓住要點，乃只讀一部佛經，因而無從融會貫通。五祖、六祖改讀金剛經，不讀楞伽經，錯得更離譜，竟敢編出六祖壇經，以大藏經來鑑定六祖壇經，就可肯定乃大妄語邪說。」作者吹噓他「直覺必須研究三千多部佛經，才不會劃地自限」（一二四頁），他怎麼知道祖師只讀一部佛經？六祖不識字，《壇經》是他編寫的嗎？又錯在哪裡？還敢謗賢聖，可見「苦海還願人」之狂妄。

那本八百元的大厚書至少三公斤，一些吃過他的甘露的名法師相片都在裡面，悟明法師也有；原來仰諤益西早就把他們拍照存證了，書名叫作《多

杰羌佛第三世　正法寶典》。這位大陸公安單位要抓的大騙徒多杰羌佛（就是義雲高——仰諤益西），自稱能令佛降甘露；但欲界天人才吃甘露，佛吃什麼他都不知道，還自稱爲佛，這就是密宗的佛。他既然是佛，那就自己把他吃的甘露拿出來就好了，何必再請佛降甘露？我當時若在場，一定請佛教界理事長悟明法師，不要只顧自己吃，應該第一口送給李登輝或是陳水扁。至少人家是總統嘛！說不定吃了更有智慧把國治好，也是功德一件。當然這是我的妄想。假如他們的甘露那麼好吃，爲何密宗他們還要吃魚吃肉又喝酒？

您第四位兒子到盧勝彥的雷藏寺作工，吃飯時還端出一條魚，他驚訝地問道：「這裡不是佛寺、要吃素的嗎？」他竟然回答說：「低級的才吃素，我們高級的密宗才敢吃魚。」眞是大膽狂徒。我說，下次他再煎一盤魚出來，你就說：「我叔叔說人家高級的修行人，魚吃了一半，放回水中還會活；我看你也沒有那麼高級啦！不妨未動筷子之前，放入水裡看看能不能活？」把我的名字報給他也沒關係，敢謗吃素是低級，那就看看盧勝彥的眞佛宗高級在哪裡？盧勝彥是台灣人，他應該幫助台灣寶島不要落入喇嘛教的邪法中才對；可是他沒有這樣作，反而現喇嘛身來騙台灣人。他知道密宗也不過是一團騙術，所以敢在電視上直接傳授密宗誅法；死人油，殺豬刀，誅咒手印都講出來了，然後說：「你們不要想用誅法來誅我，我是不怕的。」買你的矛就是要刺你的盾，盾若刺不破，表示「你的矛能刺破盾」是謊言。

其實盧勝彥有學法術，所以他說他不怕密宗誅法。他對教他法術的法師說他成佛了，法術師嗤之以鼻說：「那是什麼佛呀？」他的法術師父就是李思賢，李乃張群的姪子，張隨蔣中正來台，把帶在身邊的姪兒送給無子女的賣菜李；住在元長鄉，故姓李。李思賢十六歲幫父母賣菜時，手指被竹籃割傷，有閭山派用止血符爲他止血成功，遂對符咒心嚮往之；就因爲他會一點法術，在當兵時，被來台的第六十二代天師發現，而把張天師的法交給他，所以他在台灣道教天師派的輩分很高。他的法術會超越天師派以及紅頭、黑頭的法術，是因爲二十三歲退伍後去跟法術奇人杜英發學了十年的中山法。一般人只知道茅山、鳳陽，很少知道中山法。

達賴喇嘛在去年八八水災來的上一次，他就召見台灣法術王牌李思賢，他想用密宗的法來降伏台灣的法術高手，以奠定密宗是法王的地位；地點在林內鄉黃教道場白馬寺，由姓沈的司機開車前往。二人見面，達賴表演打坐騰空，第二招把一隻鴿子的毛拔掉，放入箱子密封，然後唸咒，打開箱子，鴿子飛走了；李思賢也表示很讚歎，問他：「可以教我嗎？」達賴不允許。從這裡我們可以探討：達賴這樣有佛法嗎？這根本就是變魔術，哪裡有佛法？魔術不是法術，法術也不是佛法；杜英發據說能用竹籃挑水，就算能移山倒海，還是無法解脫生死，所以仍不是佛法。

那麼佛門中人有在修行嗎？我看也很難啦！我最怕把書送給出家人，不論尼師或比丘（和尚），我會問：「師父！這書您要看嗎？」連怎樣念佛的書，他們都不要。我說：「您不要，信徒他們也想要呀！」他們就是不要讓我放書在寺裡跟眾生結緣，最後我又拿出一本《出家菩薩首重虛心求教　勤求證悟》要送給他，他還是說「不要」。有人說：「他看到你是正覺的，就不要了。」正覺就是正法，爲什麼不要？那麼他們到底要的是什麼？他們離開了，我才想到：「我以後應該拿出千元大鈔問他要不要？」就算他說不要，也只是持戒嚴謹而已，還談不上悟道。出家而不想勤求證悟，未免太可惜了。法師不要，我就轉而去送給遊客，有的很歡喜；就這樣到處走一走，也很有趣。我雖然勸哥哥要修行，但其實學佛修行是非常不容易的，因爲正法難尋。

一、修行勿等待、善知識難逢

年紀大了，終歸要趕快修行；談到修行，很多人都說：「這個我知道啦，就是勸人爲善，作好人、作好事啦！宗教都是一樣的啦！老了找個精神寄託啦……。」但我要說的不是這個，而是與自己的生命有極其切身的問題。有人認爲：「我年紀大了，還修什麼行？」然「朝聞道，夕死可矣」，早上看完此信，晚上走了也無遺憾。爲何無憾？因爲已經知道什麼叫作佛法的修行了！今生不幸未修而亡，那就來生再修也可以呀！佛法無人說，自己看書讀經，對於深奧的地方是不會懂的。佛法的修行方法是 釋迦牟尼佛親自來帶領的，沒有佛陀來人間，我們就不知道有佛法；但雖然沒有佛法，印度還是有人在九十六種外道中修行；中國八仙也是修行，但這都不是佛法說的修行。

佛法講的是三乘菩提，也就是解脫道和佛菩提道二個法，一個是阿羅漢、辟支佛解脫生死的輪迴，一個是菩薩成佛的方法。三乘菩提的修行方法都要有善知識來領導，才有辦法實證，所以善知識非常重要。密宗知道這個道理，所以它強調密宗的上師就是善知識；但我在密宗找了三十年，從未碰到一個善知識。有人說我運氣不好，福德不夠，這個小弟承認；但若說我智慧不夠、有眼無珠，所以不識善知識，這個我反對。我又不是白癡，我的那些密宗朋友有哪一位遇到善知識？密宗從祖師爺蓮花生到現在，包括天竺的祖師，一千五百年來，都是主張六識論的人，就從來沒有一位是善知識。俺敢這樣講，是有很嚴重的後果喔！但我自己負責。有人罵我：「不怕下地獄啊！」我最怕下地獄了，但我說這句話不是不怕下地獄，而是不會下地獄，所以我才敢說；我不會像那些喇嘛敢誹謗 平實導師而說他們下地獄也不怕，沒有智慧的人才講這種話。

難道你不怕地獄，地獄就會怕你呀？問題在於密宗千多年來，有哪一位是善知識？是蓮花生？阿底峽？馬爾巴？密勒日巴？宗喀巴？……？這些都不是佛門善知識。龍樹菩薩是善知識，雙身法的藏傳佛教最喜歡攀緣 龍樹菩薩作他們的密宗祖師；但我說 龍樹菩薩不是西藏密宗祖師，理由您看完這封信就知道了！最簡單的分辨就是 龍樹菩薩是傳八識論，而雙身法的藏傳佛教是六識論者；傳八識論者是善知識，傳六識論者一定落入識陰中的意識裡頭，斷不了我見，絕對不是善知識。沒有眞正善知識的領導，修行又會變成盲修瞎練，離正法越走越遠。

善知識的最低標準除了是八識論者以外，應能斷三縛結、證初果，至少也要懂得斷我見。密宗說它是藏傳佛教，但是雙身法的藏傳佛教卻是喇嘛教，喇嘛教裡面是沒有佛教善知識的，善知識是絕對不會把雙身法的藏傳假佛教當成佛教的；搞清楚這一點之後，您再來找善知識，就知道當代善知識很難找。雙身法是意識最貪著的境界，知道意識是虛妄的才能斷我見；意識斷滅時，雙身法的境界也跟著斷滅；所以雙身法是會斷滅的虛妄法，因此雙身法的修行不可能成佛；因此說雙身法不是佛門裡的無上瑜伽，只是冒用佛門無上瑜伽的名詞，因此而說雙身法的藏傳佛教中沒有一個人是善知識。

二、尋找生命的實相

人的生命是短暫的，什麼時候要走？誰也不知道。有人說：「**要死之前總會先生病吧？**」但也不一定，台灣九二一大地震、南洋大海嘯，意外而死之前並沒有收到通知書，措手不及而走的人太多了！地球災難頻傳，修行是保護自己不落惡道，是自己得大利；所以對自己要好一點，就是趕快修行。死後要去哪裡投胎，一般人是沒有辦法自己作決定的，但學佛人會有辦法；當我們的德行可以當人的時候，決不可能投胎去當狗，這是可以預先知道的。俗人以爲他死了還會再當人，但那可不一定；如果壞事作多了，他想當人，卻不一定能當人，也許當狗或當餓鬼都不一定。然而這不是閻羅王的主意，而是看自己是什麼樣的業力，就去那一道出生（天、人、阿修羅、畜生、餓鬼、地獄共六道輪迴）；我們身、口、意的行爲，會產生未來世的果報，就是業力。

業力記憶在每一位眾生的第八識如來藏裡，這是一個祕密，但一般人並不瞭解。生命實相是甚深極甚深的奧祕，不是普通人所能知道的，也不是基督教、天主教或回教這些人能知道的；就算在台灣的四大山頭等大法師之中，也都不知道；因爲他們走錯了路，把眞正的佛法弄丟了，所以找不到生命的實相。這個如來藏是一個宇宙間最大的奧祕，也是佛法的中心；可是在台灣如佛教界泰斗的印順法師，或號稱轉世再來的西藏密宗法王等「大師」，都還在否認第八識如來藏，可以證明都是沒有智慧的人。台灣這樣，大陸也一樣；佛教會沒落的最大原因是他們信受達賴喇嘛西藏密宗的說法，認爲人只有六識，而且認爲意識是不會消失的，和 如來所破斥的常見外道一模一樣；這跟佛教說人有八識而且意識是會斷滅的不一樣，所以西藏密宗不是佛教；他們是六識論的喇嘛教，不是八識論的佛教，這是一個分辨眞佛教與假佛教最重要的地方。

所以要學佛也是非常不簡單的，我這一世學了四十年才搞清楚；印順法師活了超過一百歲都還沒有搞清楚，你說學佛容易嗎？不容易啊！有些人只知道我職業技術還有兩下子，其實我對佛法用力更深；而我對佛法會通達，是碰到今生的大善知識 平實導師；他使我智慧大開，找到了生命實相，對佛法也就通達了；當然未來要學的還很多、很多，不過已經可以對大哥講眞話了。你不要以爲宗教師都是講眞話，其實他們都還不知道「眞的」在哪裡呢！不信您去問問「上帝是眞的嗎？」或一貫道的「老母娘是眞的嗎？」眞的就是有或是沒有啦！如果基督教的上帝耶和華是眞的，那麼回教的眞主阿（安）拉是不是眞的？因爲地球只有一個，上帝、眞神也都說只有一位主宰，所以誰才是唯一的上帝、眞神？這可眞是傷腦筋的大問題。宗教會引起戰爭，就是由於這個問題。

其實，你若夠聰明，就知道他們的上帝其實是同一個；但這一個上帝卻不是眞實的，上帝只是人類的想像所產生的；但耶穌、穆罕默德是眞的有其人，這就是我的眞話。怎樣證明？我說給您聽：不論猶太教、天主教、基督教、回教等，他們的人類祖先都是亞當和夏娃，回教的祖先也是亞當、夏娃；假如亞當、夏娃是眞有其人，那麼上帝肯定是同一個；只因爲兩派中說的上帝名字不同，兩派就打起來了。而且當政治利用宗教的時候，是不會有是非對錯之標準的；世界上最會騙人的是政治和宗教，尤其這兩個加在一起，一定爛掉。西藏密宗這個喇嘛教就是政治跟宗教結合，結果是大爛教；他們把人間神聖的婚姻關係弄成骯髒的雙身法，而說這是在修行；還用它去騙清朝的皇帝，雍正皇帝被他的畫工臣子畫成喇嘛像，也是很高興的樣子；清朝的皇帝就用喇嘛教的六識論來壓制漢人佛教的八識論，因此中國眞正的佛教禪宗就衰微了。

六百年來的佛教，弘揚如來藏正法的禪宗聲音可說微弱到快要斷絕。您知道嗎？台灣四百年來第一位明心開悟的和尚就是廣欽法師，大家稱他爲**「菓子師」**；他往生後，若是沒有 平實導師自參自悟，那麼佛教的正法就沒有了，只剩下表相佛教而已。平實導師是破三關（明心、見性、牢關）的大菩薩，是當今這個地球上眞正的大善知識。我認識的出家人很多，把事實告訴了他們，有些人不服氣；不服氣也是正常的啦，我就請他們告訴我：平實導師的法義有沒有錯？「沒有。」法義沒錯，那就應該高興有人出來弘揚正法，大家合力把邪見邪法踢出佛門外才對。有人說外面也有人開悟的啦！那是誰？總該告訴我吧？至今沒半個。連佛教界公認有開悟的居士界王牌南懷瑾老師，看到 平實導師的書之後，就趕快宣稱他沒有開悟，宣稱他所寫的書都不能當眞，其他人就不用談了。

你在泰國所認識的大修行人、大神通人、通靈人士，都不能拿來跟 平實導師比；就算中國的八仙、瑤池金母、王爺公等神明也不能跟他比，因爲這些都不能跟佛法比，就好像爆竹不能跟核子彈的威力相比一樣。佛法的威神力是要讓眾生解脫生死輪迴而成佛的方法，那些所謂的密宗大修行者、大神通人乃至神明、神仙、上帝、梵天，都還在生死輪迴之中，怎麼能跟佛比？連跟阿羅漢、菩薩都不能比，何況是佛？佛是三界至尊，欲界、色界、無色界稱爲三界，三界之外就沒有法了；有人不知道，以爲他修行是要到三界外去住；這是布袋戲看太多了，以爲覺知心自己可以「跳出三界外，不在五行中」；不知道三界外無法，只有佛法才知道有三界，才知道三界外只有一個如來藏可以單獨存在。一般宗教，不管天主教、基督教、回教、一貫道等，都只知道欲界境界；我們人類就住在欲界裡，他們的天堂境界就只有在欲界天中；欲界天也有分男女二性，再上去是色界天、無色界天；到了色界天及無色界天，那裡的所有天人，全都是依禪定所生的中性身，或是沒有色身的眾生，就沒有男女之分別了，在那裡密宗雙身法還能存在嗎？顯然密宗只是欲界貪愛的境界罷了！這些事實，其他宗教都不清楚；他們以爲人死了，不是下地獄就是升天，連六道輪迴的事實都講不出來。一般宗教都是人類想像的，跟佛教不能相提並論。

三、請哥哥對自己要好一點

先顧身體，再來說佛法；身體不健康，想學佛也無精神體力。不過身體比機器更複雜，更難照顧；不要以爲有錢人可以大魚大肉、喝美酒，身體就會健康，這可不一定。我常說對自己要好一點，他們都說：「這個我知道，不用你講。」他們認爲大吃大喝，酒色財氣，住豪宅，開好車，穿名牌衣服，戴鑽石翡翠……這樣就是照顧自己了！這是愚癡，哪裡有照顧自己？對有錢人來講，這些根本不算什麼；所謂照顧，是說身體健康快樂、家庭幸福，要死的時候心裡很安祥，對未來世沒有恐懼；只有學佛修行才能如此，這才是對自己好一點的照顧，不是嗎？

中風是有徵兆的，會先通知你：要注意了！有個朋友，在一次烤肉聚會當中絆倒了，摔了一跤；旁邊的朋友建議找醫護人員，但她很確定自己沒事，只是穿了新鞋被磚塊絆了一下罷了。她還有點顫顫巍巍站立不穩的時候，朋友們幫她清洗乾淨，又爲她盛了一盤烤肉食物，她就跟著大家一起享受。結果她被送到醫院才知道中風了。如果蛋夾不起來，手指頭麻麻的，拖鞋常踢到門檻，這表示大腦指揮出問題了。或身體半邊流汗，半邊不流汗，也要注意。預防中風最好的方法是少吃肉，感覺痰很多的時候不要再吃豬肉；豬肉會生痰，引起中風；不是咳嗽那個痰，指津液不良阻礙血管循環，這個中醫早知道。有些人是不怕死，只怕中風；平常就要少吃肉，可以多活幾年；能捨掉口慾的享受，才能得到健康，這是很現實的。中風病徵一出現，就要趕快扭轉過來。訣竅就是辨識出中風的問題，並讓病患在三小時之內接受醫療；若辨認不出中風的徵兆，中風患者就會嚴重腦傷。只要問三個簡單的問題，就可以辨識中風：

S：(smile) 要求患者笑一下。

T：(talk) 要求患者說一句簡單的句子（要有條理，有連貫性），例如：

今天天氣晴朗。

R：(raise) 要求患者舉起雙手。

注意：

另外一項中風徵兆是：要求患者伸出舌頭。如果舌頭「彎曲」或偏向一邊，那也是中風的徵兆。上面四個動作，患者如果有任何一個動作做不來，**就是要中風了**。

心房顫動時，心臟跳動會不規律，脈搏強弱不一致。血液容易滯留在心房，在心房形成血栓，當血栓隨血液流出，堵住血管，就易導致中風。由於心房顫動，一般常見於年長者，像八十歲以上的銀髮族，高達九成都有心房顫動的毛病；而心房顫動的發生，與多種心血管疾病有關，如高血壓、冠狀動脈疾病、瓣膜性心臟病等，另外甲狀腺亢進、大量飲酒也有可能引發。心房顫動會增加血栓、腦中風的機會，當心搏過速可能會引發心衰竭、休克、急性冠心症等併發症，因此千萬不能輕忽。

如果覺得心跳不規則、跳動速率較快，最好定期進行健康檢查；透過手量血壓的方式，比較能發現脈搏是否有忽強忽弱的現象；尤其是年長者，或反覆性出現症狀者，或症狀嚴重者，應提早就醫治療，以免錯失治療先機。常感手足麻木僵硬、或有痠痛感的人要留意，這可能是神經系統疾病和血管疾病的警訊；若防治不當，還可能會引起手足知覺遲鈍或消失，甚至中風等嚴重併發症。

飲食上，三餐要均衡攝取，患有高血壓及糖尿病的病人，平常宜多食富有維他命C的食物，如蔬菜、水果；平時宜清淡飲食，不碰高油、高鹽及刺激性食物，如酒、菸、冰、海鮮、油炸物、蛋、咖啡、含有防腐劑等食品。可多飲用菊花茶、桑枝茶、蓮藕茶、冬瓜茶、牛蒡茶、山楂茶、檸檬茶等，有助預防中風；尤其天氣由冷轉熱，宜喝蓮藕茶、冬瓜茶、檸檬茶；由熱轉寒，宜飲黃耆湯、甘杞湯、蓮子湯。降血壓宜海帶、洋蔥；糖尿病宜山藥、南瓜。心血管阻塞宜黑木耳、丹參、紅麴（紅糟），還有萵苣（ㄨㄟㄚ菜，A

菜）對心臟很好，則少人知道，尚未見有人發表；有一位孫氏老榮民心臟開刀，胸部還是不舒服，他吃很多Ａ菜就好了。

不要亂吃健康食品：有很多的藥是打著健康食品在販賣的，像多種維他命丸就是；還有固骨保護關節的藥等，化學合成的營養品不能吃。現代人崇尚養生健康，保健食品（包括維生素、礦物質、營養補充劑、草藥及健康食品）幾乎已經成爲每日必需品，根據衛生署統計，國內有超過半數以上的人在吃維生素。現代人愛用保健食品，以爲來自天然很安全，於是混用及過量使用。吃兒茶素、蜂膠導致尿毒升高；老人家喝牛奶加鈣片造成鈣中毒，這些都是很常見的案例。以毒物學來說，維生素就是藥物，維生素和補充品過量有損健康。多年來的研究報告，維生素Ａ、β－胡蘿蔔素惡名昭彰，對身體造成的危害高居所有維生素榜首；維生素Ａ屬於脂溶性，容易沉積體內造成肝臟毒性。每天服用五萬單位的維生素Ａ，就會造成骨頭痠痛和肝臟病變。

此外，抗氧化劑和免疫類保健食品也要小心使用。抗氧化物可以清除身體自由基，達到預防疾病效果。但新近研究發現，如果吞服抗氧化物過量，反而會加速身體氧化反應，讓自由基增加。且抗氧化物過多時會清除掉一氧化氮，造成血管無法擴張導致心臟病。維生素不必天天補充，有需要再吃。身體對營養素的吸收並非照單全收，有時吃得少，反而會強迫細胞吸收得更好。每隔兩、三天吃一次，不但減少過量危險，也可以補足身體對營養素的需求。吃素的人可由奶、蛋或五穀、黃豆類來補充；氣血虛弱的可用當歸黃耆，生薑紅棗補虛，寒性體質可用。台灣市面上正在炒作牛樟菇，牛樟樹一材五萬元，比紅檜還貴；但若不對症，吃了還是沒用；補腎壯陽藥也不能多吃、長期吃，長癌機會大；炸雞、燒仙草、冰品等含化學香料多，這些都要小心。現在的牲畜都用生長激素抗生素培養，所以肉還是少吃爲妙，基因改良的如黃豆等還是有問題，很多病是吃到不好的食物引起的。以上這些話，請哥哥務必留意，要對自己好一點。

四、三歸依

更進一步對自己好，就是要學佛。學佛首要是三歸依，歸依就是依靠。兒女靠父母，父母靠金錢、健康，賺錢也要靠經濟景氣、國泰民安。天災戰亂時，要修行也難；您在泰國沒有戰亂，還不錯，不過政爭好像也很厲害。

平常每天要唸三遍：歸依佛 兩足尊，歸依法 離欲尊，歸依僧 眾中尊。想要更簡單的話，您就唸：歸依佛、歸依法、歸依僧。一定要出口唸。爲什麼要唸出來？這叫「出口成願」，說出來就有效力。如果以食物瓜果供佛，就唸：供養佛、供養法、供養僧。（唸三遍）。歸依、供養三寶的功德很大，唸一聲「南無阿彌陀佛」其實已經包含歸依三寶了。

人的所有功德與罪過都由身、口、意構成，所以說話很重要；一般人以爲隨便說說謊話騙人沒關係，其實關係很大。雙手合十即身行，誠心誠意即意行，口說歸依三寶即是口行，如此身口意三者皆成善業。佛有三身，應身佛就是 釋迦牟尼佛，二千五百多年前出生在印度的身心；報身佛是盧舍那佛，即是正在色究竟天的 釋迦佛，法身佛就是 釋迦佛的第八識如來藏。佛法修行的重點核心就是第八識如來藏，這個法身每一個眾生都有；只是還沒有成佛，沒有佛的功德受用。念佛主要是念法身佛，而這個重要的所在，在台灣也少人知道，大陸更差，所以會有人質疑：「哪裡有什麼阿彌陀佛？我都沒看見。」法身是看不見的，因爲無形無相怎能看見？但 阿彌陀佛的報身可以在西方極樂世界看見，也有人在這個世界中曾經感應而看見。佛說有阿彌陀佛，是眞實語，佛是不會妄語騙人的；所以對一些自己不知道的事就說不知道，不要跟隨某些人說「那是騙人的神話啦」。一般人常會無意間謗佛，這就是說話不小心，需要懺悔才能消除。

五、為何要修行？

爲什麼要修行？這是一個大題目，有人以爲信宗教就是修行；信教對道德上多少是有一些約束力，但不是佛教所說的修行。很多人信佛教以後都還不知道要怎樣修行，當然這是領導者的過失；當師父的都不知要如何修行了，怎能教人？修行要有個動力，也就是有一個疑情，想要去探究。最主要的問題是：宇宙間爲什麼會有人類的出生？爲何會有一個我出現在世間？而一切山河大地、這個宇宙又是怎樣發生的？世界上的宗教都在探討這個問題，但是除了佛教之外，無人能找到答案。他們無法回答，所以都推給上帝、造物主、大梵天、老母娘……等。假如您會想到：「我的身、心是怎樣來的？」大概都會走入宗教去探索。有人說：「就是父母生的呀！」但當您推想到第一代的父母時，您就要昏倒了，任您怎麼想也想不出人類的祖先是從何出生的。

這且不談，身體是父母所生的，那麼同一對父母所生的子女爲何脾氣、性情、習氣會不一樣？顯然這其中有個大奧祕。等您信了佛教後，佛法就會告訴您，宇宙間我們身心的大奧祕就是我們的心。此「心」是萬物的本源。但問題來了，「心」又是什麼？心不是心臟，但若沒有心臟，人也會死了；心臟可以移植，我們的覺知心卻沒辦法移植。有人以爲心只有一個，其實是八個，叫作八識心王：眼識、耳識、鼻識、舌識、身識和意識，這六識加上第七識意根，以及第八識如來藏（又稱阿賴耶識），總共八個心。識就是能分辨了別的意思，能了別分辨的稱爲心；各有功能，無可取代，故分爲八個。

有人說：「**你怎麼知道心一定是八個識，而不是藏傳佛教所說的六個識？**」這當然是要先 釋迦佛所說出來的，後人才會知道；佛未說之前，天底下沒有一個人知道。唐三藏聖 玄奘菩薩去印度取經，就是證明 佛說「**人有八識**」，而不是六識、七識或九識、十識。可是在台灣、大陸或是泰國、印度、南洋等，還是有很多人誤以爲人類只有六識。六識論絕對不是佛法，這一點絕對不能動搖，否則修行都會成爲虛妄的，最後徒勞一世。

佛教與非佛教的差別，這就是一個大關鍵；那些主張六識論的人，最後一定要回歸八識論；八識論不是一種思想，它是法義；可以實證的法義就是眞理，眞理只有一個。思想會隨著進步而改變，但眞相法義永遠不會改變，這個就是佛教偉大的地方。偉大在哪裡？偉大在 佛說的總共八識是生命實相。不管您信不信佛教，佛說一切眾生都有這八個識，八識就是一切眾生的生命事實。那麼爲什麼會有這八識出現？您去問看看那些大師們能不能知道？那些自以爲懂佛法的人能不能知道？不知道就表示對佛法還不懂。我是到正覺同修會去學之後才懂得的，前面的七轉識（五識及第六意識、第七識意根）都是第八識如來藏出生的。外面的器世間山河大地也都是如來藏出生的，這樣您就知道我們的身體、心識、外在環境的種種都是如來藏所生。

聰明的人又會問：「**那如來藏又是誰生的？**」從十因緣、十二因緣法去推究，佛說「**齊識而還**」，這個「**識**」即是第八識，也就是說萬物最究竟的根源不能超過第八識，第八識心的前頭沒有任何一法存在，所以沒有任何一個法能出生第八識，這個第八識心——如來藏，就是萬物的本源。佛說的是事實，一切證得第八識的菩薩們這樣去推求，結果全都只能認同 佛的說法，沒有人可以創新或推翻。如來藏不生不滅、不去不來、不常不斷、不一不異，如來藏是空性心，祂本來就存在，沒有出生的時間，也沒有消滅的時候，所以叫作不生不滅；世間的一切都是生生滅滅的，但如來藏不生滅。如來藏是眞實法，如來藏不是想像出來的思想；相信如來藏就有很大的眞智慧，相信如來藏就知道佛法講的是眞實法，不是騙人來信教的亂說神話，未來才有可能自己去親證。佛法是非常珍貴的，會讓我們知道生命的實相而使法身慧命增長，未來無量世中還會有無窮的生命，會越來越好、不斷提升。佛法珍貴，卻不是一般凡夫都能學到，台灣二千三百萬人，若有三、五十萬人學得正法那就不錯了；以地球六十億人來看，能學到正法的還是極少數；這是有關福德智慧的問題，所以佛法不是輕易可以學到的。

從這裡可以發現，世界上的宗教都想要知道我們的身心從哪裡來？死後到哪裡去？但他們不知道有如來藏，所以思惟想像而創造出一位造物主，以造物主作爲神、作爲上帝。但上帝是想像的，是人想出來的，有人供奉上帝，就會有天神或鬼神主動抵充上帝；所以你不信他，他就有脾氣，生氣起來就會處罰人類。但不論您信什麼教，您的如來藏都隨順您而無脾氣，不會因爲您不信他的教而被翦除。學佛人的心胸廣闊，儘管爲文批判嚴厲，只是恨鐵不成鋼而已，心中沒有瞋恨或排斥。信什麼教，我都尊重，但不要用假佛教來冒充佛教，把非佛教的說成是佛教的。我要告訴人家眞正的佛教是這樣的，有智慧的人就會來學。

認爲人死了就一切皆空，什麼都沒有了，這叫斷滅見，有這種想法的人很多。但這只是思想而不是事實，是可以改變的。人是因爲無知而有邪見，學佛就能改正邪見。有人說「人爭一口氣，佛爭一炷香」，佛來世間不是爲名爲利，更不會與其他宗教競爭一炷香。佛只是慈憫眾生而來救度，一尊應身佛度化一個三千大千世界，大概一千億到二千億的太陽系範圍。現代的科學估計我們的世界有一千億個太陽系，這還只是一尊佛度化的範圍，這世界以外還有無數佛的無量世界呢，那麼宇宙有多大？是不可想像的無窮大。時間有多長？就算地球毀滅了，虛空中還是有無數的地球存在，時間並不因地球消失了而沒有，所以時間是無量長。眾生有多少？眾生是包括所有的動物以及三界天人，佛在《不增不減經》中告訴我們：**眾生的數量不增不減**。

六、死後皆空嗎？

學佛可以增長無量的智慧，佛法告訴我們生命的眞相，告訴我們生命不是只有這一生，而是跟未來的時間、空間一樣，我們自己未來世都還會有無量的生命出現，可以繼續提升自己；所以要不要學佛走入佛菩提大道，就看您自己的選擇；因此 平實導師從每一個人未來的無量世觀察而說：「修行這一條路，只是早晚的問題，眾生最後畢竟都會修行。」三惡道太苦了，當人好壞參半；其實撿垃圾來吃，跟畜生差不多的人也有好幾億人。人的福氣是有限的，福報盡了就是苦；當眾生受苦而想脫離痛苦的時候就會想修行，而正確的修行一定會脫離痛苦。生活過得不錯，又會去學佛，表示這個人過去生有學佛。

我曾經要一個得癌症快要死的人念佛修行，她說她這一生又沒有作過壞事，為什麼要念佛修行？她認為作壞事的人才需要念佛、懺悔、修行。那豈非修行人都是壞人了？修行人都是好人才對呀！壞人會修行嗎？壞人修行就變成好人啦！應該這樣想才對嘛！所以會修行的人是少數，而會走入佛教正覺同修會的人更是少數中的極少數，非常不容易啊！有些人想到正覺去學微妙佛法，不想去時還好，想要去時就會有事來阻止，這就是遮障現前，冤親債主來阻擋；此時就要求佛菩薩護法加被，道心不退，克服障礙，才能前往，不然三年還是去不了。有人問我為什麼會這樣？這是因為福德不夠，所以遮障現前；有人去學了，還被人撞斷腿；我說：「不要怕。」幫她治好了，照樣去學；只要意志堅定，把修學正法的功德迴向怨家債主，就不會再有遮障；繼續努力學，今生學不好，來世再來。學正法就要如此勇敢才行，稍微一點不如意就不想學了，那是道心不足。

七、真實的佛法

佛法是眞實法，甚深極甚深，遠超過世間一切任何學問或科技；其實世間所有的科學或技藝學術等等都是佛法中的一部分，但這些世間法都不是眞實法，都是虛妄法。這地方，一般人不清楚爲什麼是虛妄的，而只有佛法才是眞實法？我們可以想一想：我們辛苦一生，所得到的東西，不論金錢、地位、名聲、事業乃至妻子、兒女、眷屬、朋友等等，這些在我們離開人間時就統統不見了，沒有一樣能帶走，所以都是虛妄的。要注意，佛法中所說的虛妄，不是說「**沒有**」，而是說「**會變異，會消失不見，不能永恆**」的意思；因爲不能永遠保有，所以說是虛妄的。

這是一個事實，佛法最現實；有些人以爲佛法都說人生是虛妄的而誤以爲一切都是假的，以爲都像是世間宗教勸善一類的方便說，於是變成什麼都不在乎，這種想法就錯了；作好人，作壞人都是有因果的。一切都是假的，可是因果卻是眞的，這就是佛法重要的所在。如果不相信有因果的存在，這種人無法信佛。聰明而有智慧的人，會去思考爲什麼會有因果的存在？相信有因果了，他就會相信佛法。佛經說一個人要相信有佛、有佛法這件事，他要經過整整一大劫，甚至一萬大劫，然後才會相信有佛法可以修行成功。

您不要以爲那些出家人一定都有相信佛法，不見得。哥或許要問：「**他不相信佛法，怎麼會出家？**」剃光頭、穿僧衣，不見得就是出家；出家也不見得就信佛。這是很奇怪，對不對？但在台灣或大陸，這是一個事實，很多人被騙就是不知道這個事實。您看西藏密宗喇嘛有沒有信佛？很多人都說：「**他們也是拜佛呀！**」但我告訴您，他們不信 釋迦牟尼佛。不要訝異，讓我告訴您事實，哥就知道弟講眞話，這年頭您要聽到眞話是很難的。

先講一個就好：佛說我們有八識（眼識、耳識、鼻識、舌識、身識、意識、意根、如來藏識，共八識），西藏密宗竟只承認有六識，不承認有第七識意根、第八識如來藏，不信 釋迦牟尼佛的說法。他們堅持只有六識，建立六識論，反對 釋迦如來說的八識論；他們把第七識稱爲「**第七意識**」，把第八識如來藏稱為「第八意識」，歸攝在第六意識中，所以是六識論者。其實只有第六識才可以稱為意識，第七識、第八識都不是意識；而這個道理，西藏密宗這些「活佛、法王、仁波切」都不懂，也就是連達賴他們都不懂；又不信經中釋迦佛說的八識論，否定 佛說的第七、第八識，跟 佛打對台，所以他們是喇嘛教，不是佛教。這樣他們有沒有信佛？當然沒有。他們雖然表面上出家拜佛，其實還沒有眞正信佛。

把西藏密宗的喇嘛教說成「藏傳佛教」是欺騙佛教徒，他們很厲害，從天竺延續下來已騙了一千五百年；連當代佛教領導高層的大法師們都會說他們是西藏的「佛教」，可見他們很會騙，很懂得學佛人的心理，是世界上最高級的騙術，也是全世界最龐大的宗教欺騙集團。世界上有二種最厲害的騙術就是政治、宗教；不過佛教例外，佛講眞實語，所以唯有實證的佛教不騙人，會騙人的絕對不是佛教，掛羊頭賣狗肉的假佛教就一定會騙人。有人會想說：「地獄眞的有嗎？西方極樂世界眞實的嗎？因果眞實不虛嗎？難道佛教不會用地獄、餓鬼、當畜生來騙人修行嗎？」佛教絕不會用恐嚇的方法逼人修行，也不會用赦罪的手段來拉攏信徒。

佛教主張不妄語，也就是不說謊言，不用不眞實的話去騙人，佛陀只是把宇宙生命的現象告訴我們；如果連 佛說的話他都不相信，則此人信佛困難；這些人不一定是壞人，但肯定是愚人。他不知道 佛是什麼意思？佛教跟其他宗教有何不同？想一想，信佛還眞不簡單呢。佛陀的功德是「**十方所有我盡見，一切無有如佛者**」；宇宙中最有智慧的是佛，最有福德的也是佛，功德最大的也是佛，威德力最大的當然也是佛。佛陀可以從怎樣養牛到怎樣發明最新的高科技，全都通達，無所不會；當然最重要也最困難的，是教我們怎樣成佛，所以佛是無上正等正覺、世間解，也是正遍知，也就是對於三界世間無所不知，術語叫阿耨多羅三藐三菩提。佛陀是教主，但祂教我們跟祂一樣可以成佛，世界上的宗教就只有佛教教你成佛，將來可以跟教主的地位一樣；其他的宗教不可能教你成爲上帝、眞主，所以佛教是最平等的。信佛之後相信有佛法可修，佛會先講三論：**施論**、**戒論**、**生天之論**。

甲、施論

首先要學布施，有人說：「**我沒錢布施**。」但是沒錢也可以修布施，譬如用洗碗水也可以布施給螞蟻吃，甚至嘔吐排泄之物亦可布施給昆蟲畜生；

作義工，出勞力也是布施，所以不要怕布施。布施可以破貪。布施的目的是要積集福德資糧來成就佛道，不是爲了得到別人的稱讚，或是未來世作有錢人，或是想要升天去享福，不是害怕下輩子貧窮而布施；這幾點很重要，要先認識清楚。布施也要有智慧，不要把毒田當福田；布施給喇嘛教讓他們有錢財可以用外道法取代佛教的解脫正法而去破壞佛教，也讓他們有財力可以繼續教大家亂倫雜交，就是種毒田；人家來求捕捉動物的器具，你布施給他，這也是種毒田；向鳥店訂購一千隻鳥來放生，結果人家要去抓二、三千隻鳥才有千隻活鳥給你布施，害死了那麼多鳥，這就是沒智慧的布施。布施給人家也要恭敬有禮，不要隨便一丟說：「拿去！」要以清淨心布施，不要另有其他不好的用意。若能把欲界愛布施出去，那就是菩薩的大布施了（欲界愛即是財色名食睡，色聲香味觸），可以大幅提升道業。

布施有三種：財施、法施、無畏施。除了用錢布施，還有用你聽到的正確佛法講給別人聽，印送善書等，也是布施。無畏施就要有智慧，才能教人脫離生死煩惱。布施至高的境界叫「三輪體空」：不執著布施者、接受布施者、所布施的財物等；這是菩薩斷我見，乃至明心後修行的境界。

可是有些借佛教名義斂財的人，譬如密宗喇嘛教會這樣說：「你布施一百萬元給我，你就不要執著這一百萬元，也不要認爲我有收你一百萬元，也沒有一個你在布施一百萬元；這樣『無我、無一百萬元、無接受一百萬元者』的想法，就是三輪體空，你的功德就大。」這時候您就要反問他：「請問上師，您自己能夠這樣三輪體空的布施嗎？」他假如說：「我能。」那您就給他一巴掌，也許他會怒目問您：「爲什麼打我？」您就說：「三輪體空就是無我，無我就是沒有我了，我怎麼能打到無我的你？」然後把一百萬元拿回來，救災救貧民去。密宗都是六識論者，都堅持意識我常住不壞，不會斷我見，所以不可能「無我」；不能無我的喇嘛，怎麼可能有三輪體空的實證？明明他收了一百萬元，卻說沒有收到一百萬元？當您收回一百萬元的時候，要笑著向他說：「上師不要生氣，我另外有觀想供養上師一千萬元喔。」

乙、戒論、生天之論

能布施就敢受五戒，不殺生、不偷盜、不邪淫、不妄語、不飲酒，這叫五戒。受五戒後未來世還可以得人身，有作人的功德，就可以再出生爲人。不要以爲作人很簡單，其實作人很不簡單，想要當人是非常不容易的事。像一隻盲龜，每一百年探頭出水一次；在大海中有一塊浮木，中間有一孔，當盲龜的頭在茫無邊際的大海中出水呼吸時正巧穿到孔中，很不容易；可以出生當人，就像這個機會一樣小，那比中樂透更不容易。人死不一定可以再當人，當鬼、當畜生都有可能；而想要繼續作人的條件就是持五戒；不管您信佛或信其他宗教都一樣，不是說信佛持五戒可當人，不信佛者持五戒去當鬼；沒這回事，佛法是平等法。人會修行最可貴，但人也最會作壞事而淪落三惡道，所以人身是一個樞紐；後世生天、當阿修羅、當人、當畜生、當鬼或下地獄，人身是這六道輪迴的大關鍵。一般人都把鬼和地獄混在一起，其實大不相同，當鬼不是下地獄。有了五戒，更進一步修十善，就可以生天，所以講生天之論。

十善分述如左：

一、身三業：不殺生、不偷盜、不邪淫。此已於五戒中述及。

二、口四業：口有四種過失：妄語、兩舌、綺語、惡口。修行學佛，應經常檢討反省是否有此四種口過。不妄語：則言而有信，說眞實語，不說虛誑語。不兩舌：不兩舌，即不說引起爭鬥、是非等離間之語。見到張三說李四不好，見到李四說張三不好，挑撥離間、說他人是非的行爲，就是兩舌。

不綺語：不綺語，即不說散亂、巧佞之辯。專講誨淫誨盜之語，使人心生淫念貪念，例如喇嘛教教導信眾接受密灌以後要與別的師兄、師姊合修雙身法，就是綺語；或是戲論、取笑他人等散亂無益之語，皆是綺語。不惡口：不惡口，即不出醜惡之語毀辱他人。凡口出惡語穢言，或罵人，或罵風咒雨、怒罵畜牲等惡言，皆屬惡口。

三、意三業：貪、瞋、癡，在佛法上稱爲三毒，是一切惡業的根本；若無貪、瞋、癡的意念，就不會有妄語、兩舌、惡口、綺語的語言，也就不會有殺、盜、淫的惡行。不貪：「貪」即貪著五欲，迷戀不捨。不貪，即心不生貪戀、執著。不瞋：「瞋」是不順己意，便生怨恨惱。不瞋，即心無怨懟，平靜安祥。不癡：「癡」是迷惑顚倒，不知道三世因果的道理、不知道人人都有佛性、不知道緣起性空，即是癡。不癡，即須瞭解佛法眞理，破除癡迷。

持守十善，不僅現世光明吉祥，來世必生人、天，獲福無量。修行雖非求生天獲福，但仍是以十善爲基礎，修善斷惡，才能得獲解脫。佛教與一般宗教修行或勸人爲善的說法是不相同的，有人認爲只要心地好就好了，何必信佛修行？有的宗教或佛教的法師也會勸人要存好心、作好事，照顧家庭，身體健康，事業發達；這些好像都不錯，但是存好心、作好事，下輩子就會繼續當人嗎？這可不一定。此人也許喝酒誤事，因此而下墮三惡道。閻羅王不會因爲酒醉誤事而輕判，酒醉開車撞死人罪加一級，不能說我醉了不知道而無罪，所以五戒中才會有不飲酒戒。持五戒才能出生爲人，不是只有存好心作好事就能作人；若要說佛法，這個就要講清楚，佛法不是只有教人存好心、作好事而已，還有其他重要的地方。何況那些自以爲是好心的人，對畜生們卻不見得有好心，如嗜肉殺生，說這是上帝賜給我吃的；台灣大規模的殺雞者有六家，每天大約殺一百萬隻，然不及美國一家所殺；他們爲什麼吃那麼多？因爲美國人只吃雞腿胸肉等，其他就製作動物飼料；有錢才敢這樣浪費，當然這跟他們的福祿有關。柯林頓前總統吃素是因爲要健康，這也不錯，也許殺生的戾氣將來化爲黃石公園地震大爆炸的時候，他能逃脫劫難。

這三論的重點就是相信因果，知道並且確信因果不虛；相信因果不虛的人才會眞正修行；不相信的人，認爲死後什麼都沒有了，還修什麼行？所以修行很困難，不是有拿香拜拜就叫修行。在泰國好像有百分之九十的人信佛，但只是表面上而已，不是眞正在拜佛修行。看完小弟的信，您就知道信佛修行絕對不是一件簡單的事；信佛困難，想要學到佛教的正法更是非常非常地困難。台灣佛教算是最興旺的了，但所學到的也多不是正法，大多只是表相而已，眞正佛法的內容不見了；而且很多都歪到密宗的喇嘛教去，很可怕。那些早年從大陸來台的所謂「高僧」，很多都是跟政治掛勾的政治和尚。政治和尚也罷，最可惡的是騙財騙色；而比騙財騙色更可怕的是騙法，拿雙身法的西藏密法騙人說是佛教的無上大瑜伽。佛教都教人離五欲，財色名食睡這五欲一定要遠離才有可能成佛，哪裡會有長抱一個女人來成佛的？可是喇嘛教宣稱修雙身法成佛叫作「報」身佛，但此「報」非彼「抱」。雙身法是印度教的邪法，不是佛法，然而全世界有幾個人知道喇嘛教不是佛教？現在只有台灣的正覺同修會敢出面破斥西藏密宗喇嘛教，這要很大的智慧和勇氣，諸大法師們都不敢作的；就像泰國的降頭，台灣畫符唸咒害人的邪師，一般人是不敢招惹他們的。當你向那些學密宗的人勸說「西藏密宗是喇嘛教，不是佛教」，想要救他們離開邪教的時候，他們不但不感謝你，反而說你毀謗他們的上師、毀謗佛法，會下地獄。他們已經被下咒、被洗腦了還不知道。六識論的密宗法義跟世間人對心的認知完全一樣，怎麼會是八識論的佛教？不要說佛教，就算外道也要遠離淫欲才能夠證得初禪，哪裡會有連初禪都沒有的人可以成佛？古時的外道也有四禪八定，中國本土的神仙都比喇嘛教高級太多了！可是那些被密宗灌頂洗腦的人有太多人都聽不進去；這都是福德、智慧不夠的關係，所以想學正法不是輕易可得的。

八、深入密宗

有人問我敢批判密宗，那麼密宗我知道多少？眞有學過嗎？我學太多了！若不知道它的底細怎敢批評？若沒有深入學習密宗，也不能知道密宗不是佛教的原因在哪裡。密宗是很愛搞神祕的，他們知道越祕密的東西大家才會越感到神祕驚奇；但不論什麼祕密大法，寶貝得需要每一頁蓋一個大印章的祕法，我都有。我第一個上師是法賢，他是黨國元老，地位崇高，所以密宗大師都傳給他大法；諾那上師、貢葛上師等最有名上師，所傳最厲害的法都在他那裡，紅教、白教、黃教、花教的法都有。法賢上師就是屈文六，本名屈映光先生，九十多歲還會耍關刀；他床鋪底下什麼錢都有，外國幣一大堆，他很富有；中國戰亂時，他收拾安葬的屍體有十萬具以上，算是有培福的。他最愛吃香蕉、蕃茄，人很好，他的衣服、法器都留給我當紀念。

他死了由他弟子如證法師（常一法師）親自下來教我，後來如證法師死了，我又跟吳潤江（華藏上師）學；他死了，我又去找韓同（法稱上師）；韓上師死了，就去跟西藏這些上師如卡盧仁波切、巴度蔣波羅增、大圓滿高手紐修仁波切、貝諾法王、創古、嘉察、睡覺法王等等一大堆，目的是想追求「無上大法」。可是密宗這個無上大法只是一個幌子，就像吊在馬車前頭的紅蘿蔔，它只是引誘你去拉馬車，你永遠無法吃到紅蘿蔔（而且那個紅蘿蔔還是塑膠製品）；馬車就是你護持的喇嘛教，你想要無上大法，你就要無怨無悔的出錢出力付出，但最後你會發覺一場空。一場空，若只是花錢浪費時間，還算好的，失身可就嚴重了；比失身更嚴重的是法身慧命毀壞，思想偏差精神傷害，那不是一世而已，邪法毒素留在第八識心田中帶去未來世，下墮惡道以後也沒有機會現行而滅除，在三惡道中受報完了回到人間時，不免又會繼續謗法再墮三惡道，所以後世因果可畏。

我算一算追隨學密而死去的上師有八位以上，他們以一生的時間都想學佛，但卻學不到正法，您說可憐不可憐？漢人學雙身法比較會考慮，像劉鋭之上師，敦珠法王要把他的女兒送給他修雙身法；劉上師敬謝不敏，說他有太太了。這算是有戒愼恐懼之人，哪裡會像一些喇嘛來台灣把女人玩一玩就跑了的敗類；您住在泰國應該也有不少喇嘛，家裡女孩子更要注意，千萬不要去學。若有學密的親友，勸他最好趕快遠離；不要以為「我又沒有修雙身法，應該很安全」，印順法師就知道密宗一開始就把雙身法偷偷地灌進學密者的法之中，譬如學六字大明咒、百字明，您看這二個咒在佛門課誦本已經成為標準範本的了，有誰知道這都是密宗雙身法的咒語？「唵嘛呢叭彌吽」大家都說是觀音心咒，平實導師已證明那是雙身法的咒；《佛說大乘莊嚴寶王經》不是專講此咒嗎？不錯！但那是密宗偽造的經典，不是佛教的經典，講的正是雙身法的咒語，可怕吧！（見《遠惑趣道》第一輯二一六頁）「百字明」乃密宗四加行必修，有誰知道它是雙身法的咒？陳健民上師說的（見《曲肱齋文集》），但也被編入正統佛教的度亡儀軌中很久了。

不要以為密宗不敢偽造經典，連盧勝彥都敢偽造；如《眞佛經》中自己寫上「南無蓮生活佛」，自稱「靈仙眞佛宗」。世間人凡賣假貨者都說他是眞的，唯恐馬腳露出被人識破，故都強調「眞」。當「眞耶穌教會」出現時，其他都是假的了？哪一尊佛不是眞的？就只有盧勝彥的佛是眞的嗎？沒智慧的人，想以假當眞，才會有此想法自稱是「眞佛」宗。米滂仁波切著，堪布索達吉譯的《慧光集》第十三冊說，釋迦牟尼廣傳《白蓮花論》，裡面講的佛名是他們自創的，你上網路都找不到；他的國土是**人間**的境界，竟還是藍寶石呢！藍寶石作土地？踩在腳底下會不會傷腳？能生長食物嗎？這都是西藏喇嘛的妄想。如果連台灣人都無法認清雙身法的藏傳佛教是喇嘛教而不是佛教，則全世界的佛教被密宗喇嘛教統治是遲早的事。

您要知道密宗主張人只有六識，而且認爲意識是不會中斷、不會滅亡的；這是外道思想，根本不是佛法。意識在睡覺的時候就滅了，怎麼可以說意識是不滅的？當你意識清楚，就表示你沒有睡著，才會意識清楚；當你酒醉昏睡時，意識也是不存在的，所以說意識是會間斷、會滅亡而不是永恆不滅的；這是學佛的一個重要知見，不能錯誤。而密宗最嚴重的是否認有第八識如來藏，這就成爲謗佛、謗法重罪了。有人說：「我不知而謗，應無罪。」但不知就是愚癡，愚癡一定會犯錯；愚癡就無法分辨是非，愚癡就會認賊作父；愚癡的本身就是一個大罪過，所以佛法要消滅貪瞋癡三毒。若聽到有人好心告訴我們「西藏密宗是喇嘛教、不是佛教」，應該心存感激，不要反而說人家在毀謗藏傳佛教要下地獄；藏傳的只是密宗而沒有佛教，想學佛而又不肯回歸正統佛教的人，比愚癡更愚癡，難救呀！但正覺同修會還是繼續要救，跟隨 平實導師的這些菩薩們就是這麼慈悲，眞是令人讚歎啊！

您看我的信要仔細看，「佛教正覺同修會」的名稱要記住，於未來世三千年之間就有機會到正覺同修會來修學正法；我們的正法還有九千年，九千年之後最好到西方極樂世界去修行；但要記住五億七千六百萬年後，彌勒佛出生時，再來地球跟 彌勒佛學習；那是長劫入短劫，在此世界修一天等於他方世界修一千天或一萬天。所以不要小看這個地球，它會有一千尊佛出世，本師 釋迦牟尼佛是第四尊，彌勒佛是第五尊，那時我們的壽命是八萬四千歲；那時您若想要寶石鑽石，那時候地上多的是，一點不稀罕。這些您都未曾聽過，聞所未聞，但卻是眞實不虛；所以眼光要看遠一點，這一世吃虧不要太計較，當你有一千億的時候還計較人家欠你一百塊錢麼？

甲、黃銅與黃金

有人問我：「你學密宗又批判密宗，有沒有違背誓言、欺師滅祖的問題？」我說：「沒有。」我教人家從一貫道、基督教、天主教、喇嘛教修行，最後回歸佛教，都不會有違背的問題；不但沒有違背，而且我以前密宗的師父們還應該要感謝我呢。道理很簡單：我要學的是佛法，是想要解脫生死煩惱的法，是要成佛的法；但上師所教的卻是外道法，拿喇嘛教的法來冒充佛法，用學到死也不能得生死解脫的法來說它是佛法；就像你想要買黃金，他們拿黃銅給你，而說這個就是黃金，你當然要退貨！然後拿眞的黃金給他看，說「**這個才是眞正的黃金，你那個黃銅不是黃金**」；有智慧的上師、點傳師或牧師、神父，就會感謝這個徒弟信徒，因爲他終於知道什麼才是眞正的黃金。

所有宗教都在教人怎樣生天，但是眞正能生天的不是你去信哪個宗教，而是說你有那個福德，也就是說你有那個生天資格；有那個福德的人，不管你信不信他的宗教，你都能生天，這個才叫作眞理。從這個眞理來看，只有佛教才有，其他宗教都沒有；因爲其他宗教都說你若不信他的教，就上不了天。譬如說你不信一貫道，那你就上不了他的理天；但眞有「**理天**」嗎？答案是沒有！理天是一貫道自己創造而說的。那麼基督教的天、回教的天，會比一貫道的天差嗎？不同宗教各有不同的天的神話，那還不是跟人間的境界一樣？只有佛教告訴您「**生天不究竟**」。一般宗教只有一個欲界天，再上去就沒有了；佛教說欲界天裡面有六天，欲界天上去還有色界天，再上去還有無色界天；他們都不知道，以爲信他的教，生天就沒事了；不知道生天只是一期福報而已，福報享盡後，還會掉下來人間或三惡道裡；因此說佛教是講眞話，佛教才有眞理。至於死抱著黃銅不放的人，那就看他的福德與智慧夠不夠；夠的話就會跟著棄邪歸正，不夠的話就繼續騙自己，也騙騙別人；畢竟眞理只有一個，而佛教所說的眞理決非外道所說的不究竟的眞理。不同的宗教可以和平相處，也唯有佛教不跟人爭誰是唯一的上帝，才能與人和平相處；其他的有些宗教往往有排他性，現在只是理性壓抑，避免鬥爭戰亂罷了。

乙、藏傳佛教不是佛教

一些密宗朋友認爲：藏傳佛教也是拜佛，難道不是佛教嗎？表面上似乎是佛教，其實不是佛教。雙身法的藏傳佛教認爲樂空雙運的佛才是至高無上的金剛佛，請問雙身法是佛法嗎？一定要抱一個女人永遠享樂才能成佛嗎？藏密喇嘛懂得修行要入初禪就一定要有清淨梵行而斷欲嗎？既不能斷欲，還有男女欲貪，表示他們沒有初禪；世間會有不離欲貪、不得初禪的佛嗎？所以密宗拜的佛不是佛教的佛，都是自己發明的假佛。有人又說：「至少密宗也發四宏誓願，也勸人發菩提心，這也是佛教所推崇的呀。」但要知道：密宗只相信六識論，而不相信　佛說的八識論，則是不信佛者，用虛妄的意識心所發的願也都成爲虛妄的；密宗喇嘛都不知道這個道理，以爲「**我每天都有發菩提心呀**」，你意識發菩提心卻不信佛而只信上師，意根會信受學佛、發心嗎？意根不信受你發的眞菩提心，只會接受意識相信的學上師、發意識假菩提心，這樣的發菩提心都是假的，如風吹泡沫一樣不眞實。近年來有些密宗也跟著講八識，也說有如來藏，這是好的；但卻說成第七、第八識爲「**第七意識**」、「**第八意識**」，這就錯了！他不知道第七識不是意識，第八識更不是意識，只有六識論的密宗想要騙人，說他們也是八識論者，才會這樣說謊。

古時密宗也有講如來藏的，但現在已經滅亡了，只剩下宗派名字而內容被消滅了，那就是覺囊巴派。覺囊巴弘揚他空見，宣揚第八識如來藏正法，不容於六識論的密宗，所以被五世達賴叫薩迦派與達布派聯手給滅了，法義也被改爲密宗的六識論。密宗信徒若想要回歸正法，還是到「正覺同修會」去學比較快；不然，就要去找第一代、第二代的覺囊巴正法，這個也就是現代正覺同修會在弘揚的佛教正法。我是有理由可以證明「**想要學密宗真正的『密』一定要到正覺去學**」，因爲全台灣也好，全世界也好，只有「正覺同修會」有眞正的密宗可學。

有人反駁說我一天到晚批判密宗，怎麼這裡又教人去學密宗？很多人看了平實導師的《狂密與眞密》，只知道 平實導師批判狂密，卻不知道眞密在哪裡。那我就告訴您：眞密在正覺同修會裡。要證明給你看，就要從民國以來最厲害、最有密法功力的諾那上師說起，他說了一個大祕密：「眞正的密宗是禪宗。」所以他說：「禪宗是大密宗。」藏傳佛教是狂密，不是眞正佛教的祕密宗旨，所以不是眞正的密宗！如果不知道這個祕密，一天到晚想從西藏喇嘛教那裡學密；雙身法就是他們最大的祕密了，可是現在被 平實導師全部掀開來，打開天窗說亮話，一點也不密，全無佛法修證上的眞正密法，只有污穢而已；想從雙身法成佛，門都沒有，只是妄想罷了。禪宗之密在哪裡？就是明心開悟。一旦您明心開悟，般若智慧自然就展開了，則藏密任何誅法不能傷您一毫毛，這是正法無上威德力所致，這個才是佛法中眞正的密宗！

有些人信雙身法的藏傳佛教，非常著迷於男女雙修；陳健民上師來台灣就是努力鼓吹藏密的雙身法是無上瑜伽，我跟一位讀大學半路出家的師父

（他有肝癌、肝硬化，佛力加被，十幾年還活得好好的），但最後他還是去學密宗，我當然離開他了。若要學密，讓我來講，肯定比陳健民高級，比那些密宗法王厲害。何謂眞密已說過，那雙修法密宗說是一男一女合修，這比中國神仙更差勁。男女就是陰陽，我們的身體本身就是一陰陽，手有陰陽，腹背也是陰陽；陰陽就是氣血；不管男女身中都有男女荷爾蒙，怎樣陰平陽祕、長壽百歲就是男女雙修，不是找個男人或女人來雙修。

有人說：「藏密雙修是講慈悲智慧，不是搞男女雙修。」這只能騙騙外行人，宗喀巴在《菩提道次第廣論》的止觀裡隱密的鼓吹雙身法，但在《密宗道次第廣論》都已經說得很露骨了，還看不懂嗎？不過你若照《密宗道次第廣論》講的跟十二歲、十四歲未成年女孩發生性關係，看來會判七年以上徒刑；最近台灣一連三件小女孩被性侵害，法官只輕判三年，有十萬人要出來抗議，說判得太輕了，有人提議至少要判二十五年；不要以爲這樣太重了，要知道在阿拉伯回教國家，這種行爲是會被大眾用石頭砸死的。婚外情本來就是邪淫，找未成年女孩更是罪惡，這種修雙身法的密宗還是早日趕出台灣才好。

九、對佛法要恭敬

想學佛，必須對佛法有非常恭敬的心；因爲眞正的佛法是極爲珍貴的，佛法能夠使你眞正脫離痛苦的深淵。我講「痛苦」比較容易明白，佛法是說解脫生死煩惱的繫縛；佛法能夠使人解脫痛苦的原因，是唯有佛法才能讓您知道三界中六道生死因果輪迴的祕密道理；如此看來，我們是不是要對佛法非常恭敬禮拜？學佛要從恭敬中得，若有人向我說佛法，我就要把帽子脫下來，請他走在我的前面，請他坐在高的椅子上說法，這就是對佛法的恭敬尊重。這種人知道「佛法稀有難得，非常珍貴，能令我得到大利益」，才會有貴人爲他說佛法。您賺一百億元，一毛錢也不能帶到下一世去；但佛法修得以後卻可以利益您未來的無量世，所以：賺錢珍貴？還是學佛珍貴？自己可以衡量。

爲什麼一定要學佛？有人覺得學佛不自由，很辛苦；哥哥您因爲吸菸，所以覺得無菸可吸很痛苦；但是對不吸菸的人一點也不苦，眞正的學佛要很快樂才對。不過要知道學佛人與世俗人相反，「**道之所珍，俗之所賤**」，反過來「俗之所珍，道之所賤」；學佛人所珍貴的卻是世俗人所不要的，譬如五戒：不殺生、不偷盜、不邪淫（不跟夫妻以外的人有性關係）、不妄語、不飲酒，世俗人認爲持五戒不自由；但他不知道不持五戒就很難再當人，犯五戒一定會失去人身；不要以爲現在作人未來世也一定再作人，那誰要去當畜生呀？畜生往往就是人去投胎的，但有誰知道？我們一定要學佛，是因爲老、病、死，所以要學佛。有人反問說：「你學佛，還不是照樣老病死？」但結果是不一樣的。人因爲會老、會病、會死，所以要學佛，不是想要賺大錢、身體健康、有酒有肉吃而學佛，目標要先搞清楚。

有人說：「死了就算啦！什麼都沒有啦。」這是畜生道的心態，畜生被殺是無能爲力，逃不掉的；但人不同，人有智慧能夠修行而可以不必作畜生被殺；不必作餓鬼，不必下地獄。人是因爲修行而不入三惡道，不是因爲信某某教而不入三惡道。你信一貫道而誹謗佛法，信基督教而誹謗佛法，信藏密喇嘛教而誹謗佛法，則老母娘、上帝、喇嘛之「佛」都無法赦免你去三惡道。信眞理與信某教是不同的，信眞理才有用，信人創造的宗教無用；就算你信佛，但若不持戒，死後照樣墮落；這就是眞理，眞理鐵面無私，不講人情。不吃肉覺得苦，那就從早餐不吃肉學起，從初一、十五不吃肉開始學；我不知道泰國有沒有台灣的農曆，一天不吃肉，這一天就不跟畜生結惡緣，心情就會快樂；心情快樂，厄運就消除，所以學佛是很快樂的。

以前一貫道在台灣很發展，我初中就跟姨媽去聽一貫道；那時不能公開，還要躲警察，現在是合法公開不會被取締了。一貫道自以爲融會三教五教、一以貫之，佛教、道教、儒教它都有，可惜三不全，說穿了就是公開竊盜別人的教義，應該正名爲一貫盜。世間如果沒有佛教，那麼該以道教的神仙法爲最高，畢竟它也是修善行而生天爲神、爲仙；但是不究竟，要成佛才究竟，究竟就是圓滿。三清道祖都還不是佛，孔子也還不是神仙，所以一貫道親若是聰明人，一定會去學佛；但是一貫道中智慧高的人，信佛之後深入佛法，他就一定要離開一貫道；如果不離開一貫道而想要在一貫道中，他就會被攻擊；道親們會說：「一貫道高於佛教，怎麼可以只信佛教而說他是一貫道？」而且腳踏兩條船，不願離開一貫道，也表示他沒有想眞正學佛；想當總統就不要捨不得離開省長、州長的位子。一貫道只取得佛教表相法義的一小部分，自以爲得到祕笈；如果一貫道可以成佛，那您要信一貫道也可以；

然而事實上不可能，因爲一貫道沒三歸依，他不知道三歸依是什麼意義。「三寶」它也有，但不是佛教的佛、法、僧三寶，顯然一貫道不知道佛教三寶是何等尊貴；一旦歸依佛教三寶就不可能再歸依一貫道的假三寶，道理很簡單：一貫道連什麼叫作「佛」都講不清楚，什麼叫作「法」他們也不懂，什麼叫作「僧」他們更不懂。

「僧」就是出家人。說來嘆氣，不要說外道不懂僧義，如今連佛門出家和尚也不懂。「僧」有二種，一種是出家相，一種是在家相。證悟的在家人有家、妻子、兒女，但卻是明心的菩薩，這叫作菩薩僧，他是佛教正法的主要護持者，非常重要；一貫道親若懂了這個僧字，他就不會再信一貫道了，他已經從十七年的黑暗土地中爬出來變成蟬了，從此快樂地到「正覺同修會」去學佛法了，還要待在一貫道中作什麼？還會認爲無中生有、自己亂創造的老母娘是造物主上帝？西洋的上帝都是公的，只有一貫道的造物主上帝是母的，反而說外教的上帝也都是她生的；一貫道的說法如果是眞的，西洋耶回諸教的上帝，竟然皆不肖，都沒承認他們是老母娘生的？不過上帝如果還要人家生他，則上帝之上還有上帝，請問老母娘又是誰生的？小弟這些都是閒雜話，其實一貫道信徒除了既得利益者之外，所有道親都不是壞人，都是心地善良的人；只是沒有人跟他們說眞正的佛法，困難在於眞正的佛法全台灣乃至全世界就只有「正覺同修會」有，其他找不到。你跑到其他四大山頭的道場，還是找不到正確的佛法；若沒有眞正大福德，想離開一貫道去正覺同修會學佛，還眞的不容易啊！

一貫道要來正覺學法時還有一個困難，就是「誓言」；他們在一貫道中已經發過誓永不違背，若違背一貫道會被雷打死，會下地獄，會遭厄運等；這跟一些邪教一樣都是綁人的手法，自己咒誓，自己綁死自己。佛教中沒這回事，會下地獄是因爲作壞事，而不是不信佛就會下地獄。誓言錯了就應該改，如果誓言不可改，那是很恐怖的黑道；而且錯誤的誓言在三界法界中也是無效的，無效的誓言又何必要愚昧地遵守呢？如果已看見唯有佛法才有光明，那就要趕快棄邪歸正；心狠手辣的黑道都可以脫離了，何況是勸人爲善的一貫道宗教？當你脫離了吸毒的伙伴，吸毒者也知道你已經脫離毒品的控制，逍遙去了。要知道不如理如法的惡誓是可以改正的，不要死腦筋了。（編案：如今已有許多一貫道的道親在正覺同修會中開悟了，他們悟後親自檢驗明明上帝、老母娘只是一個未斷我見的凡夫，所有點傳師也都是沒有斷我見的凡夫，當然不可能是證悟實相般若的賢聖。）

十、法毘奈耶

我說一貫道不知道「佛」的眞義，他們不服氣；我對雙身法的密宗、法輪功們說他們不懂「佛」，他們也很生氣。密宗說他們成就的是金剛佛，比顯教的佛更高級；這跟法輪功的李洪志說佛有等級一樣的說法，這就是不懂什麼是佛。「**佛**」的意思就是無上正等正覺，「**無上**」就是沒有更高更上的了；既然還有比佛更高級的，那就沒有什麼金剛不金剛的了；連這麼簡單的道理都不懂，還說他的佛是金剛的，難道顯教的佛是塑膠的嗎？他不知道一切佛都是平等而無高下之分，只有願力不同而已；您如果聽到有人說他的法比佛還高，那就是外道。宇宙中，不論天上天下都沒有人能勝過 佛陀，因爲他們不知道佛是什麼，所以敢誇大言說他們比佛還偉大。他們自以爲他們的宗教比佛教更高上，這就是不知天高地厚。佛教講的是宇宙間的眞理，而不是只有佛教的眞理。此眞理稱爲「法毘奈耶」，也就是說，不管你信不信佛教，或是什麼教都不信，這個「法毘奈耶」都不會被改變。法毘奈耶就是宇宙中的眞理、法則、法律、戒律。譬如因果法則，它不是說佛教才有因果，輪迴也不是佛教徒才有輪迴；學佛要知道佛法講的是宇宙間萬古不變的眞理，對法毘奈耶有信心，就知道信佛教絕對是最正確的抉擇，絕對不會後悔，然後就心不懷疑；知道自己選對了路，就會快樂地學佛；這一世能夠學到佛法，這一生就不算白過了！如此一想，應該替自己能學到眞正實在的佛法而高興一下。

十一、正法的威德力

哥哥不妨想一想：人死了之後還有個什麼？有人說「還有一點靈魂」，我說「到時候連那一點也不存在」，恐怖吧？人在世是因爲有身體，而且有一口氣在；死了還有什麼，很多大師都講不出來。台灣學者龍應台問法鼓山的聖嚴法師：她父親死了三年，到底還有個什麼存在？聖嚴說「還有一個『靈』，還有一個精神不滅」，一般人不知道聖嚴法師錯在哪裡？還以爲他回答得不錯呢。我投稿去評論他，聯合報不敢登，因爲有損大師的顏面；聖嚴法師是文學博士，我把聖嚴法師錯在哪裡的道理告訴哥哥，您就超越大師了，這樣您就知道佛教正法的威德力有多厲害：

聖嚴法師只說一個「靈」字，似乎高人一級，可是這個靈還是離不開精靈或靈魂，不外於識陰六識見聞覺知的範圍；外國人叫精靈，人死後都成爲精靈或死了都成爲靈魂嗎？人不是死了才有靈魂，靈魂不離見聞覺知，但是人只要活著就有見聞覺知，不是死了以後才有，人們只是把死後似乎沒有身體的中陰身叫作靈魂。死亡到去投胎的中間過度時期叫作中陰身，這不是鬼。我碰到一位嘉義人，他就親眼看到太太的中陰身，但大家都說他看到鬼。聖嚴法師也知道中陰身不是鬼，他也反對有靈魂不滅，但他卻不承認有第八識如來藏，結果他只好對龍應台回答說「人死後還有精神不滅」，主張精神不滅就是認爲意識不滅呀！沒有意識時哪裡會有精神？只有六識論的喇嘛教才會說意識不滅，所以聖嚴喜歡跟達賴對話，這叫作問道於盲。

聖嚴法師在《慧炬雜誌》五五五期有一篇〈佛教是否相信靈魂、輪迴的存在〉，說「小乘佛教只講六個識，是以第六識作爲連貫生命之流的主體」，這叫睜眼說瞎話。第六識就是意識，意識怎麼有可能到下一世去成爲生命的主體？假如意識可以到下一世去，那麼你出生的時候就會像清早醒過來一樣，可以知道上一世的事，那是不是可以把前世所賺的錢要過來？如此天下不大亂才怪？佛有可能講這種話嗎？小乘佛法的四大部《阿含經》中都沒有說這種話，而且反過來說有八個識，都說意識是緣生緣滅的，不能去到未來世，不是聖嚴說的「連貫生命之流的主體」，這就是受到密宗六識論的誤導而渾然不知的法師。

聖嚴又說：「大乘佛教增加兩識，共有八識，是以第八識作爲連貫生命之流的主體，我們把小乘的放在一邊，單介紹大乘的第八識。大乘佛教的八個識，前六識同小乘的名稱一樣，只是將小乘第六識的功用更加詳細的分析，而分出了第七識與第八識。」天啊！聖嚴還是博士學位的高僧咧！怎麼所說法都跟達賴他們一樣？雙身法的藏傳佛教說「意識的細分、極細分就是第七識、第八識」，所以他們說「第七意識、第八意識」；聖嚴說「實際上，八個識的主體只有一個」，那請問是哪一個？他的答案當然是「意識」，不然還有哪一個？可是佛明明說意識再怎麼細、怎麼極細，都還是意識，意識只是第六識；意識要依意根才能生起及存在，意根在意識生起之前就已存在，怎會是從意識中細分出來的？所以意根是第七識，不是第七意識；意識是藉意根作爲所依而從如來藏中出生的，怎能反過來細分出第八識如來藏？所以如來藏是第八識，不是第八意識；聖嚴把第七識、第八識都稱爲意識，那第七識、第八識就不見了！粗意識細分出來的細意識、極細意識還是意識，這跟雙身法的藏傳佛教一樣，本質還是六識論者。

密宗自以爲它的法高於顯教，還自誇顯教學十年以後才可以學密宗；結果連顯教的八識論都不懂而變成外道的六識論，顯然沒有學好顯教的法，只是騙人的一種講法。他們把佛法變成外道法，如此佛教必將滅亡！六識論絕對無法解釋生命之流的主體，也無法解釋三世輪迴中的各種現象；人死亡的時候六識一定斷滅，無法去到下一世，所以六識論是斷滅論；能夠貫穿三世而永恆不滅的唯有第八識如來藏，這樣講才是佛法，所以六識論的雙身法藏傳佛教絕對不是佛教！哥哥只要信受這個正知見，心中決不懷疑，那麼您就超越那些什麼大師、大法王了！心中應該慶幸有緣聽聞正法，無妨以茶代酒喝上三杯慶祝一下，這就是正法的威德力！

十二、說沒有如來藏的就不是佛法

在佛教界有一股洶湧的邪見暗流，因爲有很多在上位的人都這樣說，積非成是久了竟然變成主流，那就是認爲我們的生命「並非有一個能累世貫穿的、本質不變的自我存在」、「並不是有一個什麼不變的東西」。聖嚴法師在同一篇文章中就是這樣說，一些大師、佛學教授們也這樣說；表面上好像沒有錯，他們的意思本來是要破「靈魂不滅論」，是要說沒有一個永恆不滅的靈魂；但是卻犯了一個極嚴重的錯誤，那就是把只有如來藏才能貫穿三世的事實也一併否定掉了，也就是錯把如來藏當作生滅的靈魂去了。

上面已經爲哥哥說過，靈魂即是見聞覺知心；若聽不懂的話，我再告訴您：靈魂就是意識等六識心。有些人腦筋轉不過來，說意識不是靈魂，那麼請問他有沒有「無意識的靈魂」？靈魂若無意識，他怎麼知道你是誰？他們把靈魂當作能累世貫穿的自我，當然是錯誤的；靈魂中陰身的見聞覺知，至多能有四十九天就一定要去投胎，去當鬼、當畜生都叫作投胎。有人對我說，他才不要再去投胎；我說：凡人不可能不去投胎，如果中陰身的時候你能不去投胎，那麼你現在一定也可以自己作主決定不要死啊！事實上是不可能的，爲什麼？因爲這是法界事實，不是你能決定而作得了主的。

那些反對靈魂不滅的人，若把它用來反對「意識是不滅的」就對了。意識是生滅法，意識是因緣所生之法，有生就一定有滅，會消滅的意識當然不可能貫穿三世，所以意識不是輪迴主體。但是學佛人思惟到這裡，一定要非常非常注意，若把意識滅了而無一個能貫穿三世的「什麼東西」，則學佛必將成爲斷滅見！那些大師、大教授們讀了印順法師的《妙雲集》，會辯解說「還有緣起性空」；但緣起性空之法不是憑空而有，是依緣生緣滅的五陰爲所緣而有，不可能無中生有而突然跑出緣起性空的法出現。「緣起性空」必定有一個「因」才能出現，「緣起性空」滅了，此「因」依然不滅，祂才能出生緣起性空的法；如果緣起性空滅而此「因」也跟著滅，則此「因」本身就是緣起生滅之法了。由於這個「因」不在緣起生滅法之中，是緣起生滅法的生因與滅因，所以祂才有中道，所以祂才能貫穿三世。此「因」出生了緣起法，而祂本身不在緣起法中，(也許很難懂，但也可以想像您用橡膠做出了三角輪帶，但您並不在三角輪帶裡，「您」好比第八識如來藏)，也就是您死了，祂沒有死。**這個能貫穿三世而有因果出現的「因」就是第八識如來藏**。

這一點可說是佛法最重要的地方，認爲靈魂不滅的人還有救，他只要把靈魂改爲如來藏就對了；但是執著一切法空而認定沒有如來藏的人，難救。而平實導師就是專門出來救這些最難救的人，眞是令人感動得五體投地呀！救過野貓野狗或野外動物的人都知道，牠被夾住了，你想救牠，牠還會咬你一口呢！不過看牠死裡逃生，我們就很高興了，不會計較被牠咬一口。

反對如來藏的人都說：執著有一個如來藏爲眞我，就是我見外道。但這是錯誤的說法，因爲第八識沒有三界我的自覺，證得第八識而轉依第八識以後也不會有我見，而是無我卻不墮斷滅空的賢聖；把第六意識執著爲永恆不滅的我，這種見解才叫我見，不是執著第八識爲我見。也有人把如來藏當作是外道神我、梵我、上帝的思想，但神我梵我上帝都是意識的產物，都不外於第六識，不是第八識。

十三、投胎的祕密

我們死後此生的見聞覺知，在中陰身最多還可以延續四十九天才眞正斷滅；見聞覺知就是我們能知能覺的意識；中陰身每七天會再「死」一次，也就是每一次的中陰身意識都只能存在七天，一定會轉生下一個中陰身；但是每換一次中陰身都會越來越弱，到了四十九天就一定要去投胎；投胎爲鬼才叫作鬼，陰間的鬼不是地獄。很多五術中人，地獄跟鬼都分不清楚。鬼有鬼通，所以會去找陽間的子孫享祭祀；欲界天人也有神通，但生天吃甘露而不必吃人間食物。投胎爲人都會有隔陰之迷而忘記上一世的事情，不是吃孟婆湯才忘記；是因爲去投胎時見聞覺知全部斷盡，也就是意識全斷；只有第七識和第八識去投胎，意識投胎後永遠斷滅，不能去後世；後世的意識是依後世的色身作緣起才能出生的，不是從前一世往生過來的，才不能記起前世的各種事情，這就是生命的祕密。爲什麼會有我們這一條生命出現在這個地球上？只有佛教能夠講清楚說明白，其他的宗教啦、通靈人啦，都只能想像的，他們都無能力講出生命的實相是什麼？其實唯有佛才有這個智慧講出眞相，其他宗教都沒辦法啦。

我們生命的根源就是第八識如來藏，第七識末那帶著第八識如來藏去投胎；那時第八識不是帶著第六意識去入胎，因爲入胎之後我們這一生的意識就永遠斷滅了，這一生的記憶就全部忘記了；從這個事實，就知道「**意識是虛妄的**」。這一句話要牢牢記住，信受這句話而不懷疑，那您就勝過聖嚴法師、星雲法師、慈濟證嚴法師，乃至西藏密宗喇嘛教那些法王、仁波切；爲何勝彼？因爲他們都認爲意識是不生滅的，他們都認爲意識是可以到下一世去的，那都是外道凡夫們的妄想，妄想不是佛法。

不學佛的人都被意識所騙，以爲世間種種都是眞實不壞的，或以爲死後什麼都沒有了，這都不正確；如果學佛以後還繼續被意識所騙，認爲自己是眞實不壞的心，就是愚癡。意識，包括這一世的五識見聞覺知，都不能到下一世去，每一世都是全新的意識首次出現；人類每一世的八個識中，唯有第八識如來藏是永恆不滅，因爲祂猶如金剛不可毀壞而不會滅亡消失，所以稱爲金剛心；因爲有金剛心不會滅亡，所以人一定要修行，只是早修晚修而已；若沒有金剛心的話，死後就一切都沒有了，那修行就沒有用。若死後一切都空的話，來世就不會有好報，則作好人也沒有用了；看清楚這一點，就知道正確的修行是絕對有好處，而不是空談或妄想；如此則學佛就會認眞，知道一切皆假，唯有佛法是眞。眞，就是不會騙您啦。

哥哥若聽不太懂的話，我再說個譬喻。如來藏就像蘋果樹，蘋果就如身體和六識，今年蘋果掉了，明年樹還會再出生新的蘋果；今年譬如這一世，明年譬如下一世。我們死了還會再出生，因爲有永恆的如來藏，所以一定會再出生新的身體與意識覺知心。問題是出生到哪一道去？關鍵在於有修行就會再作人，作人也最好修行，在人間十八界具足最方便修行；三惡道太苦了，無法修；生天只顧享樂，也不想修，所以在人間又有正法時最好修。死亡是很恐怖的，未學佛前不要說不怕死，學到眞正的佛法才眞不怕死。

十四、意識是虛妄的

阿羅漢道有四果可證：初果、二果、三果、四果。證第四果就是阿羅漢。想要證初果，就必須斷「三縛結」，要斷三縛結，第一個就是要「斷我見」；斷我見最重要的就是要知道「意識是虛妄的」，然後進一步知道「五陰是虛妄的」（色受想行識叫作五陰），您把「意識是虛妄的」寫成大字貼在牆壁上；每天看著唸，然後觀察思想這些：「能看見東西，能聽聞聲音，能感覺各種狀況，能知道別人的意思，這些意識等見聞覺知，死了之後都不見了，那麼我死後還有什麼東西？」死後就是還有第八識如來藏和第七識意根，而不是說死後還有意識心存在不滅，這就是佛法中最重要的祕密。剩下的就是將來怎樣證實，然後就會發起解脫智慧和知道實相的智慧。

第八識如來藏金剛心永恆不滅，第七識意根，第六識意識，以及眼識、耳識、鼻識、舌識、身識這五識，都是從自己的如來藏出生的，人就是這八識。唐三藏 玄奘法師去印度取回來的佛經，就是在講這八識；所以達賴他們只講六識，是外道邪見之法，不是佛法。您得到唐三藏的法，就可以分別佛法與邪見之法。對一般人而言，第七識也是永恆的，但阿羅漢入無餘涅槃時第七識亦滅，所以眞正永恆不滅的心就是第八識如來藏，這也是佛法中的大祕密。如來藏才是眞正的無上大法，這個法失傳很久，六百年來少聽到，直到我們的 平實導師出來弘法大家才知道。您在泰國若聽到有人在罵 平實導師是邪魔外道，您就知道他才是邪魔外道。

有人說：學佛要圓融，只管自己修自己的，不要去說別人對錯。中國大陸現在最提倡這個，叫作和諧，連火車都稱爲和協號。可是我們學佛不能如此，若是對錯不分，您就不知道解脫與實相的是非在哪裡了！可以不談人家身口意的是非行爲，但不能不論法義的對錯，學佛就是在改正錯誤；不知對錯就無法改正，所以評論法義的對錯是必須的。

在一般人的觀念中，除了他是唯物論者，往往都會相信人人都有一個永恆不變的靈魂；晚近歐美倡行的「靈智學會」，他們研究的物件，也就是靈魂。基督教、回教、印度教、道教等的各宗教，多多少少也是屬於靈魂信仰的一類；同樣以爲人的作善作惡，死後的靈魂便會受著上帝或閻王的審判；好者上天堂，壞者下地獄。這種思想雖然不十分正確，但比認爲人死後一切皆空的六識論緣起性空觀好多了，比什麼都沒有了的思想要好很多，至少知道行善而不會下墮三惡道。

十五、宇宙不是無中生有

最近最轟動世界的消息是物理學泰斗霍金博士說「宇宙大爆炸是無中生有」，證明不必有上帝才會有宇宙大爆炸，因此認爲沒有上帝。無上帝之說，對西方是一個大震撼；其實上帝是人類想像的，耶穌才是眞有其人，回教也一樣；但宇宙大爆炸不是無中生有，「無」不可能出生「有」，佛法對此早有論及，如：

《中論》卷一：「『諸法不自生，亦不從他生，不共不無因，是故知無生。』不自生者，萬物無有從自體生，必待眾因。復次，若從自體生，則一法有二體：一謂生、二謂生者。若離餘因從自體生者，則無因無緣。又生更有生，生則無窮，自無故他亦無。何以故？有自故有他，若不從自生，亦不從他生。共生則有二過：自生他生故。若無因而有萬物者，是則為常；是事不然！無因則無果；若無因有果者，布施持戒等應墮地獄，十惡五逆應當生天，以無因故。」

諸法不是自己就能夠出生自己，也不是從自心以外的其他法而生，也不是諸法共同出生諸法，也不是沒有根本因就能有諸法的出生。因為諸法都是從根本因—不生不滅本來就無生的第八識如來藏—中所出生，所以諸法都攝屬於根本因第八識如來藏；而第八識本來無生，所以一切法無生。（這個比較深奧。）

這就是說，一切萬法都必須要有因也有緣而出生，不是無因無緣自己就能出生。譬如種子是因，土地、水、陽光就是緣，才能有各種果實出生。宇宙是每一位眾生的如來藏共同產生的，眾生都各有自己的如來藏，大家的如來藏是宇宙大爆炸的「因」，沒有這個「因」就不可能大爆炸而有地球可以住人。如來藏是一切諸法的根本因，諸法就是一切萬事萬物。至於霍金說二百年後人類若不遷居到外太空，則到時地球將毀滅，這更是笑話；佛說這個地球上會有一千佛出生，釋迦牟尼佛是第四尊佛，五億七千六百萬年後的彌勒佛是第五尊佛；以現代的科技，二百年後人類還不可能移居外星球，世界末日還早咧！所以霍金因爲不學佛，他的話就不可相信。學佛人的智慧就可超越霍金，可知佛法的珍貴。

十六、霧峰無霧

大家都說他們的法是正法，別人是邪法；但正法只有一個，現代話叫「**真理只有一個**」。那麼誰說的才是眞正的正法？這很難判斷喔！不要說其他的宗教，光在佛教中的許多派別裡，您就不知道誰說的才是正法。這就像在有霧的群峰裡要找一個金光明頂，而我像一隻小山羊，可以爬到最危險奧祕的山崖去找尋，每一個霧峰都去爬爬看，四、五十年一生很快就要過去了，還是在摸索中盲修瞎練，找不到正法是什麼？直到有一天進入正覺同修會終於找到正法了，平實導師如旭日東昇，光芒萬丈，把即將傾亡的佛教正法再重新豎立起來！平實導師剛出來弘法的時候，因爲他講的正法跟台灣的四大山頭不一樣，所以遭到四大山頭私底下的圍剿，□□山的□□「大師」遇見王先生時，就曾私底下罵他是邪魔外道。單獨一個人要頂住佛教當權派的攻擊謾罵而不退縮畏懼，那是要何等的威德力？他們心中斗大一個問號：「**怎麼整個佛教界都說錯了法，而只有你蕭平實的法對？**」當然大家都會私底下求證眞相。結果，果然只有 平實導師說的法正確，於是整個霧峰的霧都被平實導師的正法光明照亮，從此霧峰不再有霧，所以我要取個外號叫「**霧峰無霧**」。所謂正法就是大乘，大乘就是唯一佛乘，也就是能夠成佛的方法才叫作正法；只有大乘法才能使人成佛，二乘法不能；大乘法叫作佛菩提道，大乘法之中另有一部分小法分割出來單獨講，就叫二乘解脫道，稱爲聲聞道與緣覺道。解脫道就是阿羅漢與辟支佛的修行方法，除了佛菩提道與解脫道之外都不能稱爲佛法。爲什麼 平實導師的法正確？因爲正覺弘揚的是八識論。六識論的修行，連二乘法裡的解脫果都證不到，當然不是佛法。若有人說有第九識、第十識，也不對；因爲成佛之後一樣是八個識，只是把第八識改稱爲第九識或第十識，都是同一個第八識另外取個名稱，總共依舊只有八個識，並不是另外有一個第九識、第十識。佛法廣大無量，先有簡單的正知見就能揀別您所聽到的是否正法？就不會被瞞而誤入歧途，這是學佛第一個重要的地方。

十七、學佛不迷信

大家都不想要迷信，但想不迷信也很難，很難的原因在於沒有智慧，無有智慧去判斷是不是迷信；如台灣人說七月是鬼月，哥哥住在泰國有沒有這樣的說法？鬼是七月才放出來的嗎？能看見鬼的人也不少，他們在七月看到的鬼並沒有特別多。明代七月是吉祥月，皇帝登基作壽大多選在七月；七月在佛教乃結夏安居圓滿的歡喜日，此時以供僧來超薦祖先父母，功德最大、效果最好，所以又稱教孝月。古時吉慶好事都在七月作，現在台灣大家竟都不看好七月，惡習使然也。佛教不燒紙錢，燒金紙只會招來鬼眾，習俗以爲是燒錢給鬼；其實鬼以火爲口，最愛吃燒紙的味道，不是只有金紙。冥錢是人設想出來的，盧勝彥知道台灣人最愛燒冥錢，所以他有土地公冥錢，宣稱要燒向他買的土地公金紙才有用；這叫騙鬼，也騙人。人死了馬上燒金紙，只是引來一些鬼，何況人死又不一定當鬼；可是你若不燒，人家又說閒話，所以想要破除迷信很難。

密宗加持過的東西千萬不要佩帶，因爲都是鬼神咒；邪人唸明咒，明咒也成邪；這是邪人有目的，想要取得利益，所以正法到他手裡就變成邪法。不要太相信通靈人、算命者的話，作參考就好，有誰能夠全部知道未來？《易經》已經告訴我們：未來就是「**不知道**」。所以占卜、通靈、算命都是推演而已，終究要靠人類自己的智慧。學佛最有智慧，如果越學越迷信，那就錯了；覺得不去安太歲就不平安，那爲什麼不自己安，而要花錢請人安？您自己念佛憶佛不平安，要人家點一盞燈才平安，那是對佛沒信心，對自己也沒信心。

漢人成爲被藏密尊崇的上師，陳健民是其中一位；林雲用密教加上道教風水等取得黑教的地位，道教、風水，藏密他們也不懂；林雲也不過是用意識型態來洗腦，有時某人被說中了就信得很。您想一想，婚姻美滿可以用床腳墊古錢取得嗎？他這樣教胡茵夢，結果李敖罵他是妖僧，他反而是破壞人家的婚姻。你用橘子皮丟到人家的屋子裡可以祈福，除非對方接受您的意識想法，否則把垃圾丟入他家不被臭罵才怪。這些都是深諳「師父不作怪，徒弟不來拜」的江湖手法。陳健民來台灣證明喇嘛教的祕密就是男女雙修，他的《曲肱齋文集》流傳很多，怎樣男女雙修他都老實寫出來了；密宗最重要祖師宗喀巴的二種道次第廣論中也有隱說或明說出來，也被出版社印出來了，所以密宗不敢反駁。而陳健民自己也身體力行，所以死時觀想自己正在樂空雙運而成佛，死時據說金剛杵不倒，於是廣修雙身法的西藏密宗認為他最有成就。

我讀初中的時候就有一篇報導，說處理飢荒而死的人，有一個怪現象，就是有些男人的陽具堅挺。餓死之人為何如此？當然有其特殊的生理現象，就像大脖子囊腫的人死後竟消失了一般，一貫道以死後身體柔軟面色紅潤為修行好，但是一氧化碳中毒死亡時臉色更紅潤，卻不見他有修行；可見從金剛杵陽具來判斷修行如何，其實與佛法的修證無關。如果死後陽具不倒才算有成就，那麼雙身法的藏傳佛教喇嘛個個都要汗顏，無一個有成就的。密宗最會索隱行怪，想不到陳健民這一招讓藏密上師們想都想不到，比他們還怪。

他還有一招更厲害的，那就是「**法界大定**」無上大法；葉曼居士去學，介紹陳上師到台灣來；當時佛教界大家熱烘烘都在找法界大定，找到沒有？我偷偷告訴您：沒有。我來正覺同修會之後，才恍然大悟，原來陳健民知道有這個大定，可是連他自己也沒有找到。原來這個大定就在正覺裡，外面都找不到；而來正覺中到處都是，好多人證得法界大定，很奇妙吧？剛來的人看不見，問：「**在哪裡？在哪裡？**」就在 平實導師所教授的無相念佛裡呀！祂的奧祕等到您去學就知道了，我這裡也無法講太多；只能告訴您，這個就是宇宙最大的定，既沒有入定也沒有出定的楞伽大定。法界大定不是一種思想，而是生命實相；想要實證，只有一個地方——佛教正覺同修會。

發明網鉤的人實在很厲害，一旦被網住、鉤住，想逃離非常困難；人類也被自己造的無數邪見之網鉤住，實在很難脫離。有的人不知道自己在邪見之中，有的人知道而無法離去，這都有往世因緣，唯有仰求佛菩薩、護法們保佑才能學到佛菩提。出家不難，出家而能學到大乘佛菩提才困難。我用「海峽兩岸對佛法之知見異同問卷調查表」來問那些佛教出家人，他們都說：「好深喔！」這都還是最簡單的基本問題，許多人皆無法正確回答，可見現代佛教是眞的走下坡了。有些居士也誤以爲佛法太簡單了，只要一句「阿彌陀佛」就全包了；那 佛陀爲何要講經四十九年？「阿彌陀佛」可以包含全部佛法，但你唸一句佛號也只是一句佛號而已，並無全部佛法；必須證得自己的阿彌陀佛以後，才能全包呀！許多人不想多看正覺的書，誤以爲正覺也不過講一些苦、空、無常、無我、緣起性空，不知道這些只是二乘法，正覺還有勝妙的無上大法，法門大開等著有緣眾生來學習，這就是失傳已久的佛菩提道——成佛之道。您住在泰國不遠，可以叫人來學；從美國來學的都大有人在，把這麼好的法告訴大家，您會活得很愉快！

十八、雙身法的藏傳佛教不是佛教

雙身法的藏傳佛教最反對人家說他不是佛教，我選幾則多識仁波切的解釋來評斷，讓哥哥看有沒有道理：

1、有人說：「佛教密法來源於印度教，非佛說，不是正宗佛教。」這種說法有道理嗎？

多識仁波切答：這種說法不符合實際。從教義上講，「顯密」和「密法」是大乘佛法的一個不可分割的組成部分，缺乏任何一部分，都將顯得殘缺不全，理論和修煉上都不完備。從大乘佛法的整體結構上看，顯密是密法的基礎，密法是顯密的究竟高峰。如像二乘人最終進入大乘道一樣，顯乘學人最後破除最細分所知障時，必須進入大密金剛禪的境界，捨此，無力破障。因爲，在顯宗中只講破細分所知障，但從來沒有講過破細分所知障的相應的細分意識；另外，佛法是最大的方便法，既然是最大的方便法，就應適應一切眾生，如果佛法只有一顯，一禪，一淨，怎能滿足所有眾生的要求呢？比如，如何化度濁世的大欲、大惡之人？以無量劫來計算修道進程的普通道路，是否適應一般眾生？壽短福薄的濁世眾生能不能一生成佛？在顯法經典中找不到答案，難道佛法一宗一派，或禪，或淨，不知道《華嚴經》中的「不可思議的法門」是何義，少見多怪，極力排斥密法，這不是智慧通達之相，也非戒德圓滿之相。

「密法」在佛在世時，只傳於烏杖焉和香巴拉等國王和雪山中隱居的密修士等寶器弟子，沒有向不適應修密的聲聞弟子傳。直到龍樹時代才公開。就像一般老百姓不知道國家高層機密一樣，聲聞弟子不知有密法，但不能因此斷定佛在世時沒有密法。從梵文翻譯的藏文大藏經《甘珠爾》和《丹珠爾》部中占一半以上都是密籍，有什麼根據可以證明「密續」不是佛經呢？無上密部很多本尊，腳底下都踩著梵天、濕婆、毗什奴、因陀羅、時間女神等印度教的最高神靈。而且，勝樂續中明示，此法是「鎮壓濕婆及其部下眾神之法」。大樂法與印度教性力派的「內供法」也具有本質上的不同，在觀法上立足中觀，破斥印度外道的常、斷二邊，這類思想文化特徵，足以證明密法的純佛教性質，那麼憑什麼理由來證明密宗不是佛教呢？在佛教文化方面有許多古老印度文化的特點，這是不可否認的，但佛教的思想體系完全是和印度外道思想對立的，若不懂這個特點，只能說對佛教哲學體系所知甚少。……

又有些對佛法一知半解的人說什麼「密法非佛陀所傳」，「散見於《華嚴》、《般若》等經中的密咒，皆屬後人偽造」，「密宗來源於印度教」；甚至還說什麼「佛教中的『禪定』、『瑜珈』之類都來源於印度外道，是佛所反對的，是後人加進去」等等，他們以佛門「高僧」和「善知識」自居，對公開否定、誹謗大乘佛法都不當一回事兒，怎麼會不否定更高層次的金剛乘密法呢？只要是不在他們所能理解的層次上的不可思議的高深經典和密法都說成是「非佛說」、「後人偽造」、「外道邪法」。只有全方位掌握佛教的精神實質，從大小乘和顯密的內在關係和深層聯係上進行研究，方能清除以上那些淺薄的偏見和可笑的謬論。

雙身法的藏傳佛教其本質根本就不是佛教，但卻喜歡自稱及被稱爲佛教而不願被稱爲喇嘛教；司馬昭之心，路人皆知，他是要藉佛教名義吸收佛教徒；只有佛教講布施，才有廣大的資源可以供喇嘛教吸血而不虞匱乏。雙身法的藏傳佛教標榜他們有雙身法的無上瑜伽，因此多識說：「從大乘佛法的整體結構上看，顯密是密法的基礎，密法是顯密的究竟高峰。」唯一佛乘就是大乘，不是另有一個密法超過大乘。唯一佛乘就是整個佛法，全部佛法分爲解脫道和佛菩提道，解脫道函蓋聲聞乘和緣覺乘，講三乘時就是指大乘與二乘；講二道就是說佛菩提道與解脫道。除此之外別無佛法，想看這個二道次第概要表，可以去看正智出版社出版的 平實導師著作，書末都附有「佛菩提二主要道次第概要表」可明。

藏傳佛教的密法就是雙身法，離開了雙身法，藏傳佛教就沒有無上瑜伽，就沒有祕密了。但是雙身法的藏傳佛教無上瑜伽，不是佛教所說的無上瑜伽，所以雙身法的藏傳佛教不是佛教而是喇嘛教；因此而說雙身法的藏傳佛教密法，不是佛教密法。藏傳宗教密宗絕對不同於佛教的密宗，佛教所傳的密法宗旨，不但西藏從古至今，除了覺囊巴派祖師之外，連印度八十四位「大成就者」都不知道。藏密再怎麼密，都沒有祂密；雙身法連畜生都會，還有什麼密？雙身法的密宗說他雙身法能即身成佛，但這種佛不是佛教所說的佛，一千五百年來雙身法的藏傳佛教有哪一位成就了佛教所說的佛？答案是：沒有！連二乘小法的初果解脫都沒有證得。佛有十號，藏密所說大成就、虹光身成就者，連其中一號的本質也沒有，所以雙身法的藏傳佛教所成就的佛根本就不是佛教所說的佛，因此說藏傳密宗不是佛教密宗。

從達摩祖師到中國傳密法，都是單傳，到了六祖才一花開五葉，開始廣傳；在禪宗以外的慈恩宗，由 玄奘菩薩傳下來的同一個密法，則是不久就失傳了。佛教的密法就是開悟明心，而見性、過牢關更是密法，不是雙身法或藏密以意識妄想境界之大圓滿大手印等爲密法。這一點，現在在台灣的喇嘛教也開始承認而努力要找第八識如來藏了，我們也認同他們的作法，只要願意回歸八識論都是好的。「大密金剛禪」乃是喇嘛禪，佛法無此稱呼，禪定就只有四禪、四空定，沒有所謂的「大密金剛禪」。禪定的最初實證就是入初禪，入初禪就必須斷五欲，財色名食睡的貪愛皆斷；喜愛雙身法就是貪男女色，貪男女色絕對不能入初禪；連初禪都沒有的人，還離不開欲界淫慾，都還無法到達色界的境界，有可能大成就而成佛嗎？

密宗最愛拉　龍樹菩薩當他們的祖師，但　龍樹菩薩是八識論正法者，是破雙身法的密宗者，是破密宗的假中觀者；孫正德老師論釋　龍樹《中論》的《中觀金鑑》，將會建立中觀正見以破密宗。香巴拉只是活在西藏惡劣天氣中的幻想國土，這個地球最好生活的地方絕對不是西藏的冰天雪地；密宗說「『密法』在佛在世時，只傳於烏杖焉和香巴拉等國王和雪山中隱居的密修士等寶器弟子，沒有向不適應修密的聲聞弟子傳。」果眞有雪山中的寶器弟子，其修行成就能不能與不修密宗的聲聞弟子相比？事實上，密宗所說的大神通都不能與三明六通的大阿羅漢相比，何故？很簡單，大阿羅漢能入四禪，密宗連初禪都沒辦法了，何況第四禪？還誇稱什麼「大密金剛禪」？都是武俠小說或布袋戲看太多了，才會自己創造這些名相。

阿羅漢能從斷我見、斷三縛結而證初果乃至四果，密宗主張意識不壞，我見具足存在，連一果也無，如何相比？雙身法的境界都是識陰六識的境界，落入識陰（特別是身識）的我所執著之中，由此可見雙身法的無上瑜伽密宗根本就不是佛教！密續是密宗祖師創造的，更不是佛法，有什麼機密可言？雙身法創始者印度教的性力派都不敢說他自己是佛法，但密宗用印度教性力派的貪行，加上一些佛法名相，卻說他就是佛法，還宣稱比釋迦牟尼佛的法更高；如此魚目混珠，乃是欺騙的行爲，是仿冒佛教名牌再來打壓被仿冒的佛教名牌；只可嘆那些無智的法師，被騙學密宗，還誤以爲要學密宗才能快速成佛。連路都走歪了，怎能成佛？

若要說眞正的「金剛乘」，則必須要親證金剛心，才能眞的明白金剛心；不明金剛心的密宗，錯將死後必壞的堅挺不軟的陽具認作金剛，把下流當作風流，徒有金剛乘之名而已，有何珍貴？金剛心者第八識如來藏也，六識論的密宗邪法中，哪裡會有第八識的金剛心可證？像印順法師於《佛法概論》中就否認第七識、第八識，也就否認有金剛心了，密宗只好以堅挺的陽具當作金剛。禪宗主張明心，親證性如金剛而不可壞的如來藏心，這才可以稱爲金剛乘；密宗口說他們是金剛乘，卻找不到金剛心，他們的陽具又不是無始以來始終堅挺不軟的金剛性，也不堪銅刀子、石刀子割一下，就別說用鋼刀割一下了，何來金剛乘之實？把全無金剛性的密宗金剛乘密法冠於三乘菩提之上就是錯誤，三乘菩提已經函蓋一切佛法，故知「金剛乘密法」乃是三乘菩提以外的外道法，不是佛法；多識喇嘛對此完全不懂，是個門外漢。

2、漢傳佛教禪宗是密宗還是顯宗？

多識仁波切答：在佛教中的「密法」一詞有兩種含義，一是與廣行般若波羅密多（行法）相對的深密般若波羅密多（觀法）稱密法。這種密法指的是性空眞理。只有銳根高智之人才能認識這種眞理，普通弟子講性空妙理。在這種情況下將性空之理稱作深密。如《解深密經》所說的「深密」就指這種情況。「禪宗」顧名思義，重點是修禪悟眞，所謂的「悟眞」和「見性」的「眞」和「性」就是指實物的本來面貌，萬法的本性，就是般若經所開示的中觀妙理。這種妙理雖屬深奧難解之密義，但從法理上講，仍然屬於顯法，並不屬於金剛乘密法。因爲眞正的密法，有一套與顯法截然不同的根、道、果解行系統。

從這裡可以發現密宗的根、道、果、解行等系統，根本就不是佛法，而是另一套喇嘛教的法。那些把雙身法的藏傳佛教當作佛教的人應該深省：密宗眞是佛教而且高於顯教嗎？六識論是佛法嗎？還是常見外道法？雙身法是佛法嗎？是超越欲界乃至無色界的法嗎？是萬法的根源、是究竟實相嗎？禪法之密，諾那上師已經確認爲眞正大密宗，既然大密屬於禪宗顯教，則密宗之名只是畫蛇添足，多此一舉。

3、禪宗的「見性成佛」和密宗的「即身成佛」有什麼不同？

多識仁波切答：禪宗的「見性成佛」單就「見性」二字講，指獲得性空正見。獲得性空正見是成佛的必要條件，但不是充分條件。佛不但要有見性智慧，還要有福德資糧爲因緣的報身化身，即色身。單一的見性智慧是大小乘共有的，只能破除粗分的煩惱障，獲得小乘的四聖果。成佛還要完成大慈大悲和利眾成佛心（菩提心）爲動力的六波羅行，即菩薩大行。見性眞智是破除見惑獲得的成就，在見道時就可以獲得，但其圓滿在佛道，即無學道。見性到成佛，中間還要經過一地到十地的修道。按《現觀莊嚴論》的觀點，從見道到十地，要經過兩個阿僧只劫的修持。所以說，成佛必然見性，見性未必是成佛。密宗的「即身成佛」是「今生今世成佛」，這「成佛」指的是成比修顯者慢。因爲，顯法雖然成佛的速度慢，但可以成佛，單獨修密法成不了佛。就破除二障、具備色法二身的眞佛，而不是指單一的「見性」。一生能完成相當於三個阿僧只劫的福慧資糧，這正是密法的不可思議之處。但即身成佛並不是一切密法的特點，在四部密法中，只有無上密才有即身成佛的殊勝法門。雖然無上密有即身成佛之法，但修無上密的人未必都能成佛，原因是即身成佛需要具備許多條件，並不是隨便念念咒，觀想觀想就能成佛。正如宗喀巴大師說的那樣：「密法光靠法的殊勝不行，還要修學密法的人的根器殊勝。」又說：「具備顯法三根本修證基礎的修密弟子成就的速度比單修顯法的人快，不具備顯法三根本修證基礎的修密的人成就的速度反而慢。」

密宗對佛法是外行充內行，對名相的解釋都是依照自己的想像來解釋，根本不是佛教經中原來的意涵。多識喇嘛說：「禪宗的『見性成佛』單就『見性』二字講，指獲得性空正見。」性空乃是緣起法，是指生滅的五陰所顯示的緣起性空，不必看見佛性就可以瞭解「緣起性空」。但禪宗之見性是指眼見佛性，不是指生滅的五陰必會壞滅的緣起性空；緣起性空只是顯示五陰十八界藉緣生起、其性本空，只是一種道理而沒有佛性可見。小乘的修法是要入無餘涅槃，所以他只要知道「入無餘涅槃時，還有如來藏獨存，故不是斷滅」就夠了，就能眞的斷我見、我執而出三界生死痛苦；因此他不需要有禪宗的明心見性，故多識喇嘛說「單一的見性智慧是大小乘共有的」，並不正確，顯示他完全不懂明心與見性的意涵。若說見性是指看見成佛之性，這也與小乘無關，小乘聖人只是要入無餘涅槃而不是想要成佛，成佛之性的實證對他來講太辛苦、太遙遠了，根本不必修它！所以他知道歸知道，目前也用不上。

密宗最大的妄想是即身成佛，想要今生今世成佛，密宗說的「**成佛指的是成就破除二障、具備色法二身的眞佛**」，很明顯的，這不是阿耨多羅三藐三菩提的正等正覺。我說密宗不懂什麼叫作佛？他們很生氣，但生氣之後還是不懂；「破除二障」是修行的事、修行的過程，密宗的所有教理與修行法門，反而全都是在增長二障，根本無法破二障，更別說是除二障；譬如堅持意識是常住法，連意識在晚上睡覺時中斷的事實都不懂，全都裝作不知道而繼續睜眼說瞎話，是在增長自己的煩惱障；努力精修雙身法樂空雙運的結果，就更大大增長欲界愛等我所煩惱，口說要破、除煩惱障，作的事情盡是要增長煩惱障。密宗又否定第八識如來藏，不但無法破、除所知障，反而大大增長所知障，空言要破、除二障，都是自欺欺人之談。眞佛第八識不必修行，這個他們就更聽不懂，何況說他們到現在才想要即身成佛，自稱要在此生成就法身佛，不知道眞佛第八識本來就是法身佛了！您若不稱祂爲佛，叫祂「莫邪劍」也可以，這個他們更是大大的聽不懂。連莫邪劍都聽不懂，這樣還能稱爲佛教嗎？

弟 霧峰無霧 合十敬上

救護佛子向正道

一、略論釋印順「生滅即是寂滅」

釋印順《佛法概論》中說：【法性是空寂而緣起有的，從緣起的生滅邊，觀諸行無常與諸法無我；從緣起的還滅邊，觀諸法無我與涅槃寂靜。直從法性說，這即是性空緣起的生滅觀，生滅即是寂滅。】

釋印順的意思是在講緣起法中的生滅，此有故彼有，此無故彼無的生滅相，在這性空緣起的生滅中，生滅即是寂滅。然生滅與寂滅究竟有何差別？緣起法的生滅相是不是寂滅？這就值得我們來探討了。因為生滅表示一切法有生有滅，故說生滅；而寂滅呢？乍看之下生滅即是寂滅，好像也沒有錯，都有個「滅」字；然此中同異，若非具眼之人實難領會，本文就針對釋印順說「生滅即是寂滅」略加論述。

釋印順在同書中又說：【依緣起而現起緣生的事相，同時又依緣起顯示涅槃。涅槃，即諸法的眞性，也即是法性。經中曾綜合這二者說有爲法與無爲法。依『阿含』的定義說：有爲法是有生有滅的流轉法；此流轉法的寂滅，不生不住不滅，名無爲法。所以無爲是離愛欲、離雜染，達到寂然不動的境地，即佛弟子所趨向的涅槃。這不生不滅的涅槃，成立於緣起法上。】[1]

釋印順說依緣起法而現起了緣生、緣滅的生滅事相，同時又依緣起法顯示涅槃，這不生不滅的涅槃，成立於緣起法上。此涅槃即是他所謂的寂滅，釋印順之意是指在生滅的有爲法中，此有故彼有，此滅故彼滅的流轉與還滅之中，自有不生不住不滅之無爲法即是寂滅；這是釋印順承襲自藏傳佛教中觀六識論的主張——一切法都是緣起性空，空無自性中即是寂滅，能體悟這個寂滅，即是證得法性、涅槃。所以生滅即是寂滅。但是，這個「寂滅」性，眞的是依於緣起法才能顯現而有的嗎？「寂滅」的眞實義是什麼呢？

釋印順《中觀論頌講記》：【從緣起的寂滅方面，說明世間滅。「此無故彼無」，「此滅故彼滅」，生死狂流的寂然不生，體現了緣起的寂滅性，是清

1 釋印順著，《佛法概論》，正聞出版社，1986，頁150。

淨的還滅。可以說：因爲緣起，所以有生死；也就因爲緣起，所以能解脫。緣起是此有故彼有，也就此無故彼無。緣起，扼要而根本的啓示了這兩面。一般聲聞學者，把生滅的有爲，寂滅的無爲，看成隔別的；所以也就把有爲與無爲（主要是擇滅無爲），生死與涅槃，世間與出世間，看成兩截。不知有爲即無爲，世間即出世間，生死即涅槃。所以體悟緣起的自性，本來是空寂的，從一切法的本性空中，體悟世間的空寂，涅槃的空寂。這世間與涅槃的實際，「無毫釐差別」。《般若經》的「色即是空，空即是色」，也就是這個道理。緣起的自性空，是一切法本來如是的，名爲本性空。一切法是本性空寂的，因眾生的無始顛倒，成生死的戲論。」[2]

釋印順在這裡的解釋是說：「生死狂流的寂然不生，體現了緣起的寂滅性，故生死生滅的狂流和寂然不生的緣起寂滅是無分別的。故生滅的有爲和寂滅的無爲，不要看成隔別的。生死與涅槃，世間與出世間，也不要看成兩截。有爲即無爲，世間即出世間，生死即涅槃。所以體悟緣起的自性，緣生諸法本無自性，本來是空寂的，從一切法的本性空中，有其必然之因果是歷

[2] 釋印順著，《中觀論頌講記》，正聞出版社，1992，頁 9-10。

然不亂的，能通達因果幻相的本性空，即能悟入諸法畢竟空不生不滅。若能深入知此深義，體悟世間的空寂，即涅槃的空寂，則能得出世智——涅槃智。」

釋印順如此解釋甚深佛法的寂滅、涅槃等，不知您是否能同意這樣的觀點？如果同意，那您其實也不必學佛修行了，可以回到滾滾紅塵去充分享受世間諸樂，因爲生死就是涅槃了，您還需要修什麼道呢？不論您修不修行，反正到頭來終難逃一死，而且生是涅槃、死也是涅槃，一切都是空的，辛苦修行就是爲了要悟得空無所有，那又何必呢？

佛法的「**寂滅**」絕非如釋印順說的這麼輕鬆、簡單、容易，這「**寂滅**」是在講一切法皆空中，有一從來不生不住也不滅而本來就寂靜極寂靜的法，不住在六塵中而絕對寂靜才能叫作「**寂滅**」，而且是本來就寂滅，不是修行才得的寂滅。這個寂滅是指祂從不在三界六塵萬法中起心動念，故是眞實如如的寂滅體性——眞如寂滅。不是釋印順所說緣起的寂滅——「此無故彼無」，這是空無所有的斷滅境界！斷滅境界是無法，不是寂滅。

我們來看**經典中對「寂滅」是怎麼說的**？《大乘入楞伽經》卷一云：**「法與非法唯是分別，由分別故不能捨離，但更增長一切虛妄，不得寂滅。寂滅者**

所謂一緣，一緣者是最勝三昧，從此能生自證聖智，以如來藏而為境界。】[3]

經文很清楚明白地告訴我們：寂滅是如來藏的自住境界，這不是三界法的境界。三界內無有眞實寂滅的境界，有些人以爲意識心不起分別、不起一念時就叫作無分別、就是寂滅，其實這根本沒有寂滅，只能稱爲一念不生或離念靈知，都還是意識心住於六塵中的喧鬧境界。意識心生起即是有分別，非無分別，不論是粗細意識皆是有分別、能分別之心，必會領受六塵故非寂滅。而釋印順所謂的寂滅，是說緣起的寂滅，是以蘊處界的生滅滅已不斷當中說有涅槃不生不滅；其所謂涅槃乃是以緣生諸法無自性空之空無爲涅槃，而空無是無法、是斷滅，無怪乎釋印順會說般若是唯名無實——性空唯名。釋印順不知亦不肯蘊處界的諸法空相的滅相是依於如來藏才有的緣起性空，與本來寂滅的涅槃如來藏體性截然不同。釋印順是未斷我見之凡夫僧，才會依於牛有角（蘊處界之緣起存在）施設兔無角法（其性緣起是故本空），然後說緣起性空是眞實法，是將滅相之空無說爲寂滅，皆是戲論一場！

釋印順在《中觀論頌講記》中說：**【二、聲聞，佛對他們說緣起，他們**

3 《大正藏》冊十六，《大乘入楞伽經》卷一，頁 590，中 19-23。

急求自證，從緣起因果的正觀中，通達無我我所，離卻繫縛生死的煩惱，獲得解脫。他們大都不在緣起中深見一切法的本性空寂，而從緣起無常，無常故苦，苦故無我我所的觀慧中，證我空性，而自覺到「我生已盡，梵行已立，所作已辦，不受後有」。他們從緣起的無常，離人我見，雖證入空性，見緣起不起的寂滅，然不能深見緣起法無性，所以還不能算是圓滿見緣起正法。三、菩薩，知緣起法的本性空，於空性中，不破壞緣起，能見緣起如幻，能洞達緣起性空的無礙。眞正的聲聞學者，離欲得解脫，雖偏證我空，也不會執著諸法實有。但未離欲的，或者執著緣起法的一一實有，或者離緣起法而執著別有空寂。執有者起常見，執空者起斷見，都不能正見中道。】[4]

釋印順說：「他們大都不在緣起中深見一切法的本性空寂，而從緣起無常，無常故苦，苦故無我我所的觀慧中，證我空性」，又說：「他們從緣起的無常，離人我見，雖證入空性，見緣起不起的寂滅，然不能深見緣起法無性，所以還不能算是圓滿見緣起正法。」這一段文字可以確定他講的寂滅是「緣起不起的本性空寂就是寂滅」，這種寂滅根本不是眞如寂滅，乃是將斷滅說

4 釋印順著，《中觀論頌講記》，正聞出版社，1992，頁8。

爲寂滅，都是落在蘊處界緣起緣滅中，都是生滅之法；滅已無法，何來寂滅可言？與 佛說的眞如寂滅豈能相提並論呢？

平實導師於《大乘無我觀》中說：【無餘涅槃之中不是斷滅，涅槃之中有個眞如；這個眞如叫作如來藏，還沒有成佛以前叫作阿賴耶識、叫作異熟識、叫作菴摩羅識，到達佛地時改名爲眞如無垢識，無餘涅槃中就是這個識單獨存在。可是這個識離見聞覺知，祂也沒有思量性，所以沒有證自證分，所以祂不知道有自己，眞的無我；又沒有了意根，所以祂也不作主；祂完全是寂滅性，完全是無我性，所以無餘涅槃之中只有祂。】[5]

平實導師書中所說的寂滅，正是聖教量所說的眞如寂滅。《父子合集經》卷十：

諸法性空無所空　亦無繫縛及縛者
眞如寂滅離諸相　體非垢染亦非淨
以其法爾本如然　非煩惱縛亦無斷
如是了知諸法性　是人不久得菩提

[5] 平實導師著，《大乘無我觀》，正智出版社（台北），2008，頁 35。

釋印順不解空義，空性心體無黏、無縛，亦離染淨，是眞實的心體，非虛設之名相。釋印順想要用緣起不起的寂滅來取代眞如寂滅之空性，這是移花接木歪曲法義的不老實心態；因未能親證，又無福親炙善知識；然眞善知識眞遇著了，卻又因面子問題，不肯接受眞善知識之指正，依舊不肯認錯修正其錯解佛語之過失，仍使所著書籍繼續流通，誤導此世後世學佛人之正知見並戕害彼等法身慧命而不顧，將使爾等永遠不知道眞如寂滅的眞實義，其後果之嚴重難以想像！

釋印順在《勝鬘經講記》中說：【順正理論（五八）有五說。也有立苦集道三諦是世俗，滅諦是第一義的，與本經一致。般若經說，四諦都是假名說，是世俗諦，而四諦的法空性，是第一義諦，這是因滅諦也通假名施設，而難言寂滅，是第一義，也即與本經的滅諦說相近。三諦是世俗，滅諦是第一義，古有此說，本經也依此作論。】[6]

我們就用釋印順的《勝鬘經講記》來破斥他的「緣起不起的寂滅」。他在文中說：「滅諦也通假名施設，而難言寂滅，是第一義。」四聖諦的滅諦

6 釋印順著，《勝鬘經講記》，正聞出版社，1986，頁 234-235。

是指諸法滅盡之眞實道理，已無有一法可再於三界內緣起，此是聖諦非通假名，唯是俗諦。釋印順的「緣起不起的寂滅」正是滅諦的寂滅，是因緣生、因緣滅的緣起不起。既如是，則其滅諦當非眞如寂滅之滅；只是現象界的此滅故彼滅，因爲有生而說有滅的滅，不是第一義眞如如來藏的本來寂滅。

再舉前引釋印順《中觀論頌講記》中說法：【從緣起的寂滅方面，說明世間滅。「此無故彼無」，「此滅故彼滅」，生死狂流的寂然不生，體現了緣起的寂滅性，是清淨的還滅。可以說：因爲緣起，所以有生死；也就因爲緣起，所以能解脫。緣起是此有故彼有，也就此無故彼無。緣起，扼要而根本的啓示了這兩面。一般聲聞學者，把生滅的有爲，寂滅的無爲，看成隔別的；所以也就把有爲與無爲（主要是擇滅無爲），生死與涅槃，世間與出世間，看成兩截。不知有爲即無爲，世間即出世間，生死即涅槃。所以體悟緣起的自性，本來是空寂的，從一切法的本性空中，體悟世間的空寂，涅槃的空寂。這世間與涅槃的實際，「無毫釐差別」。】[7]

從這一段文章我們可以發現：釋印順一直以緣起的寂滅性等同於眞如的

7 釋印順著，《中觀論頌講記》，正聞出版社，1992，頁 9。

寂滅性，他以六識論之觀點來解釋緣起的寂滅性就是眞如的寂滅性，證實其心中根本無眞如寂滅之法；他否定第八識如來藏，亦否定第七識意根末那識，恣意妄為的曲解佛法，把佛法的根砍斷了，卻又不得不於名相中牽強附會，而說生死即涅槃、生死狂流寂然不生等虛妄語，籠罩無知學人，堪稱天下之最。如果相信釋印順的話，那諸位不必修行也是涅槃了，天下哪有這麼便宜的事！生死狂流的現象不是寂然不生的境界，蘊處界都是緣生緣滅的緣起法，生是一邊，死是一邊；緣生的時候不可以說它是滅，緣滅的時候不可以說它是生。釋印順自己也說過白天光明的時候不可以說是黑暗，黑暗的時候不可以說它是光明，顯然釋印順的思想是自相矛盾的。

研究聲聞法的學者把生滅的有為，寂滅的無為，看成隔別的；所以也就把有為與無為（主要是擇滅無為），生死與涅槃，世間與出世間，看成兩截並沒有錯，因為他們還在緣起生滅之中，他們都只能看到有為界裡的蘊處界的生滅，不見法界中的實相；那麼，要等到什麼時候才不會把這些看成兩邊？得要等這些人緣熟了，找到第八識如來藏而實證眞如寂滅的時候。這時候自然能現觀第八識的眞如寂滅，及其恆離兩邊，非一非異非斷非常的中道義。

而緣起法必定是落在一邊的，但緣起的正理是不能離開眞如而能有緣起的，故緣起的寂滅與眞如寂滅，乃截然不同且永遠不能相提並論。

釋印順自己也說：【然從法性空的第一義來說，戒品本不來不去；本來不生，也不會滅盡。所以不落三世，超越生滅。】[8]不要被釋印順此說籠罩了，他是從緣起性空來說空的不來不去，不是般若中說的空性如來藏不來不去。一切親證者皆能了知從第一義實相心體現觀，確實本來不生也不會滅盡，故可以這樣說；但對未親證實相之人如釋印順，只能從意識思惟而創造出一個虛妄之法，說爲寂滅法。釋印順之困境在於不能忍於自己的無知，強不知以爲知，故難會此不思議佛法，亦常前後自語相違。對「本來不生」之法，誤以爲「此滅故彼滅」故本來不生，釋印順實不懂「不生法」，才會以六識論緣起法來解說「本來不生」之法，實是顚倒說。

釋印順說：【如果不談空，怎能開顯緣起的眞相，怎能從生滅與寂滅的無礙中，實現涅槃的寂滅？】[9]緣起的眞相就是生滅，這個生滅性的滅，與

8 釋印順著，《寶積經講記》，正聞出版社，1992，頁 256。

9 釋印順著，《中觀論頌講記》，正聞出版社，1992，頁 10。

不生不滅的涅槃的寂滅是不一樣的，不能用緣起生滅的滅相來解釋爲涅槃的寂滅。

釋印順《中觀論頌講記》說：【「寂滅」，是生滅的否定。生滅，是起滅於時空中的動亂相；悟到一切法的本來空性，即超越時空性，所以說寂滅。肇公說：「旋嵐偃嶽而常靜，江河競注而不流」，也可說能點出即生滅而常寂的實相了。】[10]

釋印順說：「寂滅，是生滅的否定。」認爲對生滅的否定，就是不生滅，則寂滅就是不生滅。但佛法中的不生滅，意指有一法是不生亦不滅的，非是虛無叫作不生滅、寂滅。釋印順又說：「悟到一切法的本來空性，即超越時空性，所以說寂滅。」對了知實相者來說，從此處可以看出這是釋印順的不良動機，欲使人混淆；釋印順的眞實義是說：一切法空，本無一法而空無了，故是超越時空性的，說這本來空的就是寂滅；即生滅而常寂的實相，於生滅中無有一法眞實故，此即是常寂的實相。釋印順不承認空性心如來藏，所以他在蘊處界諸法中不能思議有一法是常寂的，只能以意識思惟在有爲現象的

10 釋印順著，《中觀論頌講記》，正聞出版社，1992，頁 342-343。

因緣生滅之中，萬法自會此生故彼生、此滅故彼滅，認爲能徹悟此理，即是了達生滅即是寂滅。然而對親證空性心的人來說，蘊等一切法生滅中不曾稍離寂滅的如來藏，故生滅與不生滅的寂滅是不即不離的。這是凡夫釋印順永難會的。

或許有人會以爲我反對釋印順說的緣起法，就認爲我反對 佛陀說的緣起法，然而 佛陀所開示的緣起法的正理是：必須依於第八識如來藏才能有萬法的緣起，緣起法不能無因唯緣而生起，這是四阿含諸經中仍然可以查到的教證；所以我不是反對緣起法的，我只是反對釋印順把無因論的緣起法，當作有因有緣的緣起論的佛法的核心[11]，當作是勝義、第一義。第一義就是涅槃寂靜，就是如來藏自心無境界的境界，這個才是寂滅的道理，而不是釋印順所說的無因有緣的緣起的寂滅。

有些人還是弄不懂其中的分別，那就會被釋印順所迷惑。我們就以太極來解釋：世俗人畫的太極圖一陰一陽，陰陽之中即是緣起生滅；釋印順把其

11 編案：其實印順根本不懂緣起法，他只是把生滅無常的緣生法當作緣起法，因此他講的「緣起性空」其實是「緣生性空」。

中的陰當作寂滅（釋印順稱爲緣起的寂滅）[12]，卻不知道此寂滅仍然在陰陽生滅中，猶在太極裡面。如果您要畫一個圓圈叫無極，這個無極勉強可以說寂滅。爲何說是勉強？因爲眾生沒有實證本來寂滅的第八識，那若要爲其解說時，這時該怎麼辦呢？因此，必須是用俗人的認知來解釋說明，才能勉強建立一個正確方向。世俗所畫的太極其實是兩儀，因爲一陰一陽已出現，那個外圍的大圓圈才是太極，那無極就是連圓圈都沒有的時候了；也就是，一切有情不管有沒有那個圓圈，都有這個無極，就是本來常住、本來寂滅、本來涅槃、本來清淨的第八識如來藏獨住的境界，乃是一切大乘賢聖所證的標的。這就是說，有爲性的緣起法還是有依，不是無依，是依於第八識如來藏而有的；懂得這個道理，要學正確的佛法就不難；否則就會像釋印順一樣，雖身出家，也活了一百零三歲，卻還搞不清楚什麼是佛法，以外道法及錯誤的解脫道來當作佛法的全貌；自欺欺人，莫此爲甚；令人慨嘆，誠可憐愍！

12 釋印順著，《佛法概論》，正聞出版社，1986，頁 33。

二、略談釋印順之一切法空與一切法空性

釋印順在《中觀論頌講記》說：【佛所說的緣起定義，佛教的一切學者都不能反對。**一切法空為佛教實義，真聲聞學者也不拒絕，何況以大乘學者自居的呢？**】[13]

此中佛說緣起定義，一切學佛者都不會反對；但釋印順以六識論爲基礎而說的「一切法空」，是否爲佛教眞實義？則有待商榷；因爲不能光看「一切法空」的口號相同就認爲符合　佛陀所說，得要看所說內涵是否符合　佛陀所說爲準。聲聞學者追求一切法空，所以不拒絕；但聲聞人不拒絕並不表示「一切法空」即是佛教唯一的眞實義，因此釋印順認爲大乘學者應該也不拒絕才是。然而如果大乘學者所修學的佛法，也只是「一切法空」，那他就不配稱爲大乘；因爲所學都是一切法空而同樣都空了，還分什麼大乘、小乘？由此可知，大乘佛法除了「一切法空」之外，一定還有個甚麼？聰明絕頂的

13 釋印順主講，演培記錄，《中觀論頌講記》正聞出版社，1992年1月修訂一版，頁258。

釋印順，在佛法大海中鑽研久了，當然也警覺到這一點；爲了防堵破綻，唯恐有人指戳，所以他加上一個「性」字；就像圍棋活眼，自以爲「一切法空性」如金鐘罩一般，無人能破，豈不快哉！

但釋印順他不知道自己以六識論所解釋的「一切法空性」，正好破他自以爲佛教一切學者都不能反對的「一切法空」。一切法空，就是五蘊、十二處、十八界都空，這是一無所有的斷滅空。若六識論是對的，那三界一切萬法都沒有了，連意識都滅了，這不是斷滅空嗎？

釋印順會說：「眞空即妙有」，故一切法空不是斷滅空。如《學佛三要》：【這種空有無礙的等觀，稱爲中道；或稱之爲眞空即妙有，妙有即眞空。】[14] 釋印順既然說眞空即妙有，那就表示他不能空盡十八界，不敢空盡十八界；不能十八界空盡，就入不了無餘涅槃，也就不能證得解脫道極果阿羅漢了。釋印順因爲怕成爲斷滅空，所以說眞空即妙有；但是眞空要成爲妙有是要有原因的，否則就會變成無中生有。無不能生有，空也不能生有，所以釋印順也對釋聖嚴說：【空就空了，還有什麼？眞空妙有是眞常唯心論所講的。想

[14] 釋印順著，《學佛三要》正聞出版社，1994 年 12 月重版，頁 232。

想，既然已經眞空了，還有什麼？】[15] 因此釋印順六識論的一切法空，本質上就是斷滅論；必須以八識論來看蘊處界一切法空，才不會落入斷滅論的過失，才符合 佛陀經典中所說一切法空，也才符合一切親證法界實相的菩薩們親眼所見的事實。

從 平實導師評論：【印順所倡導「一切法空、離如來藏可有緣起性空」之邪見中，皆成大乘法中之惡取空者，皆是無因論、兔無角論者。】[16] 可見佛法不是只講一切法空而已，還有一個能生一切法的空性如來藏；此空性如來藏是一切萬法之因，此因是妙有之源。其實釋印順也知道斷滅論乃是外

15 潘煊著，《看見佛陀在人間——印順導師傳》記云：【聖嚴法師閉關於美濃朝元禪寺，導師前往探望時，聖嚴法師提出法義上的困惑請教。距今雖然時隔四十載，但聖嚴法師猶記當天的一段鮮明簡潔的對話，是關於「空」與「有」的問題。導師是空宗專家，聖嚴法師問及「眞空妙有」。導師立即反問：「空就空了，還有什麼？眞空妙有是眞常唯心論所講的。想想，既然已經眞空了，還有什麼？」一句話，直逼得人深刻地、細微地觀照空有眞相。】天下遠見出版股份有限公司，頁 233。

16 平實導師著，《入不二門：公案拈提集錦》佛教正覺同修會出版，2004 年 6 月初版二刷，代序頁 9-10。

道見，因此釋印順也無法否定這個道理，故於：

《般若經講記》云：【或者以爲我法雖空而此空性——諸法的究竟眞實，是眞常妙有的。】[17]

《以佛法研究佛法》：【由三法印而開顯出來的一切法空性，即大乘所說的一實相印。】[18]

《以佛法研究佛法》：【現依『楞伽經』爲準，以一切法空性爲如來藏說，則如來藏始能與性空無我的一切教說相契合。】[19]

《無諍之辯》：【換言之，如來藏是一切法空性（見楞伽經），是衆生位中（身心，特重在心）的空性。】[20]

從表面看，釋印順所說的「一切法空性」好像是 佛陀所說諸法實相——第八識、空性心、如來藏、阿賴耶識、眞如，但釋印順卻主張六識論，否

---

17 釋印順著，《般若經講記》正聞出版社，1992 年 3 月修訂一版，頁 50。
18 釋印順著，《以佛法研究佛法》正聞出版社，1992 年 2 月修訂一版，頁 305。
19 釋印順著，《以佛法研究佛法》正聞出版社，1992 年 2 月修訂一版，頁 320。
20 釋印順著，《無諍之辯》正聞出版社，1992 年 3 月修訂一版，頁 160。

定第八識的存在，他所說的「一切法空性」其實只是他所主張緣起性空的緣起性，不是 佛陀說的空性，他把緣起性空這個現象中的緣起性當作是諸法實相。如釋印順於《佛法概論》中說：【緣起中道，是佛法究竟的唯一正見。】[21]《學佛三要》又說：【再從**緣起性**的平等性來說：緣起法是重重關係，無限的差別。這些差別的現象，都不是獨立的、實體的存在。所以從緣起法而深入到底裡，即通達一切法的無自性，而體現平等一如的法性。**這一味平等的法性**，不是神，不是屬此屬彼，是**一一緣起法的本性**。】[22]

然而 佛陀所說此「空性」即是如來藏，而不是一切法；一切法無空性，一切法皆是因緣所生之法，一切法皆是無常必滅故是空相而非空性，唯有第八識如來藏具有能生萬法之空性；所以釋印順說「一切法空性」是有語病的，因爲一切法沒有能生一切法的空性，只有生滅無常終歸於壞滅的空相。釋印順主張一切法空爲佛法究竟，但到最後，他還是要回歸一切法之空性如來藏，才不會落入斷滅空而成爲斷滅見外道。

21 釋印順著，《佛法概論》新版一刷，正聞出版社，2000 年，〈自序〉頁 1。

22 釋印順著，《學佛三要》正聞出版社，1994 年 12 月重版，頁 122。

再說，釋印順認爲五蘊等一切法不可得，故說一切法空；既然一切法空，則是斷滅後的空無，絕無一性可得，何來空性？若狡辯說有空性，則此「空性」亦空，如此即空無一物、空無所有矣；這不是斷滅空又是什麼？釋印順也知道這樣不行，落入斷滅空去了，因此要有個空的自性——「空性」來補上，才有佛法的樣子，他說：【從修證上說，即以無所得慧所以能達到一切法空性。】[23] 這裡他又以「無所得慧」作爲一切法空性。

那麼，什麼是「無所得」？如印順派的釋傳道解釋說：【聞名執實，這是眾生不得解脫的唯一根源。】[24] 若否定第八識如來藏，而以六識論來解釋，亦即「畫一個美女、畫一個羅刹，我們常常忘了它是畫，看到美女的畫就喜歡執著，看到羅刹的畫就恐怖。要知道畫是假的無實性，就不會高興和恐怖，就是『無所得』。以無所得故，無有恐怖，才能究竟涅槃。」這是標準的以意識心不要亂想當作無所得，偏偏凡夫眾生的意識一定喜歡美女，不喜歡羅刹；如果硬要說他不知道畫是假的，而把它當作眞實的美女，你看他

---

23 釋印順著，《般若經講記》正聞出版社，1992 年 3 月修訂一版，頁 198。
24 釋印順著，《般若經講記》正聞出版社，1992 年 3 月修訂一版，頁 198。

的腦筋有沒有問題？就算他不分別，如果眞的不能分別，一定是屎尿不分，那生活一定出問題；如果知道是美女或羅刹而故意不作分別，則他知道畫的內容之時，已經分別完成了，「知」即是了別故；他只是不作選擇而不是無分別，意識的功能就是了別，所以想用意識的無分別而說「無所得」是不可得的。釋印順又於《般若經講記》云：【今菩薩般若以無所得慧照見五蘊等一切法空，由此離我法執而得解脫。從理論上說，以一切法本不可得，說明蘊等所以是空；從修證上說，即以無所得慧所以能達到一切法空性。】[25]

但是《瑜伽師地論》卷八十三云：【無所得者，謂離一切所有相故。】[26]這是說第八識如來藏乃是離一切所有相的緣故，而不是意識一念不生的無所得。

如《大智度論》卷十八〈序品第一〉中曰：【問曰：「若無所得、無所行，行者何以求之？」答曰：「無所得有二種：一者、世間欲有所求，不如意，是無所得。二者、諸法實相中，決定相不可得故，名無所得；非無有福德智

25 釋印順著，《般若經講記》正聞出版社，1992年3月修訂一版，頁198。

26 《大正藏》冊三十，《瑜伽師地論》卷八十三，頁766，上22-23。

慧、增益善根。如凡夫人分別世間法故有所得；諸善功德亦如是，隨世間心故說有所得，諸佛心中則無所得。」】27

可見「諸法實相」才是無所得，不是把意識心的有所得轉變成不分別而說無所得，無所得慧即是第八識空性如來藏本來即無所得。

佛陀經典中所說的空性心是講如來藏空性之大乘法，不是定性二乘之所修；釋印順讀過這些經典，因此也是知道的；但是自己被六識論邪見所誤導而錯會，因此釋印順於《般若經講記》也跟著云：【這空無相無願——即空性，不是一般人所能了達的，所以極為深奧。】28 同時他於《勝鬘經講記》云：【唯識家也說，二乘人不斷所知障，所以不能通達一切法空性的圓成實。本經所說，與唯心論者相同。】29【然依本經，如來智即是空（性）智。】30

27 《大正藏》冊二十五，《大智度論》卷十八，頁 197，中 2-9。
28 釋印順著，《般若經講記》正聞出版社，1992 年 3 月修訂一版，頁 172。
29 釋印順著，《勝鬘經講記》正聞出版社，1986 年 1 月四版，頁 212。
30 釋印順著，《勝鬘經講記》正聞出版社，1986 年 1 月四版，頁 229。

從這些論述，可以確定釋印順之「一切法空性」，講的就是依據經典中文字而使用「空性、空性智、如來智、無所得慧、實相慧」這些名相；然而經論中所說都是指向空性如來藏，但釋印順卻以六識論的角度來解說；他心中是把緣起性空的緣起性說爲空性，而不是 佛陀所說第八識如來藏爲空性。又如《中觀論頌講記》:**【觀法品的觀，是現觀，或正觀，就是悟入如實相的實相慧；抉擇正法的有漏聞思修慧，隨順無漏般若，也稱爲正觀。法是軌持，軌是規律，或軌範；持是不變，或不失。事事物物中的不變軌律，含有本然性、必然性、普偏性的，都可以叫作法。合於常偏本然的理則法，有多種不同，但其中最徹底最究竟最高上的法，是一切法空性。現觀這眞實空性法，所以叫觀法。】**[31]

但釋印順又主張說「因空卻遍計執性所顯的空相」，說這「叫圓成實相」，如《攝大乘論講記》:**【此中何者圓成實相？謂即於彼依他起相，由似義相永無有性。「於彼依他起相」上，因遍計性的「似義相永無有性」，就是徹底通達遍計性無，依他諸法因空卻遍計執性所顯的空相，叫圓成實相。現在，我**

31 釋印順主講，演培記錄，《中觀論頌講記》正聞出版社，1992年1月修訂一版，頁314-315。

們可以獲得三相的基本而簡單的認識：依他起是虛妄分別的心，遍計執是似義顯現的境，圓成實是因空卻遍計所執性所顯的諸法空相。】[32]

蘊處界都是生滅無常的體性，故說其爲虛妄不實的，因此蘊處界一切法緣起性空，只是第八識藉緣生起一切三界諸法的現象；這個現象在阿羅漢入了無餘涅槃以後，只剩下第八識獨存，當「緣起性空」所依的蘊處界不存在時，緣起性空的現象亦將不復存在；因此這個緣起性空根本不是實相法。所以釋印順乃是將滅掉一切蘊處界法以後「永無有性」的斷滅空，定義爲圓成實而成爲斷滅論的支持者。釋印順曾於同書說：【**離卻錯誤的認識，通達無義，就是圓成實**。】[33] 他認爲通達空無之義，就是圓成實；由此可知釋印順乃是標準斷滅論者。但他顧慮會被指控爲斷見外道，又回頭建立細意識常住說，建立細意識爲三世結生相續的常住識，回墮意識心中又成爲常見外道，因爲始終無法成立自己不可被質疑的中道思想，連我見都斷不了。

唯有第八識如來藏才是眞實空性法，才是最徹底最究竟最高上的法，才

---

32 釋印順著，《攝大乘論講記》正聞出版社，1992 年 2 月修定一版，頁 185。

33 釋印順著，《攝大乘論講記》正聞出版社，1993 年 2 月修正一版，頁 179。

是圓成實。但是釋印順主張六識論所說的「一切法空性」，卻是虛妄無實的體性；因爲緣起性乃是蘊處界緣起緣滅的體性，屬於有爲生滅無常的體性，然此釋印順「一切法空性」乃是依據經典中描述第八識如來藏體性的文字，自己用六識論的邪見來臆測而套用這些名相，將經中所說證得空性第八識的境界與智慧套在意識上面，導致釋印順弘法七十年的結果都成爲一場誤會。經典中所說諸法實相、空性當然是指第八識如來藏，如是則最究竟之法是如來藏而非「一切法空」應無疑義；第八識如來藏能生一切法，故爲一切法的依止處，是生死涅槃依，也應該無疑義了。若照經論文字乃是明白顯示這個道理，已無可推翻，因此釋印順有時也只能跟著經典文字這樣說；可是他心中卻不是這樣想，因此在《勝鬘經講記》另外又說：【「如來藏」的所以爲生死涅槃依，不是別的，因爲它「無前際」，法爾如此，本來如此，沒有時間性的邊際。因此，如來藏是「不起不滅法」。是不起不滅的常住法，能爲生死涅槃作所依，眾生這才「得厭苦，樂求涅槃」。中觀和唯識宗，明一切法空性或圓成實性，也是不起不滅，無前際後際的，**然都不說爲一切法的依止處**。以常住不生滅爲所依，即眞常唯心論的特色！】34

34 釋印順著，《勝鬘經講記》正聞出版社，1986 年 1 月四版，頁 254-255。

釋印順說的「一切法空性」既是如來藏，卻又說不是一切法的依止處，這是因爲他是把六識論的緣起性空的緣起性當作如來藏，這當然不是一切法的依止處；然而經文所說的如來藏乃是第八識阿賴耶識，是一切法的依止處，因此釋印順便被六識論邪見綁死而無法解套。不但如此，釋印順又自語相違而教你不要迷於一切法空性，才不會障礙你的法空智，如釋印順在《勝鬘經講記》中說：【本經的無明住地，即所知障；四住地及上煩惱，爲煩惱障。煩惱障是以我我所執爲本的，由我我所執而起貪等煩惱，由此而招三界分段生死苦。**所知障，是迷於一切法空性，而不能徹了一切所知的實事實理；為一切法空智的障礙**。煩惱障是人執，所知障是法執。我執必依於法執，煩惱障是依所知障的；所知障或法執，是煩惱障或我我所執的所依，即此處無明住地爲上煩惱及四種煩惱所依的意義。】[35]

釋印順最後跟你說白的：「空性亦不過假名而已。」被他說爲究竟法的一切法空性的如來藏，竟然只是假名而已？結果他前面所說的「眞實空性」不見了，於是他在《般若經講記》中就說：【世間的事物，語言思想都不能表現出

35 釋印順著，《勝鬘經講記》正聞出版社，1986年1月四版，頁166。

他的自身，何況即一切法而超一切法的空性呢？**空性亦不過假名而已**。空性，不是言語思想所能及的，但不是不可知論者，倘能依性空緣起的正論來破除認識上的錯誤——我執法執，般若慧現前，即能親切體證，故佛法是以理論爲形式而以實證爲實質的。眞能證得空性，是即一切而超一切的……】[36]

於是釋印順否認第八識如來藏的尾巴就露出來了，他認爲相信第八識如來藏的人是擔草束過大火而不燒者，是計我外道，故釋印順在《成佛之道》說：【第二、於一切法空性立一切法，眞是擔草束過大火而不燒的大作略，原非一般所能。但事實上，離此並無第二可爲一切法依的。所以**爲了攝化計我外道，就密說法空性爲如來藏**。這是好像有我爲依，而其實還是無我的法空性。對於五事不具，近於小乘的根性，經上又說：『佛說如來藏，以爲阿賴耶。惡慧不能知，藏即賴耶識』。原來阿賴耶，還是如來藏。依如來藏而有無始虛妄熏習，名阿賴耶識，爲雜染（清淨）法所依。不知其實是依法空性——如來藏；可惜有些學者，不能自覺罷了！】[37]

36 釋印順著，《般若經講記》正聞出版社，1992年3月修訂一版，頁185。
37 釋印順著，《成佛之道》正聞出版社，1999年6月修訂版一刷，頁384-385。

如果出生一切法的空性心如來藏，是爲了攝化計我外道而說，爲何釋印順要說「與一切法空性相應而修行，就一切都無所取著」？爲何要說這「是佛教授教誡的意趣所在，爲一切沙門的眞正師範」？如《寶積經講記》：【如爲勝義而修行，與**一切法空性**相應而修行，就一切都無所取著。這樣的深見，與法相應，「知一切法本來寂滅」，也就「不見有縛」——能縛、所縛、縛法；「不求解脫」。但這樣的不見有縛，而繫縛自解；不求解脫而眞得解脫，「是名實行沙門」。是佛教授教誡的意趣所在，爲一切沙門的眞正師範！】[38]

由這裡就可以知道釋印順斷滅論外道的本質，因爲他認爲的一切法都是緣起性空，終究是會滅的無常性，因此一切法無常壞滅之後將變成空無，此緣起無常的壞滅的體性乃是一切法空性。但是，這已雙違經論文字的表義與眞義，於是有時候又不得不說有如來藏心，變成自己前後矛盾。所以，讀釋印順的書，眞是傷腦筋，他都慣用模稜兩可、似是而非的方式來論述；表面上是兩邊都寫，不偏頗，骨子裡則是叫人不要相信有第八識如來藏。但第八識如來藏是大乘經典所說的，不要相信如來藏就是不要相信大乘經；可是大

38 釋印順著，《寶積經講記》正聞出版社，1992年2月修訂一版，頁224。

乘經是 佛陀所說的，所以釋印順主張說大乘經典不是 佛陀親口所說，說菩薩講的如果符合 佛說的緣起性空，也可以說是佛經，由此確定釋印順是「大乘非佛說」的信徒[39]。釋印順這些自語相違、矛盾百出的說法，叫人如何相信他的話？問題都是出在他不相信 佛陀的話，所以他是妄語者而不是實語者。

釋印順認爲因緣生之義，一切法空之義，已經是佛法究竟；如果再相信有第八識如來藏，那就是實有論者；認爲主張有如來藏自性能生萬法，會有破壞一切的過失。因爲釋印順認爲一切法是從因緣所生，「諸因緣所生而無自性的空義」才是「空義」；相信實有如來藏論者說一切法從如來藏藉眾緣出生，而非單憑因緣生，則破因緣生義，也破一切法空性。這個說法見於《中觀論頌講記》：【實有論者，有破壞一切的過失；現在結責他的壞一切世俗。主張有自性，就是「破一切法」的從「諸因緣」所生而無自性的「空義」。**破因緣**

39 釋印順用暗示的方式否定大乘經非常的多，例如《初期大乘佛教之起源與開展》頁 8-9：【大乘經在部派中，在部派前早已存在，如古人傳說那樣，到底不能爲近代佛教史者所同意。大乘與部派，特別是大眾部思想的共通性，受到一般學者的重視，解說爲大乘從部派思想，特別是從大眾部思想中發展而來。**這樣，大乘可說是『非佛說』而又『是佛法』了。**】

生義，即破一切法空性，這就不知幻有，不知眞空，破壞了二諦。】[40]

釋印順不相信有第八識如來藏，所以他無法瞭解空性，他說【法性、法住、法界。**勝義諦不可想像爲甚麼實在本體，或微妙不思議的實在。**】[41]實在本體是很難親證，但佛是眞語者、實語者、不妄語者、不異語者，是天人師，故佛說的話絕對正確。佛說有眞實存在的本際，而祂是空性，所以微妙難思議；不但大乘經中如是說，平實導師在《阿含正義》中也舉出《阿含經》中的教證，證明二乘菩提也是依第八識如來藏而說的。釋印順則認爲「不可想像爲甚麼有實在本體？」那是因爲釋印順把空性當成空相去了，而且又說「空相是空性的別名」，那「空性」就不見了，只剩下空相，空相只是五陰等生滅法生滅無常的現象，怎麼會有實在本體？

釋印順在《佛法是救世之光》中說：【這是一點，「五蘊皆空」，是說五蘊的「自性」空；「空」是「無自性」的別名。「是諸法空相」，羅什譯本，法月譯本，般若共利言譯本，都是這樣。而智慧輪譯本作：「是諸法性相空」；

---

40 釋印順主講，演培記錄，《中觀論頌講記》正聞出版社，1992年1月修訂一版，頁486。

41 釋印順著，《中觀今論》正聞出版社，1986年3月五版，頁219。

法成譯本作：「一切法空性」。這是第二點，「空相」是「空性」的別名。這兩點，可說為了不致於誤解，而譯得更明確些。】[42]

親證如來藏的禪宗第六祖說【何期自性能生萬法】[43]，從現代實證如來藏的菩薩們的現觀，也如是證實；則知一切萬法皆無自性，有自性而能生萬法的唯有第八識如來藏，才能說是具有能生萬法自性的空性。一切法之自性，乃是方便說，譬如金有金的自性，鐵有鐵的自性，為了名字、差別而說有金鐵之自性。方便自性不能與如來藏能生萬法之空性自性相提並論，所生的一切萬法是空相，能生萬法的如來藏是空性，如此怎麼可以說空相是空性的別名？一切法空即是一切法生滅無常的空相，但如來藏卻不是一切法所攝，而是能生一切法者；是故如來藏能攝一切法，一切法不能攝如來藏；能生的如來藏才是能生一切法的空性，被如來藏所生的五陰顯示出來的一切法空則是被生法所顯示的現象，怎能混為一譚而說空性即是空相？而說「**空性是空相的別名**」？

42 釋印順著，《佛法是救世之光》正聞出版社，1992年4月修訂一版，頁191。

43 《大正藏》冊四十八，《六祖大師法寶壇經》，頁349，上21。

第八識如來藏不生不滅，同時也不即五蘊假我，不離五蘊假我。若照釋印順的邏輯，他的意思就是「一切法空即是一切法空性」，就是如來藏；他認爲，一切法空是佛教唯一的眞實義，同時破斥掉一切法空性的如來藏，也達成了用藏傳佛教應成派中觀的六識論來取代佛教八識論之目的。他不知道老天有眼，護法怒目，當佛教將亡、臨危之際，平實導師適時出來弘揚了義正法，使正覺同修會諸多有慧眼者都可以拆穿他的妄言，不容這些佛門外道來毀壞佛法！

三、略論釋印順說三法印就是一切法空的理性

學佛人都應當知道「**三法印**」即諸行無常、諸法無我、涅槃寂靜。印順於《以佛法研究佛法》一書中說：【三法印，即就一切法空的理性，作**順俗**的多方面的顯示說明。】[44] 他用一切法空來詮釋三法印的這種說法是不是理性？恰不恰當？實有必要釐清探究一番，因爲依於 佛陀的教示，佛弟子都知道「涅槃寂靜」並不是一切法空而已！那麼，諸行無常、諸法無我是一切法空嗎？如果只是一切法空，則何異於斷見外道！善惡果報、生死輪迴之事理又當如何圓成？茲引下列釋印順於該書中所說來分析探討：【佛法有二大問題：一是生死輪迴問題，二是涅槃解脫（成佛）問題。一切佛法，可說都是在這二大問題上作反復說明。如佛法而不講這二大問題，那就是變了質的佛法。生死輪迴與涅槃解脫，並非佛教特創的教義，印度其他一般宗教中，十之八九也都講到這個問題。但佛教與印度一般宗教所講的有所不同，那便是三法印。三法印的諸行無常，諸法無我，涅槃寂靜，是用來印定佛法的準

---

[44] 釋印順著，《以佛法研究佛法》正聞出版社，1992 年 2 月修訂一版，頁 305。

繩，凡與這三法印相契合的，才是佛法。所以生死輪迴與涅槃解脫，均須與三法印相合，這樣的生死輪迴才是佛法的生死輪迴，涅槃還滅才是佛法的涅槃還滅。如果與這三法印不相契應，則所謂生死輪迴與涅槃還滅，都是外道的，非佛法的。**由三法印而開顯出來的一切法空性，即大乘所說的一實相印。**因爲一切法的自性空，所以一切法是無常、無我、寂靜的。三法印，即就一切法空的理性，作順俗的多方面的顯示說明。依無常、無我的法則，說明生死輪迴；依此生死而說到涅槃還滅的寂滅，這是佛教不共外道的特質。不過這無常的與無我的生死輪迴（也就是本性空的生死輪迴），是甚深的，不容易使一般人理解的，所以印度一般宗教甚至一分佛教學者，對此曾加以詰難。如《俱舍．破我品》說，若說無我，則誰去受生死輪迴？誰去證涅槃還滅？依照一般人的想法，人生的升天界，墮地獄，此死彼生，必須有一主體的「自我」。如現在有煩惱，將來煩惱斷了，生死也了了，這斷卻煩惱與了脫生死的當體，是解脫自在的我。如說無我，則不但生死輪迴不能建立，涅槃解脫也不能成立。無常無我的生死觀，涅槃論，確是太深了，爲一般人所不易了解，所以印度一般宗教，都認爲要有一眞實的我，才能成立一切。】[45]

[45] 釋印順著，《以佛法研究佛法》正聞出版社，1992年2月修訂一版，頁306-308。

所謂「**佛法**」當然就是「**成佛之法**」，成佛之法分為兩大甘露法門——解脫道及佛菩提道，所以「**佛法**」的目的就是要幫助眾生解決唯一的大問題——如何**成佛**！諸佛菩薩所說的一切法，都是在這唯一的問題上從不同的角度、不同的面相，更從佛菩提道不同的位階、不同的次第上，一而再、再而三不斷的如實說明，無有絲毫虛妄言語，也無有一字一句言不及義之戲論言說。而解脫道是佛菩提道中的一個小部分，二乘解脫道即使修證到具足圓滿的三明六通時，也無法涉及到成佛之道。所以，佛法並不只是釋印順所說的「兩大問題——生死輪迴、涅槃解脫」。因為印順所說的只有從二乘解脫道的角度來看流轉與還滅，實際上成佛之道並不只有這樣而已。隨即釋印順又說：「生死輪迴與涅槃解脫，並非佛教特創的教義，印度其他一般宗教中，十之八九也都講到這個問題。」既然說這兩大問題外道十之八九也都有講，那麼講不講這兩大問題，根本就不是佛法變質與否的關鍵所在。譬如《大方廣佛華嚴經》卷二十八〈十明品第二十三〉中開示：【知一切法非世間、知一切法不離世間；知一切法非因生、知一切法非無因生。】[46] 也就是說：「一切法非佛法，佛法不離一切法。」故諸方大師所說是否為「變了質的佛法」，其癥結應在所說的內涵義理是否變質，不應單從文字名詞表相上妄加分別。

46 《大正藏》冊九，頁 580，上 5-7。

況且，大多數世間人都知道，也都能體察到「**一切諸行皆無常**」的道理，斷見外道之流也各個皆言「**一切諸法都無我**」；再者釋印順又說「**印度其他一般宗教中，十之八九也都講『涅槃解脫』**」，如此說來「**諸行無常、諸法無我、涅槃寂靜**」也並非佛教中獨有的辭彙。然而，如是三法云何外道所說不能成「**印**」？其問題的根源就在於彼所執義理非法的緣故，此與佛世之時多有外道自稱已成「**阿羅漢、如來**」，然而其所證卻與眞實阿羅漢、眞實如來的所證違背。乃至末法今時更有喇嘛教—**藏傳佛教**—之中充斥著「**活佛**」、「**法王**」等眩惑人心的名詞，與外道如出一轍。譬如世間多有同名同姓者，然雖是同名同姓卻非是同一人，且高矮胖瘦、容貌好醜、健康壽算、心性善惡、性向差異……等，以及善惡果報都是個個不同；所以就算一切外道亦皆稱言他們所主張的內容也是用「**諸行無常、諸法無我、涅槃寂靜**」，仍不能認爲其所說眞的符合「**三法印**」，而應當檢驗其文句背後所表達的義理是否符合三法印的內涵。既然三法印「**是用來印定佛法的準繩**」，那麼認識這「**三法印**」的眞實義理就有絕對的必要，這攸關辨別諸方大師所說是否爲「**變了質的佛法**」，而成爲斷見、常見或雙俱斷常二邊等外道法！也是學人簡擇眞假善知識以爲依止的一個重要的基準。

三法印中之**諸行無常**與**諸法無我**都是在說明三**界有**的**十八界法**無常與無我。常見外道就是無知於此十八界諸法的全部內容，而於其中生起顚倒見，將無常計爲常、非我執爲我，將三界中之境界妄計爲涅槃境界，故而墮於常見外道的一邊。另一方面，斷見外道於**諸行無常**與**諸法無我**的說法上雖沒有常見外道的過失，卻落入撥無因果的「**一切法空**」邪見之中，而說**涅槃寂靜**就是一法不存的一切法空，不知**涅槃寂靜**就是第八識「**如**」的自住「境界」，故墮於斷見外道的一邊。於今末法之世，佛門充斥常見或斷見等外道見的「**佛門外道大師**」，不但自墮邪見，更誤導學人同墮斷常二見；自從印順學說廣弘以來，尤以斷滅邪見者爲眾。另有一分狡黠之「**佛門外道大師**」自知墮於斷見邪說撥無因果，卻不思、不願回歸中道正法，更於斷滅邪見身上虛妄安立常見之頭，而稱之爲「**一切法空之理性、滅相是不滅的、滅相眞如**」；如是種種虛妄安立的名相，皆是依於生滅的現象界諸法而臆測，亦出於釋印順門下。

所以，佛法中三法印之眞實義理是不落斷常二邊而恆處中道的，其中「**諸行無常、諸法無我**」單從表面上的義理，就足以破除常見外道之「**無常計爲常、非我執爲我**」的邪見，而「**涅槃寂靜**」則可對治斷見外道「**一切法空**」

的惡邪見。《中阿含經》卷二十二〈穢品第三〉中說：【我得究竟智：我生已盡，梵行已立，所作已辦，不更受有，知如眞。】[47] 既然阿羅漢自知自作證，確定能夠不再受後有，爲何會說「知『如』眞」？若將此解釋爲「知道那『好像』是眞的」，則此比丘言：「自知不再受後有」會有兩種狀況：一者心中有疑不敢肯定，故說「好像是……」；二者是假的，才會說「好像是眞的」。但不論是哪一種，絕對都成不了阿羅漢！是故「知『如』眞」必定別有深意。當比丘確定自己「我生已盡，梵行已立，所作已辦，不更受有」而自知自作證成阿羅漢以後，當入了無餘涅槃，十八界之一切三界有諸法滅盡無餘時，爲何不是一切法空的斷滅境界？關鍵就在阿羅漢都必定「知『如』眞」，也就是知道無餘涅槃中有「如」是眞實存在的，故能夠於內法本識未能實證、也於外法五蘊必須全部滅盡等事都無有恐怖，樂於滅盡十八界「自己」，唯餘眞正的「如」—第八識—安住於無餘涅槃之「寂滅、清涼、清淨」的眞實境界，永遠不受後有而脫離三界生死。譬如《雜阿含經》卷二中說：【自覺涅槃：我生已盡，梵行已立，所作已作，自知不受後有。我說彼識[48]

47 《大正藏》冊一，頁 570，下 15-17。

48 此識指「取陰俱識」。

不至東西南北、四維上下，無所至趣，唯見法欲，入涅槃：寂滅、清涼、清淨、眞實。】[49] 所以佛說這「三法印」就是爲了開顯出這個「取陰俱識——第八識」，也就是眞實自在的「**如**」，也就是這唯一的眞實相「一實相印」，而不是斷見外道所說的「一切法空」。阿羅漢們「知『**如**』眞」，也就證實阿羅漢們都信受這個「**如**」是眞實而非施設。

故釋印順說：「因爲一切法的自性空，所以一切法是無常、無我、寂靜的。三法印，即就一切法空的理性，作順俗的多方面的顯示說明。依無常、無我的法則，說明生死輪迴；依此生死而說到涅槃還滅的寂滅，這是佛教不共外道的特質。」如此說法同於斷見外道所說，根本完全不知「佛教不共外道的特質」何在。因爲，三界一切法空無自性，都是無常、無我的，都是不寂靜的；「三法印」就是依於涅槃寂靜之如來藏「識」的如實語，也是依於這個「眞常」的如來藏「眞我」而說三界諸法都無常、無我，更是依於這個「持種識」執持善業、惡業、無記業等等一切諸法種的如來藏識，才能圓滿一切業果而無謬失，諸佛菩薩決不會如同釋印順說的爲了「順俗」而顚倒說法。

---

49 《大正藏》冊二，頁 9，上 22-25。

再者，有生有死的是五陰身，五陰身是無常的、是無我的，五陰身死後即滅，無法去至未來世，這個不能去到未來世的斷滅法，如何能說有「輪迴」？既然五陰身只能存在一世，後世所出生之無常、無我的五陰已非此世之五陰，當然輪迴者決非此無常、無我的五陰，這是很淺顯的邏輯道理，並不難理解。困難的是如何參透實證那出生輪迴現象的主體，也就是「如、涅槃本際、阿賴耶識、異熟識、第八識、持種識……」等等有無量名的**如來藏**。姑不論聲聞法的《俱舍論》所說，單就釋印順所言「一般人」的想法，也就是以「腦子能正常運作之人」的想法來說，都能夠知道必須有一個非斷滅法的主體，才能夠說有輪迴的現象，否則就如同無情生的草木一般，只能說它有生有滅而不能說它有輪迴。這麼簡單的道理釋印順竟然想不通，還自以為是的說：「無常無我的生死觀，涅槃論，確是太深了，為一般人所不易了解，所以印度一般宗教，都認為要有一眞實的我，才能成立一切。」從他這句話可以知道，此處他所鄙視的「印度一般宗教」指的是與他落處相反的「常見外道」，然其所知所見的邏輯水準卻顯然超過印順很多。常見外道之所以會稱為常見外道，問題不在於說「要有一眞實的我，才能成立一切」，他們的問題是錯將無常的識陰意識假我當作眞實我，錯將五陰等生滅法當作常住法，也就是「無常計爲常、非我執爲我」而成爲常見外道，不是以他們的理論有錯誤，更不是依他們有沒有出家修行或剃髮著染衣進入佛教爲標準，而是以他們的所說所見的內涵來作判斷，所以才會說有「佛門外道大師」。譬如大慧宗杲菩薩曾說：**【今時有一種「剃頭外道」，自眼不明，只管教人死獦狚地休去歇去。若如此休歇，到千佛出世也休歇不得！】**[50] 此一如雷貫耳的慈悲法語，不知諸方「大師」們如今還有人願意聽聞否？印順派「大師」們尚有聽聞否？

所以，釋印順說：「依照一般人的想法，人生的升天界，墮地獄，此死彼生，必須有一主體的『自我』。」這是理所當然的，常見外道這個主張沒有錯，錯的只是他們無常計常。但是釋印順說：「如現在有煩惱，將來煩惱斷了，生死也了了，這斷卻煩惱與了脫生死的當體，是解脫自在的我。如說無我，則不但生死輪迴不能建立，涅槃解脫也不能成立。」此中則有淆訛應當釐清，因爲釋印順說的「有煩惱、斷煩惱、了生死」得「解脫自在的我」，都是五陰的「無常假我」，與常見外道的無常計常相同無異；而出生世世不同五陰導致輪迴現

50《大慧普覺禪師語錄》卷二十五（《大正藏》冊四十七，頁 918，上 21-23）

象的「主體」，卻是本來自在無需解脫、本來常住無有生死的─如來藏─「眞我」，這才是眞正的常。如果沒有如來藏就不會有世世新生的不同五陰，就如同草木土石，當然「不但生死輪迴不能建立，涅槃解脫也不能成立。」如《大般若波羅蜜多經》卷五六六〈通達品第二〉：【若菩薩摩訶薩修學般若波羅蜜多，則能行智波羅蜜多。謂諸菩薩觀察五蘊生非實生、滅非實滅，思惟五蘊皆畢竟空，無我、有情、命者、生者、養者、士夫、補特伽羅。愚夫顚倒虛妄執著，不如實知諸蘊非我，蘊中無我；不如實知我非諸蘊，我中無蘊，由斯諸趣生死輪迴，如旋火輪愚夫妄執。然一切法自性本空、無生、無滅，緣合謂生，緣離謂滅；實無生滅，性非無故不可說生，性非有故不可說滅。】51

此中義理千萬不可混淆不清，更不可如同釋印順一般「自眼不明」，執「一切法空」之斷滅見起增上慢，而非議「錯認眞我」的常見外道，還要誤導眾生同墮難可救治的斷滅見中。如《雜阿含經》卷六中說：【爾時，世尊告諸比丘：「何所有故？何所起？何所繫著？何所見我？令眾生無明所蓋，

51 《大正藏》冊七，頁 925，下 9-18。

愛繫其首，長道驅馳，生死輪迴，生死流轉，不去本際？」】[52]《入楞伽經》卷五〈佛心品第四〉中說：**【大慧！我依此義餘經中說，寧起我見如須彌山而起憍慢，不言諸法是空無也。】**[53]《大乘寶雲經》卷七〈寶積品第七〉中說：**【善男子！寧起我見積如須彌，莫以空見起增上慢。】**[54]

故以印順六識論「**一切法空**」的這個大前提之下，三法印是不能成立的；其簡單的道理就是印順引用《俱舍》〈破我品〉而說：「**若說無我，則誰去受生死輪迴？**誰去證涅槃還滅？」所以印順說：「**三法印，即就一切法空的理性，作順俗的多方面的顯示說明。**」實在一點也不理性，因爲三法印並不是教示「**一切法空**」，何況會是依於「**一切法空**」所安立的假「**理性**」。印順的無明是在於否定了升天界與墮地獄，必須有一主體的「**自我**」；不知斷卻煩惱與了脫生死的當體而得解脫自在的我，一切都必須有這個「**真我——如來藏**」的眞實存在，才不會在死後不受後有時落入斷滅空的外道見中；而三法印所說並不是「**一切法空**」的斷滅外道見，涅槃乃是不生不滅、常住不變，

52《大正藏》冊二，頁41，下15-18。

53《大正藏》冊十六，頁542，中2-3。

54《大正藏》冊十六，頁278，下21-22。

不是只有不生，還要有不滅；若以印順的六識論來說「一切法空」，那就變成唯滅非不滅。因此三法印中說「涅槃寂靜」就是彰顯不生不滅的正理，印順既否定眞實的如，所以要印順相信三法印眞實義理是很難的。譬如印順於他的《勝鬘經講記》中云：【大乘法中，有的以爲：一切法空與涅槃空寂，與無常、苦、空、無我；及無常、苦、不淨、無我的空無我不同。法性空寂，是離戲論的平等法性，而空無我，但約五蘊和合無我我所說，所以，二乘的空智，「於」無常、苦、無我、不淨——「四不顚倒境界轉」，即離四顚倒——無常計常，苦計爲樂，不淨計淨，無我計我而轉起的，不能證入如來藏智。】55

由上摘錄印順所說的「法語」清清楚楚地證明，他正是大慧宗杲菩薩所破斥之不折不扣的「剃頭外道」；他不但堅固執著「一切法空」的斷滅見，就連佛語經典的開示也不承認，所以他才會說：「大乘法中，有的以爲：一切法空與涅槃空寂，與無常、苦、空、無我；及無常、苦、不淨、無我的空

55 釋印順著，《勝鬘經講記》正聞出版社，1986年1月四版，頁232。（電子版是標示爲224頁）

無我不同。」他所要表達的就是「**大乘法中，有的以為……如何、若何，但事實並不是那樣的！『一切法空』才是佛法的唯一眞理。**」然而，因爲三乘法都是依於「**唯一實相——第八識如來藏**」所開演出佛法的眞實義，不單是初轉法輪時期著重於「**現象界中五陰十八界的無常、苦、空、無我**」所說的二乘法解脫道；所以印順堅固執著的「**一切法空**」斷滅見，完全沒有機會混淆視聽，他就索性將三轉法輪的大乘法，冠上「**大乘非佛說**」這種莫須有的大帽子，這樣他就能繼續在佛門之中翻江倒海，優游於他的斷見法海數十年之久。縱然他也不能逃避說法因緣或應徒眾之要求，而解說開講很多大乘經論，但他能夠曲解的就極盡所能曲解，沒機會曲解的就依文解義草草帶過，並儘可能加入這類「**大乘法中，有的以為**」之否定大乘法之論調。但印順怎樣都想像不到，聲聞阿羅漢們結集的四大部阿含諸經中，卻已處處隱說了八識論的正理；當 平實導師提出具體證據時，就令他百口難辯了。

甚至爲了方便否定經中開示的義理，印順更不惜謗佛、謗法以及毀謗菩薩藏。譬如他在《以佛法研究佛法》中這樣說：【**對佛法的理解，是與一般世學多少不同的。經裡的法義，不一定可依照字面上去理解。依佛法說，佛菩薩的說法，目的在化度一切眾生，所以佛菩薩的說法，祇要達到這一目標，**

有時可能將沒有的說成有。如《法華經》說，房子外面有許多華麗珍貴的牛車、羊車、鹿車，可是等到走出房子一看，外面只有牛車，並沒有羊車與鹿車。**這是佛經中將沒有的而說成有的例證。無的可以說為有，此的可以說為彼**，所以對佛法，不能望文生義，聽說什麼就執有一眞實的什麼，而應了解佛法說它的根本意趣何在。這樣，**聽到如來藏這名詞，不要先執著有一真實的如來藏**，而應探討爲什麼說如來藏，如來藏究竟是什麼意義，由此始能了解經說如來藏的眞義。」

像這樣摘錄標示出來，佛弟子或印順派的學人們讀了以後，稍有慈悲心者難道不會替印順感到腳底一陣寒涼！接著我們來分析如下：

「**經裡的法義，不一定可依照字面上去理解。**」這句話表面上看並沒有問題，因爲大乘佛法無量無邊，深不可測，就像初機學佛人，課誦經典到滾瓜爛熟乃至倒背如流，經典中每個字都認得甚至還可以默寫出來，但是由這些字組合而顯示出來的經典義理卻是一句也不懂，這種情形相信大家屢見不鮮。乃至學佛數十年的老修行或諸方大師，連自以爲簡單易懂的《心經》、《金剛經》也只會依文解義，經文雖然很短只有幾個字，但讀來卻是左沒路、右無橋、前撞牆、後碰壁，根本不能貫通經文中之義理。而印順說這句話的目的，就是爲了要給自己一張曲解經典義理的護身符，學人自己無法理解經文義涵，只能由著印順胡扯甚至受其誤導。

譬如釋印順說：「**佛菩薩的說法，祇要達到這一目標，有時可能將沒有的說成有。**」這句話可是印順自印的無間地獄入場券，他把諸佛菩薩說成是爲達目的可以不擇手段、沒有的事也可以說成是有的，來欺矇眾生的妄語者。甚至更曲解所謂諸佛菩薩的「**方便施設**」！《金剛般若波羅蜜經》卷一說：【**如來是眞語者、實語者、如語者、不誑語者、不異語者。**】[56] 怎麼可能會將「**沒有的說成有**」？別說是佛，就連菩薩都不可能會「**將沒有的說成有**」。不論是「**將沒有的說成有**」，或「**將有的說成沒有**」，都是妄語；如果諸佛菩薩眞的像印順所說「**將沒有的說成有**」，那連學佛最基本的、也是佛弟子應當持守的五戒都守不住，何況是更微細的菩薩戒？故意妄說法義，是違犯了妄語的重戒，如何能夠稱之爲菩薩？何況能夠成爲究竟清淨的佛！《金光明最勝王經》卷八〈大辯才天女品第十五〉：【**過去現在十方諸佛，悉**

---

[56] 《大正藏》冊八，頁 750，中 27-28。

皆已習眞實之語，能隨順說當機實語，無虛誑語；已於無量俱胝大劫常說實語，有實語者悉皆隨喜。以不妄語故，出廣長舌能覆於面，覆贍部洲及四天下，能覆一千、二千、三千世界，普覆十方世界，圓滿周遍，不可思議，能除一切煩惱炎熱。敬禮敬禮一切諸佛如是舌相，願我某甲皆得成就微妙辯才，至心歸命。】[57]

可知諸佛菩薩凡有所說必定是如實語。釋印順舉《法華經》中三車譬喻的例子說：「這是佛經中將沒有的而說成有的例證。無的可以說爲有，此的可以說爲彼……」釋印順所舉這段經文是《法華經》卷二的〈譬喻品〉，乃我 世尊爲令學人更易理解「佛菩薩大慈大悲，視眾生如己出，爲善導無知小兒們迅速出離三界火宅，更是要幫助這些小兒們發大悲願，行菩薩道生生世世救護眾生。」所作之「譬喻」，學佛人也應該都聽過以「三車之喻」來說明三乘佛法救度眾生之差別，以經文中譬喻之大富長者其財寶無量，雖然告訴小兒們說有羊車、鹿車、牛車可以賞賜給他們使用，然而大富長者結果是每個人都給最豪華的大車（牛車），羊車、鹿車乃是含攝於牛車之中，如

57《大正藏》冊十六，頁 437，下 27-頁 438，上 6。

同俗語說的「要五毛給一塊」，佛陀所教三乘菩提的法道之中，二乘解脫道乃是含攝於大乘佛菩提道之中，這樣慈悲無限的法施，卻被釋印順批評爲「說謊」的行爲。試想大富長者既然財寶無量、能給每個兒子最好的牛車，難道會沒有較差或更差的鹿車與羊車嗎？任何父母當然應該都會盡力給孩子們最好的，這麼簡單的道理印順難道會不知道？況且經文中 佛也擔憂無知眾生會像印順一般，毀謗說諸佛菩薩或經文「將沒有的說成有」，而成爲毀謗三寶者，還特別要舍利弗加以說明，例如《妙法蓮華經》卷二〈譬喻品第三〉：

【「舍利弗！於汝意云何，是長者等與諸子珍寶大車，寧有虛妄不？」舍利弗言：「不也，世尊！是長者但令諸子得免火難，全其軀命，非爲虛妄。何以故？若全身命，便爲已得玩好之具，況復方便於彼火宅而拔濟之。世尊！若是長者，乃至不與最小一車，猶不虛妄。何以故？是長者先作是意：『我以方便令子得出。』以是因緣，無虛妄也。何況長者自知財富無量，欲饒益諸子，等與大車。」佛告舍利弗：「善哉！善哉！如汝所言。舍利弗！……」】[58]

經文中已經特別加以說明了，釋印順竟視而不見，或是爲了曲解經典義

[58] 《大正藏》冊九，頁 13，上 2-11。

理而刻意斷章取義。但不論是哪一種，印順自己造惡讓前面所說的「**無間地獄入場券**」再加碼也就罷了！但如果是他的徒眾或讀者，看到他這樣的說法，卻因爲他是佛教界很多人所稱呼的「**導師**」，而未經查證就跟著爲人講說，也同樣成爲謗佛、謗法、謗僧的「**無間地獄會員**」，那豈不冤枉可憐！

釋印順說：「**聽到如來藏這名詞，不要先執著有一眞實的如來藏**」，就可以知道印順費盡心思所作的這麼多鋪陳，其目的就在這裡；他不惜謗佛、謗法，斷章取義、曲解經文就是爲了要「**否定如來藏**」，來成就他的六識論歪理，而說如來藏是佛菩薩的「**方便說**」，說如來藏是「**外道神我思想**」，使他成爲毀謗菩薩藏的一闡提。釋印順先爲自己及徒眾準備了「**無間地獄入場券**」，然後再不停地加碼，最後竟成了「**無間地獄最大股東**」而求出無期；一世出家，一生學佛，最後竟落得如此下場，實堪憐憫！究其緣由，確是因爲受了「**藏傳佛教**」宗喀巴《廣論》的六識論應成派中觀邪見「**緣起性空、一切法空**」的毒害與影響。

事實上蘊處界一切法空的「**無我**」，是指五陰十八界沒有一個是眞實不壞的我，在色受想行識這五陰中，沒有任何一陰是不變異、不生滅而能永恆存在的，故《心經》云「**五蘊皆空**」。五陰是虛妄的，而無明眾生卻總把無常的五陰我，執著爲永恆不滅的我，因此就煩惱痛苦地不斷流轉生死。涅槃空寂是說蘊處界無常、苦、空、無我之時，同時還有一個眞實常住、不生不滅的**本識**，祂叫**如來藏**；祂不在六塵上起見聞覺知，所以祂是寂靜的。如來藏不是性空唯名，不是假名施設，因爲祂是出生五陰的眞我；世尊在《阿含經》中稱之爲入胎出生名色的識；大乘證悟者都可以證實祂是眞實存有，故也稱之爲**眞實如來藏**；祂就是我們的生命實相本體。如果認爲一切法空而沒有如來藏，那就是斷滅見外道的斷滅空思想；這種外道邪見絕對不是佛法，所以三**法印**不是一切法空的理性，而是以如來藏非空非不空的體性，才能成就「**諸行無常、諸法無我、涅槃寂靜**」的正理。

釋印順說：「依無常、無我的法則，說明生死輪迴」，這又是他倒因爲果的具體明證之一，無常、無我的法則如何能說明生死輪迴？反倒是因爲有生死輪迴這個生滅現象的事實存在，才會說有這個無常、無我的**法則**，更不會因爲沒有建立這個「無常、無我的**法則**」，生死輪迴就沒有所依而停止這個生滅現象。印順這種倒果爲因的荒謬邏輯，以及顚倒黑白的手法，完全類同於他建立的「滅相是不滅的」這種荒謬說法。釋印順說：「滅相法，卻是不滅的。滅相是不滅的，……有爲法是實有自性的，滅入過去，只是與滅相相應，而不是沒有了。」[59]正常人都知道滅相是依所滅之體才能存在，體滅盡已相何所附？譬如有人死後，不論是火化灰散或土葬爛壞，死相滅盡能說他不會再死了，也不是沒有了，所以他就得「永生」了？若是如此，則釋印順早該告訴那些每天辛苦禱告，祈求上帝眷顧，甘爲上帝奴僕、以求能生天國而得永生之人，只要趕快去死就能得「永生」了！或是彼人對摯愛說：「你永遠活在我的心裡。」而說這就是「與滅相相應，而不是沒有了」？殊不知這滅相只是存在意識心中，乃意識心相應的記憶，而且還不是死者的意識心，因爲死者的意識心已滅，無法相應這個滅相；我們姑且就先假設，這就算它是「滅相是不滅的」好了！但是，當這些與此滅相相應的意識心都滅盡了，或是悶絕、眠熟失去意識而沒法再與此滅相相應了，那個滅相還能繼續存在嗎？釋印順竟能建立這種「滅相是不滅的」荒謬說法，還眞不是正常人能說得出口的，當然如果會相信印順這種說法而不懷疑的人，那其無知可就比印順更嚴重了！

佛教是智信的宗教，二乘解脫道不必實證生命的實相，只求斷盡我見、

---

59 釋印順著，《初期大乘佛教之起源與開展》正聞出版社，頁 733。

我所執、我執；但佛法說的是生命的實相，是要實證法界生命眞相，是教示三界萬有生住異滅的眞理。眞理不是迷信，而是可以經得起一再檢驗與親證的；眞理是事實的存在，不是因爲釋印順認同才存在，也不會因爲印順否定而消失。眞理也不是民主投票產生的，不是多數人贊同的叫作眞理，也不是多數人否定的就不是眞理；眞理是要經過智慧判斷與事實驗證，才能夠發現與確認的。譬如，過去歐洲在基督教掌權下，若有人說地球是圓的、地球是環繞太陽旋轉的，雖然這是現象界可見的眞理，但當時社會受到錯誤的教導，幾乎所有人都認爲那是邪說，說出眞理的人甚至會被打殺殞命。但是，地球不會因爲多數人認爲它是平的，它就變成平的；也不會因爲大家反對地球繞著太陽轉，地球就不繞太陽轉了。生命的實相也是如此，你只能去親證祂，卻不能增加祂或減少祂，祂就是我們各個有情本有的第八識如來藏。這個法界中本就存在的事實，不是學術自由思想可以改變的，也不是討價還價可以增減的，更不會因爲你不相信祂是你的「唯一眞主」祂就棄你而去。然而，釋印順卻認爲第八識如來藏是「方便說」，這使得他對世間法、出世間法都不得不錯解，因此無法通達，更遑論能相信菩薩道的世出世間法。如印順於《以佛法研究佛法》中說：【又佛法所講的無常，一切法刹那生滅，在一般宗教及一分佛教學者間，也認爲不能建立生死輪迴與涅槃解脫。比如由業而感生死之果，假如生死是無常的，剎那生滅的，則業滅後誰感生死？無常的也即是無我的，所以不能成立生死輪迴與涅槃還滅。如佛弟子以爲無我不能成立生死與涅槃，無常也不能成立生死與涅槃。這種見地，與世俗的見解極爲相似。因爲一般衆生的根性如此，對無常無我的甚深義理不能信受，**佛陀爲了隨順衆生的心境，使其接受佛法，次第引導，令得佛法的功德，因此方便說如來藏。**一般聽到如來藏，即認爲是佛性，祇記得成佛涅槃的一面，而忽視生死輪迴的一面。其實，如來藏不僅爲成立成佛涅槃，也是成立生死輪迴的。在了解如來藏之前，必須先了解佛陀說如來藏的這一根本意趣。**如來藏爲衆生不能了解一切法空的甚深眞義，佛陀所開示的另一方便教說。**」60

釋印順說：「如來藏爲衆生不能了解一切法空的甚深眞義，佛陀所開示的另一方便教說。」顯然，印順把諸佛菩薩的「方便說」認爲是「說假的」、是「虛妄語」，事實上諸佛菩薩的「方便說」仍然都是眞實語、如實語，決無絲毫虛假。譬如二乘「解脫道」是佛法中的「方便說」，但因爲眞實有解

60 釋印順著，《以佛法研究佛法》正聞出版社，1992年2月修訂一版，頁306-307。

脫道可以親證，佛世之時也有很多慧解脫、俱解脫阿羅漢確實證得，所以這「方便說」確實是眞實語、如實語、不虛妄語。或許有人會問既然是如實語，爲何又是「方便說」？因爲 佛陀示現降生人間，是爲了要幫助眾生能夠成佛，所以爲眾生開示悟入成佛之道，不是爲了教導眾生二乘解脫道而來，因爲解脫道非究竟法，不能令眾生成佛故。但是，成佛之道要經過三大阿僧祇劫，完成佛菩提道五十二位階的修證，還要再經百劫修相好，廣修無量福德，當福慧具足圓滿後才能成佛！若不是已發大悲宏願的久學菩薩，聽到這樣的說明不手腳發軟才怪。再者，佛菩提道不但有成佛必修學的一切種智智慧法門，更包括解脫道及四禪八定、四無量心、五神通……等，一切應當修集的福德與智慧法門，要歷經三大阿僧祇劫才能完成。然而解脫道的修證，若依正確的方法與行門，可以在一世之中完成。況且，佛世已有很多外道修行者，雖缺乏正知見而未能斷我見，未證解脫道，但已能多分少分伏除三界愛之性障，證得禪定乃至有發起神通者，對這類人，《阿含經》中常有記載，佛陀只消一句：「**善來比丘！**」當下學人即成無學阿羅漢。這樣想要修學解脫道的學人，必定各個深信佛語信心堅定，乃至對佛菩提道產生嚮往及信心，所以因應眾生根性及因緣，佛陀初轉法輪時期，先將解脫道從唯一佛乘的佛菩提道中，先「方便」析出教導眾生修學與親證，再幫助他們迴小向大修學成佛之道。是故，說二乘解脫道是「**方便說**」。

眞實如來藏乃究竟說，不是方便說，如來藏不是釋印順所說的「**一切法空**」，因爲如來藏是能生蘊處界的眞實法，祂不是蘊處界等因緣所生之法，一切法空是因爲蘊處界的諸法緣滅則空不能自在，如來藏是法爾如是本來自在的金剛心。學人千萬不可隨著釋印順起舞，不知輕重而跟著毀謗三寶；就算尚未歸依三寶者，純作學術研究而不是佛弟子，也千萬謹慎不要跟著釋印順妄謗三寶，未來世的果報不會因爲你不是三寶弟子就沒事，未來世的果報一樣是難以承擔的，這就是法界的定律，玩笑不得的。所以，佛弟子萬萬不可如同應成派中觀等斷見外道一般，像釋印順一樣聽見「**有眞實我**」就指控爲方便說，就說「**一切法空**」才是正確的。應當依照 釋迦世尊及諸大菩薩之聖教以及法界的事實來檢驗，才不會受人誤導而造下毀謗三寶之大惡業，才不會受人誤導成爲斷見外道、常見外道而不自知。最後以這首偈頌供養諸位讀者：

諸行無常顯眞常，諸法無我有眞我；
涅槃寂靜示本際，三法俱證方爲印。

四、略論釋印順說「佛教的核心是緣起」之謬

緣起法是不是佛教的核心？佛教正覺同修會已有多篇論文評述。本文僅從一位學佛者的觀點，以短文來辨正釋印順說「佛教的核心是緣起」，到底對不對？

釋印順在《唯識學探源》說：【《解深密經》的以緣起因果為依他起，作為染淨迷悟的所依。這些大乘經，都是以緣起為宗要的。大乘論方面，也大抵如此。特別是龍樹菩薩的開示性空的緣起，反覆的讚揚緣起，說它是佛法的究竟心要。《中觀論》的八不頌是如此，《六十如理論》也說：「為應以何法，能斷諸生滅？敬禮釋迦尊，宣說諸緣起」！《七十空論》也說：「以諸法性空，故佛說諸法，皆從因緣起，勝義唯如是」。

從三乘聖者的自證方面看，從佛陀的言教方面看，從大乘論典方面看，

處處都足以證實緣起是佛法的心要。所以我說原始佛教的核心，是緣起。】[61]

學佛者都會去探討：所依是什麼？如兒女之所依是父母，父母之所依是祖父母，再往上推就是曾祖、高祖、天祖、烈祖、太祖，七祖想完了只有遠祖、鼻祖，再往前推，那就是人類的祖先從何而來了，這可是傷腦筋的事！所有的宗教除了佛教以外，其實沒有人搞清楚人類是怎樣出生而有的。從前科技不發達是如此，現在科技發達了也是如此，千年萬年後還是會如此。爲什麼會如此？因爲它超越了人類頭腦的想像，無法思惟。您若輸入超級電腦求答，它會給您「尚無資訊，無法回答」。

基督教不是講亞當跟夏娃嗎？回教也講亞當、夏娃，可是兩教卻水火不容。爲什麼會有宗教戰爭？因爲這邊的亞當說上帝叫耶和華，那邊的夏娃說上帝叫阿拉。人類若是依於上帝而有，那到底是哪一個才是上帝？還眞搞不懂呢！

釋印順說原始佛教的核心是緣起，然則大乘就不講緣起嗎？其實還是不離緣起，所以說緣起法是佛教的「核心之一」是可以的。若說是「唯一的核

61 釋印順著，《唯識學探源》正聞出版社，頁9。

心」則不對，因爲「緣起」還有所依；釋印順自己認爲《解深密經》是說「緣起因果爲依他起，作爲染淨迷悟的所依。」也就是說，釋印順認爲這個「緣起」乃是因果的根源，而且他也認爲這個緣起因果是一切染淨迷悟的所依。但是，《解深密經》的經文中，明明沒有這樣說，這是釋印順自己妄想所說的意思，再附會爲《解深密經》所說，這是不誠實的行爲。佛陀於《解深密經》開示諸法生無自性性時說：【云何諸法生無自性性？謂**諸法依他起相。何以故？此由依他緣力故有**，非自然有，是故說名生無自性性。】[62]這是說緣生法都是**依他緣力**的緣故而有，並不是自然有。但是，只有眾緣和合的依他起就是染淨迷悟的所依嗎？事實不然！這是釋印順所不知而覺得難解的，因爲經中說：【云何二難解法？**有因、有緣**，眾生生垢；**有因、有緣，眾生得淨**。】[63]並且也說：【**有因、有緣集世間，有因、有緣世間集；有因、有緣滅世間，有因、有緣世間滅**。】[64]經文已經告訴他，緣起因果的法則是要「**有因、有緣**」，緣即是各種藉緣，因即是第八識如來藏，不是只有眾

62《解深密經》卷二〈無自性相品第五〉（《大正藏》冊十六，頁 694，上 18-20）
63《長阿含經》卷九（《大正藏》冊一，頁 53，上 16-17）
64《雜阿含經》卷二（《大正藏》冊二，頁 12，下 23-25）

緣和合而已；乃是「有因、有緣」，在藉各種緣來生起諸法、生起五陰之前，要先有這個根本因爲依，釋印順卻不知道這個根本因，不知道祂是誰？不知道也就罷了，不必苛責釋印順，但就是不能否認祂。只要釋印順不否認祂，我們就不會辨正他，而他也一定不至於錯會緣起法，問題就這麼簡單。

緣起離開了它的所依，緣起法能獨自存在嗎？答案是：不能！緣起的現象必須是依於這個根本因而存在。如果緣起能獨自存在，那麼它本身就成爲非緣起。有一個「諸法能共生」的非緣起的存在，那其他的緣起法顯然是依於「非緣起」而有。我們說水的緣起是氫和氧，那麼氫和氧是本來就存在的嗎？如果氫與氧是本來就有的東西，那氫氧就是**非緣起**的了。人的色身是地水火風合成的，是緣起。那心呢？第六識、第七識、第八識都是心。第六識意識心是緣起，是第七識意根緣於法塵而有意識產生；意根是因爲無明的緣故，才會依於第八識阿賴耶識而有；阿賴耶識又名如來藏，祂—第八識阿賴耶識—不但無所依，而且還能生萬法；蘊處界中的一切萬法依祂而有，一切萬法莫非緣起，而緣起法是因祂而有，所以祂非緣起，這是所有實證第八識的菩薩們都能證實的眞理，除非是打探密意而無法出生智慧，以致於無法親自證實這個眞理。而第八識不是因緣所生的法，緣起法必須有第八識這個第一因，然後加上其他的助緣，才會有一切萬法的出生和消滅。

有人反對這樣的見解，認爲這是第一因外道見，這是批判佛教正統教義的釋印順等一派人的共同見解。然而，一神教的上帝思想才是第一因外道見；上帝——不管是阿拉還是耶和華——本身就是蘊處界法，他不能與第八識如來藏相提並論，其實沒有出生眾生的能力。如來藏若是因緣所生，則緣散必滅，這是一定的法則。如來藏若滅，萬法將空無所有，即是斷滅。斷滅非佛法，乃是斷滅見外道。所以第八識才是法界萬法的第一因，由祂出生一切法；一神教的上帝宣稱是有情及萬法的第一因，事實上無法驗證，只是虛妄想。但如來藏是萬法的第一因，是可以由佛及諸菩薩乃至現代的證悟菩薩們重複證實，所以如來藏作爲萬法的第一因，不同於外道說的第一因，釋印順等人誤會正法等同於第一因外道，是因爲他們自己不懂佛法所致。

緣起法能成立的前提是緣生緣滅之中必定有一個不生不滅的法，才會有緣生緣滅的萬法出現，才不會落入斷滅空。不然一切空無所有之中怎麼會突然生出萬法來？無因而有萬法，就是 龍樹所破的**諸法無因生**，那這個緣起法就不能成立。所以緣起法不是佛法的核心，反而緣起法的所依—不生不滅的第八識如來藏—萬法根本因的如來藏才是佛法的核心！釋印順所說的乃是六識論的緣起，墮入龍樹所破的「諸法共生、諸法無因生、諸法能自生」的邪見中。

釋印順爲了主張佛教的核心是緣起，而說：【只要眞正理解緣起性空的眞義，無常無我而能成立生死與涅槃，何必再說如來藏與阿賴耶識？只因眾生根鈍，所以爲說如來藏或阿賴耶識法門，使其確立生死輪迴與涅槃還滅的信念，能在佛法中前進，這是極好的妙方便了。】65

釋印順這種說法，正是沒有眞正理解緣起性空之眞義的人才會這樣說。無常無我如何能夠成立生死與涅槃？生從何來？死往何去？不可以只說生從無常來，死了就是無我而去，來處與去處都沒有交代，這樣不是究竟而且了義的佛法；世俗人以爲死了就一了百了——解脫了；其實不但沒有「了」，而且也沒有解脫。無常無我並不能解釋生死的由來，因爲那是違背三法印的聖教。三法印中除了「諸行無常、諸法無我」之外，明明還有「涅槃寂靜」，而這三法印是不應該切割爲各自獨立的。那麼，無常無我就是涅槃嗎？也不

65　釋印順著，《以佛法研究佛法》正聞出版社，頁 339。

對！涅槃的意義與內涵是 平實導師出來弘法後大家才終於清楚明白，原來涅槃就是要把十八界滅盡；如果只有六識，把十八界都滅盡時識陰六識就斷滅了，那不是空無所有、一切法空了嗎？一切法空而無所有，那就是斷滅空呀！斷滅空怎麼會是眞實、寂滅、清涼、常住不變的涅槃？這個問題，阿羅漢當時就請 佛開示過了，佛說阿羅漢入無餘涅槃不是斷滅空，因爲還有本際在，本際即是第八識如來藏。無餘涅槃就是只有第八識獨自存在，沒有蘊處界一切三界法，這個如來藏才是眞正的「**涅槃寂靜**」啊！從這裡可以知道六識論的無常無我與緣起法是不可能成立生死與涅槃的。釋印順想要從六識論緣起法中的無常無我來成立生死與涅槃乃是妄想；沒有第八識如來藏如何能夠成立緣起法而有生死與涅槃？所以釋印順說：【**只要眞正理解緣起性空的眞義，無常無我而能成立生死與涅槃，何必再說如來藏與阿賴耶識？**】這是極爲嚴重的錯誤說法。

想要眞正理解緣起法是不容易的，當初阿難認爲十二因緣法很簡單，佛就呵斥他說：「**緣起甚深極甚深。**」爲什麼緣起會甚深？這就要從十因緣法來探討十二因緣，十因緣法中探究名色從何處出生時說「**齊識而還，不能過彼**」，明確指出名色由「**識**」出生，此「**識**」即是第八識如來藏，因爲「名」

已函蓋七轉識了，當然不可說此「**識**」是意識；由於有如來藏出生緣起法，而如來藏出生緣起法的境界很難證實，隨佛修學的眾人之中只有極少數人能夠實證，所以說緣起甚深極甚深。相信有第八識如來藏的人，絕對不是釋印順所說的根鈍之人，反而是知道諸法不無因生的極有智慧而願意相信佛語之人；此人現在當來必定得解脫乃至得佛菩提，功德極大，怎麼可以譏之為根鈍之人？如是甚深極甚深的第八識如來藏，才是真正佛教的核心！

把現象界所攝的緣起當作佛教的核心，都只能理解現象界的局部，更不可能有智慧理解實相法界。誤認六識論的緣起是佛教的核心，其實並非釋印順新發明之創見，它老早就是行雙身法的藏傳佛教應成派中觀之邪見。釋印順食人涎唾猶沾沾自喜，還被無知的人恭敬推崇為佛學界泰斗，也被佛教界某些無知的人推崇為佛教導師，而印順自己甚至以凡夫身默許人家視其為佛，默許人家把他的傳記稱為「看見佛陀在人間」[66]。佛陀在人間不可能只講緣起而不說明為何有此緣起。緣起法從何而來？因何而有？佛智無所不知，一定會講清楚，這已經在四大部《阿含經》中分明顯示出來了。

---

[66] 編案：釋印順在世時，同意潘煊為他寫傳記，而副書名為「看見佛陀在人間」。

在《阿含經》中的十因緣法中說「齊識而還，不能過彼」，教示我們諸法的根源是如來藏心，過此第八識就無法可尋可證了。所以因緣法要推究名色等萬法的根源，就推究到這「**識**」為止；既然不能超過此「**識**」——如來藏，則當知名色萬法的緣起是從第八識法身如來藏而來。但釋印順為了要把緣起當作佛教核心，竟然顛倒說法身是緣起的，他說：【因為，法身是緣起無性的，法身所有的相好，也是無性緣起的。】[67]緣起不論有性無性都不可能出生法身，因為緣起是由名色萬法所顯示的，而名色萬法都源於如來藏法身。至於法身如來藏自體無形無色怎麼會有所有的三十二相好？當然得要由法身如來藏出生的名色來顯示三十二相好，而三十二相好的種子含攝在緣起法的根本識如來藏中。可見釋印順亂說法，而會胡亂說法的原因是他始終沒有找到佛教究竟了義正法的核心——第八識如來藏。可是經典俱在，而且已經明白告訴我們：【如是我聞，一時佛住舍衛國祇樹給孤獨園。爾時世尊告諸比丘：「我憶宿命未成正覺時，獨一靜處，專精禪思。作是念：『何法有故老死有？何法緣故老死有？』即正思惟生，如實、無間等：生有故老死

67 釋印順著，《般若經講記》正聞出版社，頁128。

有，生緣故老死有。如是，有、取、愛、受、觸、六入處、名色；『何法有故名色有？何法緣故名色有？』即正思惟，如實、無間等生：識有故名色有，識緣故有名色有。我作是思惟時，齊識而還，不能過彼；謂緣識名色，緣名色六入處，緣六入處觸，緣觸受，緣受愛，緣愛取，緣取有，緣有生；緣生，老病死憂悲惱苦，如是如是純大苦聚集。】68

既然緣起的推究是從名色而有，而名色等萬法的推究是從萬法第一因的根本識如來藏而來，不能超過第八識如來藏，則當然以如來藏為佛教了義正法的核心。如來藏即是涅槃之本際，宇宙中，世出世間一切萬法都無有勝過涅槃者。若有人誇稱他有一法能勝過涅槃，那是不可能的事；因此《大般若波羅蜜多經》四九九卷說：【設更有法過涅槃者，我亦說為如幻如化、如夢所見。】《小般若經》卷一亦說：【設復有法過於涅槃，我亦說如幻如夢。】信受佛語、於經文不懷疑的佛弟子，經由眞善知識的教導，都可以找到佛教的核心就是第八識如來藏。為何釋印順被四大部阿含諸經佛語聖言量教導八十年以後還無法通達？為何他被稱為泰斗了竟還找不到這個眞理？筆者只能說他是阿斗，沒有一點點泰斗的本質，這都是不信佛語的後果。

68 《雜阿含經》卷十二（《大正藏》冊二，頁 80，中 24-下 6）

五、論法爾常住—評釋印順從諸行無常看佛法的演變之謬誤

「諸行無常，是生滅法；生滅滅已，寂滅為樂。」這四句偈表面上看來只有簡單的十六個字，但已充分顯示了世間法、出世間法乃至世出世間法之究竟正理。

一般通俗的說法都把「諸行無常」解釋為「人人都應該把這世上的一切看淡、看破、看空，不被生滅、無常的假相所迷惑。」電視台上很多法師就是這樣教人學佛法的！這類的說法表面上看來似乎沒錯，但這卻只能說是世俗法，只有消極的一面，而缺少佛法積極的另一面。

「諸行無常，是生滅法」這八個字的意義，通常也說為「諸法無常」，諸法的這個「法」指的就是世上形形色色、般般樣樣、山河大地……，森羅萬象的一切法；故「諸行無常」的這個「行」也函蓋於「諸法無常」的這個「法」中。釋印順認為「佛法」也不能外於這些「法」的宿命—都是無常的—所以他認為佛法也是無常、不斷地在演變中，然而他這種說法是嚴重錯誤的，因

爲佛陀在般若諸經中處處開示佛法是「法爾常住」的。所以，眞正的佛法不曾演變過，釋印順從聲聞部派佛教的凡夫僧弘法內容不斷演變等事相，以及社會歷史文化變遷的角度看待佛法而說佛法有演變，這是十足的凡夫邪見。本篇將略舉他在《以佛法研究佛法》[69]一書中的說法來作辨正。

爲何說諸行是無常的呢？因爲世上所有的事物，時時刻刻、分分秒秒、剎那剎那都在變動，沒有一法是常住不變的，所以說「**諸行無常**」；世上形形色色的諸法（也就是萬事萬物）均是無常、均是有生有滅的，所以說它「**是生滅法**」。但是，只說這些生滅法的無常並不能算是佛法，最多只能算是聲聞法，因爲眞正的佛法不是只說這些生滅法「**五陰十八界**」的無常；那出生五陰十八界之「**本自清淨、本不生滅、本自具足、本無動搖**」的眞實法「**如來藏**」，依祂而有的第一義諦才是眞正的佛法，故說如來藏是佛法的根本。這個佛法的根本—**如來藏**—從無始以來就沒有演變過，因此依祂而說的第一義諦當然也不可能有所演變，所以《大般若波羅蜜多經》中說：【**然一切法，法住、法定、法性、法界……法爾常住。**】這常住之法指的就是如來藏。因

69 釋印順著，《以佛法研究佛法》正聞出版社，1992年2月修訂一版。

此，下半偈說「**生滅滅已，寂滅爲樂**」，這後半偈正是說明 佛陀以過去無量世難行苦行圓滿修證而獲得的常、樂、我、淨的如來藏所含藏的種子雖然有變異，但其本體從因地到佛地從未演變過，故說「**法爾常住**」。眞正的佛法是不可能會演變的，始從佛世，末至今時的正覺同修會中，法同一味而不曾有所演變；凡是有所演變的佛法都是錯誤的、想像的假佛法，因爲佛法的演述與實證都以實相心如來藏爲主體，而如來藏心是無始無終而不會有所演變的，這是極爲尊貴與稀有難得的常住佛法。但釋印順卻用他的世間凡夫邪見強誣佛法是有演變的。釋印順在他的書中是如何說呢？譬如第三頁中他說：

> 一、諸行無常法則：**佛法在不斷的演變中，這是必須首先承認的**。經上說：「若佛出世，若不出世，法性法住」，這是依諸法的恆常普遍性說。一旦巧妙的用言語說出，構成名言章句的教典，發爲思惟分別的理論，那就成爲世諦流布，照著諸行無常的法則而不斷變化。

印順雖然飽覽經論，卻因爲專作學問之研究而不在修證方面下功夫，所以聞見祖師開示云：「佛法在世間，不離世間覺。」又再錯會了佛菩薩的開示：「**若佛出世，若不出世，安住法性、法住、法界。**」就用他那不如理作意的思惟研究，而產生了這種謗法的結論說：「**佛法在不斷的演變中，這是必須首先承認的。**」事實上，佛法不但是從過去無量劫以來不曾改變，乃至去至未來無量劫以後也是不會改變，會演變的只是弘法的事相、人物，或是凡夫僧不斷地改變所說法義內容等。因爲眞實**佛法**說的就是一切有情的生命實相，祂就是六祖慧能所說：「**何期自性本自清淨，何期自性本不生滅，何期自性本自具足，何期自性本無動搖，何期自性能生萬法。**」70 也就是十方三世一切如來成佛的根本——**如來藏**，也是一切有情的第八識——阿賴耶識；而此識從來不曾演變過，現在、未來也一樣永遠不會有所演變，以此識爲主體而演說、而實證、而弘傳的佛法自然也不可能有所演變。不但佛法是依此本識而開演，即使是二乘解脫道的羅漢法、辟支佛法，也都必須依此識所施設的涅槃本際而說；乃至世間生生滅滅的一切法，都不能外於祂所出生的「**五陰十八界**」。可見佛法不是只有諸行無常而已。諸行無常是苦，寂滅無苦故樂；諸行無常是生滅法，故不斷的演變；生滅滅已、寂滅爲樂是常住

70《六祖大師法寶壇經》卷一（《大正藏》冊四十八，頁 349，上 19-21）

法，常住法不生不滅，無有變異，故不會演變。

釋印順以為祖師說「**佛法在世間，不離世間覺**」，所以佛法不離世間法、等於世間法；而他觀察世間法種種事相都是不斷地演變，故認為佛法的實質內涵也是在不斷地演變中，於是就肆無忌憚地說：「**佛法在不斷的演變中**，**這是必須首先承認的**。」他完全不懂佛菩薩開示的經論中，不論是如何使用語言文字，不論是用哪種語言文字，也不論是從哪個角度用語言文字來說明，更無論所使用的一切語言文字如何變化，然而這些語言文字所要表達的內涵—**佛法**—卻從來不曾改變。此界**佛法**始從 釋迦世尊三轉法輪金口宣說，次由弟子集結記載流傳，乃至口述傳誦，以及後時從梵文翻譯為中文，或是再由中文翻譯為日文、韓文，乃至輾轉翻譯為英文、法文、德文……等，但不論弘法事相上面如何的演變，演變的永遠是語言文字而不是**佛法的實質內涵**。在佛法的流傳過程中，不論是哪個階段，不論語言文字如何轉變，都必須依據 佛陀的至教，不應該也不可以改變所要表達實證的內涵；如果在改變語言文字的同時，如同聲聞部派佛教的凡夫僧一般，不證大乘法也不懂大乘法的皮毛，把所要表達的內涵也給改了，那就不能再稱之為佛法了，因為已經變質了！譬如翻譯文章，如果翻譯後的內涵與原文不同，那就不能稱爲翻譯而是創作了；乃至有更不入流的如藏傳「佛教」者，所用文字名相抄襲自佛法，但所表達的卻是全部與佛法不同的內涵，那種只能算是竊用、竄改的邪行，是冒用佛法的語言文字名相所「演變」出來的怪胎宗教，根本就不是佛教。

學人當知，名言章句之教典所闡揚的眞實義理始終如一，從無演變！而釋印順卻說：【一旦巧妙的用言語說出，構成名言章句的教典，發爲思惟分別的理論，那就成爲世諦流布，照著諸行無常的法則而不斷變化。】然而，諸行儘管無常，但佛法義理並無演變改易；至於事相上的制度、叢林規矩因時因地制宜，這只能稱爲制度、規矩等弘法事相有演變，不能謗爲佛法在不斷的演變中。

佛教所說的法義是本來自在的究竟眞理，究竟的眞理有可能演變嗎？會演變的一定是生滅法，可以稱之爲究竟的眞理嗎？釋印順是把佛法當作思想理則來研究，然而依於意識思惟、分析、歸納、統計……而產生的「思想理則」，就必須依附於意識的存在與運作才能存在，所以「思想理則」不可能離開意識而自己存在。五陰都不能外於諸行無常法則，何況是依於五陰而有的「思想理則」，又如何能外於無常法則？所以印順不懂這個道理，就大膽的說：「佛法在不斷的演變中」；因爲他否定第八識是眞實的存在，當然也更不會知道佛法的義理都是依於此第八識如來藏而作淺深廣狹之開演。所以佛法義理的部分是不會演變的，因爲佛法義理只要有改變就會變成外道法，就不是佛法，因爲不符合法界事實；看看弘傳雙身法的喇嘛教說他們是藏傳佛教，就可以知道這問題有多嚴重。

世間的思想、制度等等的流行，都是蘊處界所含攝之法，因爲眾生根器及種種共業因緣的不同，這些事相當然是一定會演變；但佛法如果是不斷的在演變，那就表示佛法並不是究竟圓滿的法，不是究竟圓滿的法如何能夠成就究竟圓滿的佛果？或者是印順認爲 佛陀並非究竟圓滿的？

所以，印順說「佛法在不斷的演變中」，只要是身爲正信的佛弟子們，都絕對不能接受他這種嚴重誤導眾生之謗法言論！想要修學佛法的善男子、善女人們，當審愼思惟簡擇眞善知識，對這種似是而非的論說，千萬要提高警覺避免受其誤導而被引入岐途；浪費一世的生命事小，若再隨彼言論而一同謗佛、謗法、謗勝義僧，以致斷送自家法身慧命、長劫淪墮三塗，如此豈不冤枉大了！

最後再恭錄　佛陀開示的一段經文，正好是針對釋印順這類邪說、邪見而作的預先破斥，讀者閱後思惟即可了知。《勝天王般若波羅蜜經》卷三〈法性品第五〉：【大王！凡有言說，名爲世諦，此非眞實；若無世諦，第一義諦則不可說。菩薩摩訶薩行般若波羅蜜，通達世諦不違第一義諦，即通達之。知法無生、無滅、無壞，無此無彼，悉離語言文字戲論。大王！第一義者離言寂靜，聖智境界無變壞法，若佛出世若不出世，**性相常住**。是名菩薩通達第一義諦。】71

71《大正藏》冊八，頁 702，下 27-頁 703，上 5。

六、略論釋印順所說「諸法的恆常普遍性」——以無常為常

學佛人都曾聽說過乃至能朗朗上口的「佛佛道同」、「眾生平等」，這中間顯示出必定有「恆常普遍性」的「法」平等存在，也就是說每一尊佛都有一相同究竟圓滿的「恆常普遍性」之法，一一眾生也都有一本自具足的「恆常普遍性」之法，這樣才能說是「佛佛道同」與「眾生平等」。然而，蘊處界諸法是否有「恆常普遍性」？具有恆常普遍性的「法」是什麼？我們來看看釋印順如何說？

他在《性空學探源》一書中說：【理性是事相的對稱，是一切現象中內在的不變性，含有恆常普遍性的。空可以是理性的一種，理性卻並不就是空。一般學說所謂的理性，多解釋作公理，合乎佛法所謂「法性法住法界安立」的定義。】（二〇四頁）

但印順卻不知道不論世間出世間法，三乘或五乘，佛法都函蓋諸行無常的生滅法和寂滅為樂的不生滅法，這樣才是圓滿的佛法。

又如印順在《以佛法研究佛法》一書中說：【一、諸行無常法則：佛法在不斷的演變中，這是必須首先承認的。經上說：「**若佛出世，若不出世，法性法住**」，這是依諸法的恆常普遍性說。一旦巧妙的用言語說出，構成名言章句的教典，發爲思惟分別的理論，那就成爲世諦流布，照著諸行無常的法則而不斷變化。】

由上所舉釋印順著作中的說法可知，他所說的「恆常普遍性」是植基於現象界的「事相」而衍生出來的「事相的對稱——理性」，也就是在生滅的蘊處界法上思惟觀察而施設的「理性——公理」，他甚至更說這就是「法性法住法界」的定義，這眞是牛頭逗馬嘴，「以無常爲常」的外道邪見。譬如數學、物理、化學、生物醫學……等「科學的定理——公理」，這些「公理」是必須依附於蘊處界諸法才能存在，如果沒有粗重的欲界人間諸法，這些科學家研究出的「理性」就沒有存在的依處，何況這些「事相的對稱」尚且不能遍存於色界，更不能存在於無色界，不能遍於三界中一切處，更甭說它是能夠存於滅盡十八界諸法而出三界仍能自在於無餘涅槃的「恆常普遍性——法性、法住、法界」！所以，印順是將各式各樣的「公理」統稱爲「恆常普遍性——理性」，才會說出「空可以是理性的一種，理性卻並不就是空」的這種言不及義的世間言說。若問「諸行無常」會不會不斷地演變？其實諸行無常永遠是諸行無常，不會演變爲常，因爲諸行無常所指涉的對象全都是有生必滅的一切法。又如歸依三寶會不會演變？也不會演變，因爲三寶所指涉的對象是以自心如來第八識的恆住不變而建立的，不是依生滅的蘊處界等諸行無常來建立的。

釋印順在《性空學探源》一書中接著又說：【釋尊出世說法最重大的意義，是從自悟中提供出一種必然理性爲大家共遵共行，這就是緣起與聖道。緣起與聖道，根本聖典中稱歎之謂「法性法住法界安立」，「古仙人道」等，都是說它有一種必然的不可改變性。又如佛說四諦，諦是諦實不變，苦確實是苦，乃至道確實是道，這也是諸法的眞理。這苦諦的苦，已不是尋常經驗上所感到的苦了。不過釋尊對這因果理則，還是從現實經驗爲出發說明的。

一、緣起支性無爲——阿含經中明緣起與緣生的差別，說緣起法是「法性法住法界安立」。說一切有部偏重在具體事實因果上立論，所以解釋爲緣起是因、緣生是果。直到大乘唯識學，還是承襲這一思想，如《攝論》所知依說緣起、所知相說緣生；所說雖與有部有所不同，卻都同是在具體因果事

實上說明的。】（二一四－二一五頁）

諸佛出於世間示現成佛度化眾生，無非就是讓眾生「**開示悟入**」佛陀的所知所見，而其究竟之目的當然是為令眾生成佛！但是，能令眾生成佛唯一的路就是菩薩道——佛菩提道，而此佛菩提道從初發菩提心－**發願成佛**－到福慧究竟圓滿的清淨佛地，需歷經菩薩五十二位階的修證，那是要經過三大無量數劫——無量無數不可思議次的生死才能成就。如果只告訴眾生如何行能夠成佛，而不告訴眾生為何如是行能夠成佛，不讓眾生次第親證菩薩道一一位階，頗有眾生能經「**三大無量數劫**」而無退失發願成佛之心？因為即使是微少時間就能驗證的世間法，若是不能讓眾生次第驗證，那麼一般人尚且都無法接受，何況是要經過無數生死的佛道修行！譬如說，某人在一個陌生之地迷途而問路於人，有人告知如何轉折前行經久可達目的地，然卻未告知目的地所在的方位，以及將會經過的各個轉折的階段地標，除非該處疾時可達，否則彼行人經久未達必定心生「**此路究竟正確否？**」之疑惑。

所以，釋迦世尊出世說法最重大的意義不是「**提供一種必然理性讓大家共遵共行**」，而是開示悟入讓眾生瞭知：為何眾生能夠成佛？眾生要如何修行才能成佛？在成佛之道上的一一階段如何親證？如何圓滿各各位階所需的福德與智慧？而這個眾生都能成佛的根本因，就是「**法性、法界、法住、實際、清淨**」個個有情本自具足的第八識如來藏，也就是諸緣得以生起之法；而這成佛之道才是聖道——「**古仙人道**」，卻不是說「**它有一種必然的不可改變性**」，如果它是不可改變性，那麼個個有情佛菩提道的修證法門就不應有無量差別，十方世界佛土也應唯有一種，而不應有淨穢土之差異。

再者，學人修學佛法時，若於法上有疑惑，當尋眞善知識解惑，不可妄自否定經論之開示，更不可妄評諸經論中有矛盾衝突，除非已有法眼而能判別眞經與僞經，並解釋其所以然。因爲，除了喇嘛教等外道自創的僞經、僞論以外，對於諸佛菩薩開示的經論眞義，多數人是無法眞解，尤其是不事眞修實證只作佛學研究之「**學者**」——如釋印順等學問僧，唯是意識思惟便恣意妄解，而成就謗法之惡業，實堪憐憫！譬如釋印順說：「**阿含經中明緣起與緣生的差別，說緣起法是『法性法住法界安立』。**」也就是說《阿含經》中說：緣起是「**法性、法界、法住、實際、清淨……**」，但是佛陀所說的就是第八識如來藏眞實常住，三界一切萬法乃是第八識如來藏藉緣生起，而緣生當然指的就是所生的「**十八界諸法**」。

佛法的三乘菩提全部都是以如來藏—涅槃本際—爲根本所依而說，本質上並沒有衝突矛盾之處，只是因應眾生根性與說法之時節因緣不同，而從不同的角度面向來作詮釋。所以釋印順自己不能通達三乘經論義理，又不知尋覓眞善知識開解無明，竟妄評諸佛菩薩開示之經論，成就毀謗三乘菩提之一闡提種，以致他研究佛學數十載竟換得長劫尤重純苦之不可愛異熟果報，實堪哀憫！然究其所由，乃因慢心之所障道，學人當以彼爲借鏡，愼莫蹈彼之覆轍！

再者，印順說：【總之，佛法的思想、制度，流行在世間，就不能不受著無常演變法則所支配。若把它看成一成不變的東西；或以爲佛世可以變異，後人唯有老實的遵守，說什麼「放之四海而皆準，推之百世而可行」；或以爲祖師才能酌量取捨，我們只有照著作：這就是違反了佛法——諸行無常法則的佛法。】72

印順把全部佛法都看爲思想，然後把這個「思想」列入諸行無常法則，故言「佛法不斷的演變中」，他不知道只有弘法事相部分會演變，而佛法的

72 釋印順著，《以佛法研究佛法》正聞出版社，1992 年 2 月修訂一版，頁 4-5。

義理部分是不會演變的；佛法義理只要一演變，都會變成外道法，因為不符合法界的事實；看看雙身法的喇嘛教也能自己說他們是藏傳佛教，就會知道演變的問題有多麼嚴重。佛教有可能從單身出家修行演變成雙身法輪座雜交的藏傳佛教嗎？在家居士都不可以搞婚外情的雙身法了，何況是出家人？人間的思想、制度、流行都是蘊處界之法，一定會演變，流行更是會演變，否則怎能稱為流行？但是這些思想、制度、流行都不是佛法的實證內涵。因為釋印順沒有實證法界實相，只能從生滅無常的蘊處界中去猜測，又誤會了聲聞緣覺菩提的內涵，誤以為二乘菩提可以演變，又誤將聲聞凡夫僧所說的二乘菩提誤會為佛法，所以才以為佛法一直在演變，釋印順說「法義不演變是違反諸行無常的法則」，這種說法正是「以無常為常」的外道見，這是嚴重扭曲佛法的。

佛法若是至今還在不斷的演變，那就表示 世尊傳下來的佛法尚未到達究竟，至於何時究竟而不演變則不可知。然而從事實以觀，卻不是印順所強調的演變說，佛法如果是印順所說的這樣演變，那就表示 釋迦世尊的修證並未圓滿，尚未成佛，但這是謗佛。而學佛的人也會學得很痛苦，因為佛法至今還沒有定論，這就表示佛所開示的「古仙人道跡」是妄說，但這又是謗法。而事實上 佛陀乃是無上正等正覺，佛陀所開示的佛法乃是究竟圓滿，亦是可知可證的，法界的事實也是確定不移的。因此可知，印順所說乃是違背佛陀的開示與法界的事實。

釋印順要用蘊處界法的六識論諸行無常拿來解釋佛法法義並不正確，佛法自始至終都是八識論，只有隱說和顯說的差別，不可能從六識論演變爲八識論，或從八識論演變爲十識論；就像佛法不是從小乘演變爲大乘，佛陀只是因應眾生根性，從一佛乘中加以分析之後，先說小乘後說大乘；說法雖因根器時節而有方便施設等次第差別，但法義核心卻從來沒有改變；就像成佛必須圓滿修證的一切種智不會改變，必須累積的無量福德也不會改變。所以，千萬不可以跟著印順毀謗 佛陀說「阿羅漢就是佛」，更不可如修雙身法的藏傳佛教說他們修的雙身法「抱」身佛就是報身佛；因爲佛法中的報身佛絕對不可能演變爲喇嘛教的抱身佛，這些都是把佛法不變的法義不斷的恣意演變而變生爲邪法怪物，結果眞正的佛法幾乎要被他們淹沒不見了。學人若欲眞實理解如是正法義理，當依止佛菩薩開示之經論，尋求眞善知識開解無明，莫受邪師誤導斷送法身慧命出生之因緣。因爲，眞正的佛法－法界的實相—何止「放四海皆準，推百世可行」，事實上卻是「放諸十方世界皆準，推之無量世而可行」！譬如，從蘊處界法來觀察諸行都是無常的，意識心：前念滅、後念生，前念、今念及後念，念念生滅遷流，故云：「諸行無常，是生滅法。」然而，在此無常生滅現象的同時中，有個不生滅的第八識如來藏，祂能生蘊處界萬法，本身卻是不生不滅，這一點卻是執六識論邪見的人很難信受的。但其實這也不難體會；我們念念變遷的心念並不是本來就有，祂是「意（根）、法（塵）爲緣」才能從第八識如來藏中出生。第六意識是生滅法，祂是一直在不斷的演變，前念意識滅了，還會有後念意識出生，乃至每晚睡著以後意識滅了，隔天睡醒時能夠再出生意識。這都是因爲有不生滅的第八識如來藏才能再出生意識；若無如來藏，則意識心等十八界諸法生滅滅已之後，將成爲斷滅而非「寂滅」的涅槃境界，「寂滅」就是指永不壞滅之空性心如來藏的自住境界。

六識論者不承認有第八識如來藏，但他們也知道不能沒有「寂滅」的常住法，不然就變成斷滅論了，於是他們就把意識細心當爲「寂滅」的不生不滅法；然而意識心不論再怎麼細還是意識心，永遠都是生滅法，不可能從生滅性轉變成寂滅的不生不滅法。第六意識是第八識如來藏所生，所生法的意識不能出生萬法，只有不生滅的本住法才能出生名色等萬法；第八識如來藏能出生諸行，而諸行不能出生如來藏，故**不可把如來藏攝入諸行中**；若把第八識如來藏攝入諸行中而說佛法是不斷的演變中，甚至說如來藏是生滅法，那就大錯特錯了！因爲，有如來藏眞實存在才有諸行無常的現象，而如來藏卻非常、非無常，空寂無生無滅，非諸行所攝之無常法。瞭解這個義理就該知道，佛在初轉法輪的二乘解脫道時期，講諸行無常、諸法無我，到了大乘《法華經》中則爲菩薩說：**【一切諸法，皆悉空寂無生無滅】**[73]、**【諸法從本來，常自寂滅相】**[74]，並無衝突矛盾；二乘法是從蘊處界的生滅性來觀察，佛法則是從如來藏來看待，證實三界一切諸法都是第八識如來藏藉緣而生，全部攝歸本住法如來藏中，因此以如來藏本來空寂無生無滅，而說一切諸法皆悉空寂，無生無滅；通達了這個義理，就不會無知的誹謗說「**大乘非佛說**」，也不會只看到諸行無常的一邊而說「**佛法是不斷的在演變中**」，更不會胡亂地自創「**佛法**」，將無常的軌則說爲「**恆常普遍性**」之法。然而無常

---

73 《大正藏》冊九，《妙法蓮華經》卷二，頁 18，中 27-28。

74 《大正藏》冊九，《妙法蓮華經》卷一，頁 8，中 25。

的軌則並非蘊處界諸法的本身，它只是蘊處界諸法運作時所顯之法，是附屬於蘊處界諸法而顯，並無三界中的任何作用，故稱爲「**心不相應行法**」。這個無常的軌則是附屬於蘊處界，以蘊處界爲其所依，連蘊處界諸法都不是了，怎麼會是出生蘊處界諸法的「恆常普遍性」之實相法界？如是「以無常爲常」之邪見，這是以斷爲常，正是 佛陀早已廣破之斷常二邊邪見。倘若印順說「諸行無常」是永恆不變，則印順應改口說「諸行是常」。倘若印順說「諸行無常」亦是無常，則表示印順主張諸行有常，也有無常，則印順《妙雲集》中的說法應該再加以演變，才符合自己所說。那麼印順的主張必然演變爲「諸行無常」即非法印，並非眞理。這六識論者對此問題無解，如印順之流將蘊處界諸法的「無常」現象，認作是永恆的「恆常普遍性」之法，把這個必須依附蘊處界才能存在的「現象」當作是「常」，更用這樣的歪理來換取名聞利養而誤導眾生，其業非輕。

《佛說如來不思議祕密大乘經》卷十九開示說：【今此正法即是文字所成，而彼文字無生無盡亦不隱沒，以其文字及所說義不能隱故，如來此說甚深正法亦不能隱。】爲何蘊處界法的文字會是「無生無盡」？那是因爲「名能顯義，義能示名」，此義即是如來藏義，如來藏永恆不滅，而如來藏的名與如來藏的義非一非異，故如來藏名（文字）亦無生無盡。所以，沒有如來藏就不會有諸行之運作，也不會有諸行運作時的無常相，這才是佛法的眞諦。如來藏是不生不滅，非常非無常，離於兩邊之中道義。從這裡也可以知道佛法一定是八識論，因爲意識於五位斷滅非是常住之法，第七識末那於無餘涅槃位亦是可斷之法，非永不生滅；只有生滅與不生滅和合的第八識如來藏，才能成就此第一義諦中道義。是故，佛法絕非如印順以及應成中觀派等人，邪思邪見憑空臆想所說的六識論外道法，而是可知可證的第八識如來藏的實體法。而名爲藏傳佛教的西藏密宗，無論是應成派或是自續派全部都是六識論者，更嚴重的是其根本教義全部都是男女雙身邪淫法。如是邪惡之西藏喇嘛教，只因冠上佛法的名相，便稱爲藏傳佛教，猶如盜賊穿上警察的衣服，到處詐欺行騙。所以，修雙身法的藏傳佛教根本是佛法中賊，藏傳佛教是喇嘛教，不是佛教。是故，修學佛法首應具足正見，明辨正邪，方不至於唐捐其功之外，復因無知而跟隨惡知識謗法並造下邪淫業，如是成就地獄尤重純苦之惡業果報。

佛法必以成佛之道爲標的，故唯有不生不滅、不來不去、本自具足、本來自在……能生萬法的根本識——如來藏，才是「恆常普遍性」之法，才是遍一切界的常住法，這個常住法就是唯一佛乘之第八識如來藏心，祂函蓋二乘解脫法及所有一切法，故云「三乘同歸一佛乘」，也顯示出「三界唯心，萬法唯識」之眞實義。學人若欲親證此實相法，欲了知佛法的究竟義，請到佛教正覺同修會參與共修課程，建立佛法的正知正見，鍛鍊參禪看話頭的功夫定力，待明心開悟的福德因緣具足後，一念相應就能照見您父母未生前的本來面目—「恆常普遍性」之法—第八識如來藏，爾後漸次通達經中眞實義理，也能辨別印順所說的錯謬所在，如是方爲眞修實證佛法的正行。

七、論釋印順說佛陀當時並沒有用文字來表詮佛法

釋印順在《佛法概論》中說：「釋尊的時代，雖已有書寫的文字，傳有抄錄經文的故事，但至少當時並沒有用（書寫的）文字來表詮佛法，作爲弘揚佛法的工具。所以佛經中所說的文字，還是語言的，不是書寫的。」75

這是印順的一個大膽揣測，而不幸的是他把這胡亂猜測的想法當眞，才會有「大乘非佛說」的說法。印順的揣測極不合理，既然知道當時「已有書寫的文字，傳有抄錄經文的故事」，爲何還敢判定說「但至少當時並沒有用（書寫的）文字來表詮佛法，作爲弘揚佛法的工具。」對寧捨世俗五欲的貪愛而出家學佛的人而言，有什麼事會比佛法更重要而不以文字來記載下佛陀所說的話？也許印度當時沒有像中國一樣有甲骨文，不然去撿甲骨也要把它記載下來，難道沒有紙就不能書寫嗎？印順的腦筋也未免太僵化了。利用貝葉、白絹寫經是當時早已存在的，這是印順早就知道的事；那時的人又不

75 釋印順著，《佛法概論》，正聞出版社，2003 年 4 月新版二刷，頁 31。

是石器時代，難道那時的人沒布絹作衣服來穿著嗎？

佛經的弘傳在紙張尚未發明之前，是用貝多羅樹的葉子作爲文字的載體，因此最初的佛經是刻寫在貝多羅葉上，稱爲「貝葉經」，由於此種材質特殊且是佛教弘傳上最原始的記錄媒體，因此當今很多學者爲了探討佛教原始佛典的眞義，都特別到印度、西藏等地蒐集貝葉經[76]。貝葉，是「貝多羅」樹的葉片，它是南印度、緬甸和斯里蘭卡常見的熱帶性植物，一種闊葉棕櫚樹。這種樹的樹幹挺拔，不分枝，葉片肥碩厚實，集生於頂，一般樹齡可達六十多年。唐朝段成式的《酉陽雜俎．廣動植之三》載：「**貝多出摩伽（揭）陀國，長六七丈，終冬不凋。**」

作爲書寫用的必須有八年以上樹齡的貝多羅樹葉才可採摘應用。此棕葉在幼嫩階段卷爲筒狀，呈淺黃色；等它稍大變爲淺棕色時，從葉柄割取下來，展開鋪平，成爲扇形，其大小足可蓋滿一面牆壁；如裁開做傘，可得四、五把。每張葉片上有近三十條粗硬的葉脈，用利刀除去葉脈後，便可取得近三

76 ht tp://www.gaya.org.tw/journal/m17/17-main1.htm 佛教圖書館館訊 第十七期 1999 年 3 月〈佛教特有的非書資料：貝葉經〉，香光尼眾佛學院釋舜惠。

十張小葉片，每個小葉片有二米多長，一端稍寬，另一端稍窄。用貝多羅葉寫經必須經過特殊的水漚製作。首先，要把裁好的葉片橫向卷起，放在大鍋裡用水蒸煮，然後撈出晾乾。這樣處理後，葉片就變得質地柔韌，不易折斷。接著，將一根趕麵杖粗細的桄榔木棒橫架在兩根木樁上，將晾乾的葉片掛在木棒上，兩手攥住葉片的兩端，上下拉磨。因桄榔木棒質地粗糙，葉片的表層便可磨掉，使葉片變得潔白而光潤[77]，可供書寫經文記載，略稱爲貝多或貝葉。《周藹聯竺紀游》卷二第十四頁：「**貝葉是大西天一種樹葉，光潔可書。**」在紙張尚未發明以前，古印度以貝多羅葉記載佛教經典及宮廷文獻資料，現今南印度及南傳佛教地區仍有人繼續使用[78]。二〇一一年二月二十三日雲南西雙版納組織還拍攝貝葉經傳承製作技藝，古人智慧還是有其珍貴的文化價值。

依南傳《島史》記載，公元前一世紀時，比丘們爲了便於弘法，首先把

---

77 ht tp://www.hkbuddhist.org/magazine/486/486_08.html、《香港佛教》月刊，486 期〈奇妙的貝葉經〉。

78 ht tp://www.gaya.org.tw/journal/m17/17-main1.htm，佛教圖書館館訊，第十七期 1999 年 3 月，〈佛教特有的非書資料：貝葉經〉，香光尼眾佛學院釋舜惠。

巴利文的經典書寫在貝葉上，以免聖典散佚，由此可見貝葉經在佛教弘法上的功用[79]。

《添品妙法蓮華經》序：「**遂共三藏崛多笈多二法師，於大興善寺，重勘天竺多羅葉本。**」此中「多羅葉本」即指《法華經》的貝葉寫本。由此可知大乘經典《法華經》初期即是抄寫於貝葉上的。此外，在《佛本行集經》卷 51 所載，釋尊成道後，曾於貝多羅葉上寫明耶輸陀羅所生之子羅睺羅爲其子息，以洗刷耶輸陀羅的不貞之冤，使其母子免除災難。這顯示佛陀成道前後已經用貝葉刻寫文字。根據傣文經書《尼睒坦帕召》（關於佛祖歷史的經書）和《坦蘭帕召》（佛祖的經）記載，貝葉經在歷史上的使用及傳播，已有二千七百多年的歷史了[80]。中國的貝葉經大多於盛唐時期傳入，在經典中常以「貝葉」表詮佛典之意，如《大慈恩寺三藏法師傳》卷六：「**法師（玄奘）操貝葉開演梵文。**」又《貞元新定釋教目錄》卷十六：「**將敷貝葉之文用啓蓮宮之會。**」從漢譯經典中，顯出「貝葉」在佛教文獻的特質，在中國

---

[79] ht tp://www.gaya.org.tw/journal/m17/17-main1.htm，佛教圖書館館訊，第十七期 1999 年 3 月，〈佛教特有的非書資料：貝葉經〉，香光尼眾佛學院釋舜惠。

[80] 王懿之，楊世光編，《貝葉文化論》10 頁中國雲南：雲南人民出版社，1990。

貝葉經幾乎成了經典的代名詞，和佛教關係密切[81]。

一部經典需要多片貝葉才能完成，其製作過程為採葉、水煮、晾乾、磨光、裁割、燙孔、刻寫、上色及裝訂等步驟。製作貝葉經之貝多羅葉以嫩葉為佳，且葉片要柔軟強韌。樹葉採下後先經水煮、晾乾，使葉片變得柔韌不易斷裂，再用粗木棒將葉片表層兩面磨光。然後將葉子裁成所需規格，每片葉子長約二英尺、寬約三英寸，或將一片裁成多片。在葉面中間穿一或二小孔，或在靠邊穿一個孔，以備裝訂之用。穿孔後的貝葉即可以刻寫，通常每面最多刻寫七、八行，並於每一刻完之葉面邊上刻上頁碼。用特別調製的墨水塗在葉面上，再將葉面擦拭乾淨。古代大乘經典的貝葉寫本，都用筆尖沾上墨汁寫出來的；南傳佛教巴利經典的貝葉寫本，則全都以鐵筆刻上文字，塗上黑墨之後，再擦掉表面，讓字體浮現出來。最後，以繩、棉線或似竹筷物穿過葉面上的孔，並用與貝葉一般大小的木質夾板為封面及封底固定，以免散亂而利於攜帶，我國稱此裝訂形式為「梵筴（夾）裝」。如此一部貝葉經就算完成了。

81 ht tp://www.gaya.org.tw/journal/m17/17-main1.htm，佛教圖書館館訊，第十七期 88 年 3 月，〈佛教特有的非書資料：貝葉經〉，香光尼眾佛學院釋舜惠。

由於貝多羅葉具有防水及經久耐用的特性，製作完成可再以肉桂油及燈煙所調製的特殊墨水塗在葉面上，更可增加其保存的時間。這是因爲肉桂油具有防潮、防腐及防止蟲蟻蛇蝮蛀食的功能。若爲長期保存，若干年後可再塗抹一遍，或在經典外觀再塗上生漆及金粉，也可使貝葉經不易腐毀。目前被發現的貝葉經，大都經過千年歲月考驗及風霜的侵蝕，但它們仍可保存至今不壞，這是它所具有的最大特色，（成爲研究印度思想史、印度佛教史、及梵文文法的第一手資料）也是受重視的原因之一[82]。

二千五百年前的古印度，並無紙張的發明，也沒有印刷術，而當時絹疋也很貴重，出家人身無長物，不可能以大量絹疋來書寫經文[83]，所能作的就是用貝葉來寫。

《阿含正義》云：【四阿含的每一部經文分量，各有六十疋素絹之多。眾

82 同前。

83 〈四阿含諸經之結集——眞實的佛教史 02〉http://hi.baidu.com/cankui2021/blog/item/8466b704540a331f738b651d.html/cmtid/3e1dbf373f22ca4cac4b5fe1

比丘說：「應該寫下四部阿含的經文，未來就可以興盛的行傳於天下。」所以就在佛身闍維（火化）處，以前自然生長的四棵大樹上，大家互相聚集樹葉，分成四個部分來書寫佛的十二部經，戒律和種種法因此都具足了。】[84]

人類不同於一般動物是因為有語言也有文字而有文化，有文字當然會有書寫的工具，不論寫在甲骨上或石頭、竹簡上都是就地取材，以備不忘而能流傳久遠。不可能如釋印順所說的只會口耳相傳；口耳相傳很容易產生偏差而變成「水老鶴」，這只是因為有因緣能擁有貝葉經典的比丘人數很少所致。所以我們認為佛陀時代就有文字記載流傳下來，而事實也證明當時就有這種工具。佛陀所說的話都是後世弟子修行的重要依據，若沒有把語言用文字記錄下來而成為經典，則後世要流傳就會很困難，而且難免因為有人聽錯而誤傳；講錯了的人也無有經典可以證明他說錯了。

擺在眼前最明顯的例子就是藏傳佛教，西藏密宗標榜它是直接從印度傳入的佛教，所以稱為藏傳佛教。西藏密宗自認為它是可以成就雙身法的金剛佛，比顯教的佛更高級。而他們的修行口訣是代代口耳相傳下來的，不可以

84 平實導師著，《阿含正義》第一輯，正智出版社，2006年9月初版二刷，頁63。

用文字記載，理由是因爲「太珍貴」了。可是經典中記載：佛堂是不可以畫男女雙身交合圖樣，出家人必須勤修梵行，入初禪時則必定已離開男女欲貪，怎麼可能反倒成佛時必須要抱一個異性而成爲雙身法的「金剛佛」？顯然這種「佛」不是佛教所說的佛。藏傳佛教口耳相傳的祕密口訣，是連教人斷我見、斷三縛結證初果都不可得，因此這種口耳相傳的祕密口訣是毫無用處的，可見藏傳佛教根本就不是佛教！更有甚者，佛說識心共有八個識，西藏密宗從天竺傳入西藏時，竟然口耳相傳成只剩六個識，更證明密宗是「喇嘛教」而非佛教。喇嘛教更異想天開，祖師爺蓮花生更說要用神通力把密法隱藏在地水火風空之中，讓後世的岩傳師取出來而有「伏藏之說」。但這只是讓後世的喇嘛有藉口亂編造密法騙人罷了，《楞嚴經》中早就預言那是邪魔外道掛羊頭賣狗肉的伎倆，可見口耳相傳是不可靠的。

如果口耳相傳是符合佛教經典的，那才可以相信，但是最終還是要回歸到文字記載，才比較能保持久遠；古人的智慧早就想到了，因此不論如何困難一定都會用文字把佛說的話記載而長久流傳下來，方便後世學佛者實證及簡別邪說。當重要佛經如《楞嚴經》失傳的時候，也就是佛教即將滅亡的時刻，所以文字的記載是非常重要的一個工具。這也是隋代雲居寺僧人要千辛萬苦把經文刻在石板上藏諸名山以益後人之目的；當然他們曾思考寫在紙上、刻在竹上，但都不如石板可以恆久不壞，可以流傳更久遠。

有遠見的佛弟子，一定會想辦法把 佛陀開示佛法的語言用文字記載下來，就算辛苦刻在石板上也非不可能，何況當時已有貝葉可以記載。若說 佛陀當時沒有文字，這只是釋印順的胡亂猜測；印度外海，考古學家就發現沉沒海底的城市大約存在於三萬二千年前，只是現代人讀不懂海底城古人的文字，而不是古人沒有文字。佛陀時代人類已經有文明很久了，怎麼會沒有文字？印順卻昧於史實，胡亂臆測說成：「**但至少當時並沒有用（書寫的）文字來表詮佛法，作為弘揚佛法的工具。**」他說這話的目的，只是想要說服佛教徒信受他的說法：**大乘佛經是後人創造而寫出來的。**所以印順的想法實在有違常理。

八、論釋印順以四大為能造

四大即是地水火風，是組成物質世界的四大元素；釋印順認爲此四大爲能造，稱爲「能造四大」。西藏喇嘛教也認爲我們和宇宙一樣，都是由胎藏與金剛藏組成。喇嘛教的根本思想是曼荼羅，曼荼羅可以用體、相、用來說明。體指的是六大，即地水火風空識六大，其中地水火風空稱爲五大，屬於胎藏界。識屬於金剛藏界。胎藏界是理、是色、是因。金剛藏界是智、是心、是果。其中胎藏金剛藏、理智、色心、因果，兩界一體而不二，冥一而如流。

但喇嘛教的這種說法根本不是佛教的說法，佛教的金剛界是指如來藏的法性是空性，其性如金剛，不可破壞，故一切有情之實相法界爲金剛界。一切胎藏界有情皆由金剛界出生，卵生界、濕生界、化生界亦復悉由此金剛界出生，不只是胎藏界。釋印順由於相信喇嘛教，以爲喇嘛教就是佛教，所以對喇嘛教錯誤的思想照單全收，並且把它寫入著作中，教大家也來相信喇嘛教，並美其名爲「藏傳佛教」。譬如釋印順在他的《佛法概論》中有這樣的一段話：【佛陀既採用四大爲物質的特性，因素，應略爲解說。地、水、火、

風，爲世間極普遍而作用又極大的，所以也稱爲四大。人類重視此常識的四大，進而推究此四大的特殊性能，理會到是任何物質所不可缺的，所以稱爲能造。這辨析推論所得的能造四大，爲一般物質——色所不可缺的，所以說「四大不離」。地即物質的堅性，作用是任持；水即物質的濕性，作用爲攝聚；火即物質的暖性，作用爲熟變；風爲物質的動性，作用爲輕動。隨拈一物，莫不有此四大的性能，沒有即不成爲物質。」[85]

一般而言，四大的現象，世人皆能體會，各種物質悉皆不離此四大；然若說四大爲能造，則一神教者又何須上帝呢？四大極微即是元素，科學家說元素是最基本的要素，也就是說科學家在找到元素之後，應該就可以創造萬物了，然而事實上卻是不可能的；假使能的話，科學家早就可以把已經滅絕的恐龍再創造出來了，那世界上也就沒有物種會消失了。

在中世紀時，「四元素說」曾經作爲煉金術的理論依據。煉金術士們認爲：只要改變物質中這四種原始性質的比例，即可使普通金屬變爲黃金。「四元素說」承認世界上的物質性，是其進步的一面，但卻因此而使化學的發展受

85 釋印順著，《佛法概論》，正聞出版社，2003年4月新版二刷，頁62-63。

到長期的阻礙，直到愛爾蘭在化學和物理學上都有貢獻的哲學家羅伯特．波義耳否定了四元素創造萬物說，才使得化學得以迅速發展。

釋印順在《佛法概論》中又說：**【地、水、火、風四界，爲物質的四種特性。《雜含》（卷三．六一經）說：「所有色，彼一切四大及四大所造色」。一切物質，不外乎四大界及四大所造的五根，五塵。四大說，印度早就盛行，希臘也有。佛陀既採用四大爲物質的特性，因素，應略爲解說。地、水、火、風，爲世間極普遍而作用又極大的，所以也稱爲四大。人類重視此常識的四大，進而推究此四大的特殊性能，理會到是任何物質所不可缺的，所以稱爲能造。】**[86]

釋印順引用經文卻又不信受經文，表面上引經據典，誤導大眾以爲他所說的就是經文的眞義，而實際上他的解釋卻是違背經義的。《雜阿含經》卷三第六十一經說：**【所有色，彼一切四大及四大所造色】**，指的是地水火風以及此四大所構成的色，「四大所造色」並不是「四大能造」等四大元素。他著書常說能造色是四大種，如《華雨集》第四冊：**【然五蘊中，識於法取著，**

[86] 釋印順著，《佛法概論》，正聞出版社，2003年4月新版二刷，頁62-63。

立「四識住」——色識住、受識住、想識住、行識住。色蘊中，能造色是「四大種」——地大、水大、火大、風大；或名爲「四界」。】[87]

釋印順認爲「四大所造色」就是地水火風所創造的物質，那就等於「四大能造」了，但是這樣的說法嚴重違背 佛陀聖教。「能」與「所」是不一樣的功能差別，如眼見花，眼（勝義根、眼識）爲能見，花爲所見。同樣的道理，四大是所造的物質，物質以四大爲緣而出生，不是只有四大就能出生物質，四大還要有一個根本因才能出生物質。猶如泥土可以造成陶器，但泥土自己不可能造成陶器，得要有「人」施加工作才能成爲陶器，「人」才是泥土造成陶器的根本因。《大佛頂如來密因修證了義諸菩薩萬行首楞嚴經》卷三云：【若見聞知性圓周遍，本不動搖，當知無邊不動虛空，并其動搖地水火風，均名六大，性眞圓融皆如來藏，本無生滅。】[88] 所以四大依無明而有，但無明還是要依於第八識如來藏，因此如來藏才是根本因。無明爲煩惱之別稱，對解脫及實相不如實知見之意：即闇昧於事物，不通達眞理與不能

---

87 釋印順著，《華雨集（四）》，正聞出版社，1993 年 4 月初版，頁 229。

88 《大正藏》冊十九，頁 118，下 c24-26。

明白理解事相或道理之精神狀態；亦即不達、不解、不了，而以愚癡爲其自相；泛指無智、愚昧，特指不解佛教道理之世俗認識，爲十二因緣之一。十二因緣法乃是依於十因緣法而有，十因緣法說「齊識而還，不能過彼」，即是因緣法的探究不能超過第八識，從名色向前探究的結果就是第八識，名色是從第八識中出生的；所以第八識是萬法的根本，再往前即無法探究到任何一法的存在了。一切萬法的發生都不能超越第八識，所以第八識如來藏是萬法的根本因、第一因。四大從何而來？因何而有四大出現？其實，這個因就是第八識如來藏。然而，如來藏爲什麼能出生四大呢？那是因爲如來藏有七種性自性的關係，所以能出生四大；因此說四大是如來藏所生，然後一切物質以四大爲緣，依如來藏爲第一因而出生色身及覺知心等六識。（詳見平實導師《楞伽經詳解》）

釋印順自己錯說佛法，卻栽贓給 佛陀，把自己錯說的法義栽贓說是佛說的，舉證如下：【《中觀今論》：《智論》曾分爲五法：地、水、火、風、識。佛於餘處說四大爲能造，色等爲所造，這是約物質方面說的。約精神說，則總名識，心所等即心識所有的作用。此精神、物質的五法，可作爲萬有的基礎，但此五者也是假施設的，即是法假。《智論》所明的三假，是顯示修行

次第的，即由名假到受假，破受假而達法假，進破法假而通達畢竟空。】[89]

四大既然是由如來藏所出生，當然不能說四大是能造，乃至四大所輾轉出生的物質，也不是只有四大就能造，它還是需要如來藏爲第一因，而以四大爲緣，方能輾轉出生。譬如您繪畫要畫在紙上，寫粉筆字要寫在黑板上，紙、黑板就是第一因。您說我不要紙、不要黑板，我要寫在沙灘上，那沙灘還是第一因。您說我寫在虛空中好了，那麼虛空還是第一因，只是虛空中沒有人能看見您寫的字而已。吾人若能了知虛空雖大，但在如來藏中卻猶如片雲點太清，如是則不難體會四大其實不是能造，而是如來藏所造，應如是說才是不謗佛法者。

在古印度和埃及醫學中，地水火風四大元素的重要性如同我們中醫的陰陽五行一樣，都是醫學理論的基礎。在人智醫學中也沿習著四大元素的論點，來觀待人體的器官組織之運作、人格氣質之展現、自然藥劑之取材等，藉以制定診療方案及使用之自然藥方或藝術療方。

---

89 釋印順著，《中觀今論》，正聞出版社，2000年10月新版一刷，頁178。

釋印順在《佛法概論》中說：【進一步說：有情爲了解決痛苦，所以不斷的運用思想，思想本是爲人類解決問題的。在種種思想中，窮究根本的思想理路，即是哲學。但世間的哲學，或從客觀存在的立場出發，客觀的存在，對於他們是毫無疑問的。如印度的順世論者，**以世界甚至精神，都是地水火風四大所組成**；又如中國的五行說等。他們都忽略本身，直從外界去把握眞實。這一傾向的結果，不是落於唯物論，即落於神祕的客觀實在論。】90

世界是四大所組成，這個容易體會；但若說精神也是四大所組成，則不易體會。因爲精神是心法，四大所組成的是色法，色法不可能出生心法，無情不可能出生有情；因此應該說，四大組成身體之後而有精神出現，四大組成的身體只是精神在身體中出現的藉緣，不是精神的根本因。有精神出現就有見聞覺知，見聞覺知不離意識，而意識是「**意**（根）、**法**（塵）爲緣，**生意識**」，也就是意根接觸法塵的時候，從如來藏中流注出意識種子才有意識出現，所以意識精神也是從如來藏中出生，並不是四大可以出生意識精神。

《華嚴經》說「一切唯心造」，而不是「一切唯四大造」，服膺喇嘛教六

90 釋印順著，《佛法概論》，正聞出版社，2003 年 4 月新版二刷，頁 47。

識論的印順，不知道「唯心」要唯哪個心。其實，六識論的人也只有「唯意識心」，但也知道意識不可能造出山河大地和我們的身心；所以六識論者想到四大極微應該可以造出山河大地與身心，然而那是妄想，因爲色法物質不可能出生心；由此可以看出六識論者的窮途末路，無法解答宇宙的根源。平實導師在《楞嚴經講記》第五輯中詳述如來藏爲何可以出生四大元素以及攝持四大元素，乃是如來藏有大種性自性可以出生色法及執持色法。如來藏自體猶如虛空一般，但是卻含藏著眞正的色法，這種「性色眞空、性空眞色」[91]的微妙甚深無上法，是印順以及那些六識論的喇嘛們所難以想像而不願信受的，所以才會想出「四大能造」的歪理，成爲「色能生心」的**心外求法**外道。由此證明，四大能造是邪見，不是佛法。

91 平實導師著，《楞嚴經講記》第五輯，正智出版社，2010年8月12日初版二刷，頁97。

九、論釋印順念佛與神教沒有差別

讀印順的書（如《佛法概論》第二一三頁），總覺得他對念佛人有著輕視的意味，且先不說他不相信有西方極樂世界，就算他相信有　阿彌陀佛，他也認爲念佛跟一神教（簡稱神教）的原理是一樣的，沒有什麼差別。眞的沒有差別嗎？極樂世界跟天堂沒有差別嗎？不同的神教，他們的天國都有差別，更何況是天國與佛國，怎麼會沒有差別呢？又怎麼可以說，神教跟念佛沒有差別呢？到天堂是享福、享樂，到極樂世界是修行，怎麼會沒有差別？天堂有男女相，極樂世界無男女相，所以西藏喇嘛不想去極樂世界，因爲到那邊沒有色身的肉慾可以修雙身法，怎麼會沒有差別？天堂的福報享盡了，會落入三惡道；去極樂世界可以進修菩提道、解脫道，永遠不墮三惡道，怎麼會沒有差別？天堂人身上的衣服與極樂世界的人身上的衣服莊嚴相差極大，怎麼會沒有差別？若論佛與神，差別也就更大了，怎麼會沒有差別？套句昭慧教授說的話，這叫作「沒常識」！

印順也許會說：「我所說的沒差別是指都靠他力的。」但靠佛力和靠神力還是有差別，不是無差別；因為佛力不可思議，神力比起佛力實在很渺小，相差猶如天壤之別。至於印順說：【念佛等的原理，與神教的他力——其實還是自力，並沒有甚麼差別。】[92] 這是廢話，假如他不信上帝，你可以硬把他拉去天堂嗎？當然是要靠他的自力——他想要去天堂而行善的自力。然而神教是有條件的，你要信它的神而行善，才能進入它的天堂；如果有行善而非信它的神，那想要去它的天堂，別妄想了，門都沒有。但是佛教沒有這個錯誤觀念，你不信佛而行十善，照樣可以去你心中的天堂，因為法界的因緣果報的事實就是這樣，這就是佛教跟神教不同的差別，怎麼會沒有差別？印順在《佛法概論》中說：【天帝釋告諸天眾：「汝等與阿須輪共鬥戰之時生恐怖者，當念我幢，名摧伏幢，念彼幢時恐怖得除。……如是諸商人！汝等於曠野中有恐怖者，當念如來事、法事、僧事」（雜含卷三五．九八〇經；又參增一含．高幢品）。他力的寄託安慰，對於怯弱有情，確有相對作用的。但這是一般神教所共有的，如以此為能得解脫，能成正覺，怕不是釋尊的本意吧！】[93]

---

92 釋印順著，《佛法概論》，正聞出版社，2003年4月新版二刷，頁213。

93 同註1，頁213。

在古代的神教中，常是宗教與政治合一，勢力極大，**有權力就會貪權力而使人心腐敗**，遂有「**信我者生，不信我者亡**」的跋扈教條；屠殺異教徒是常有的事，這就是宗教戰爭。但佛教不會因不同信仰而去戰爭，濫殺是有違教義的。佛教徒念佛求生極樂，當然念佛也可以求國泰民安，敵國來侵可以**因念佛而有智慧**退敵，但不是說你唸佛號，佛就幫你把對方殺死，二者是完全不同的；神教才會有這種想法，佛教是講因果的，不是講神力的。諸天也一樣，天人念佛，阿修羅就不可能戰贏，所以說念佛可以離恐怖。

至於印順說：「**如以此爲能得解脫，能成正覺，怕不是釋尊的本意吧！**」這問題可大了，明明是 世尊的本意，怎麼不是 世尊的本意？念佛就是要求解脫，要求成正等正覺而成佛，這怎麼不是 世尊的本意？不然 世尊在四阿含諸經中教導大家修學六念，其中的一種念法就是念佛，那麼 世尊的本意又是什麼呢？

學佛的人要有六念：念佛、念法、念僧、念戒、念施、念天。印順對念天的解釋是：「念必會生天而得到安慰」[94]，印順這樣的解釋，反而促使佛

[94] 同註 1，頁 212。

教跟神教一樣，沒有差別。念天是說行善是不會落空的，會有生天的果報，我們可以有天人一樣的福德，但不一定要生到天上去享福。又，天是佛教的大護法，也含有感恩而念天的意思，並不是叫你要生到天上去而得到安慰。菩薩知道天是不究竟的，所以菩薩不主張生天，但菩薩摩訶薩都應該有天的福德與威儀，這才是念天的意思，與一神教完全不同。至於念佛的目的不在於生天，他有更大的目標就是要成佛。印順認為念佛不能得解脫，不能成正覺，則是不知道 世尊本意的人。

念佛是六念法門之一，從原始佛教以來，在修行法門中佔有相當的地位，所以後來在中國成為獨立的一派。口中唸佛號是從觀想念佛而來，原來也是禪之一法，所以是有禪有淨的共修法門。當然佛弟子們可以唸不同的佛，唯諸經所讚多在 彌陀，因為祂與娑婆世界眾生有緣，譬如在論中曾提到：

又《無量壽經論》云：「念佛有五種門，何者為五？

一者、禮拜門：身業專禮阿彌陀佛。

二者、讚歎門：口業專稱阿彌陀佛名號。

三者、作願門：所有禮念功德，唯願求生極樂世界。

四者、觀察門：行住坐臥唯遣觀察阿彌陀佛，速生淨土。

五者、迴向門：但念佛、禮佛，功德唯願往生淨土，速成無上菩提。

此是《無量壽經論》中念佛法門。」[95]

念佛可以成就無上菩提，印順怎麼可以說不能成正覺呢？難道無上菩提不是正等正覺嗎？印順實在是顛倒說法，亂說佛法啊！

念佛爲什麼會有功德，這分功德是來自於自己的力量？還是來自於佛菩薩？念佛，是對 佛陀的歸敬、讚歎、憶念之意。由念佛之功德，能使貪瞋癡不起，自心清淨，則能增長善法功德。學佛之目的在淨其心、定其心、悟明其心，念佛是幫助淨心、定心乃至探究明心的方法之一。

諸佛菩薩皆有其廣大悲願，如 阿彌陀佛四十八願中有一大願是：【設我得佛，十方眾生，至心信樂欲生我國，乃至十念；若不生者，不取正覺，唯

95 《念佛鏡》卷一（《大正藏》冊四十七，頁 121，下 14-21）。

除五逆、誹謗正法。】[96] 藥師佛亦立下十二大願，爲解眾生病難，使眾生皆能身心安樂，進而修行成就佛道。由於佛菩薩過去在因地修行時，成就願行而自證清淨法身，所以這一念心無有障礙。眾生因爲煩惱妄想障蔽自性，貪心、瞋心、癡心未除，故無法與諸佛願行感應。念佛聖號，可平息雜亂之妄想心；假使能夠具足至誠虔信之心，便能感得諸佛願力之加持。所謂毀謗正法就是誹謗第八識如來藏，如果說「**沒有如來藏，如來藏是外道神我的思想**」，這就是毀謗正法，那就去不了西方了；這一點是念佛求生西方極樂世界的人最要注意之處，避免毀謗正法，下墮三惡道而無法去極樂世界。又印順剃頭出家爲法師，又被推崇爲導師，但他卻否認第八識而說：**【佛的區別識類，本以六根爲主要根據，唯有眼等六根，那裡會有七識、八識？大乘學者所說的第七識、第八識，都不過是意識的細分。】**[97] 這就是典型的六識論，是公然與 世尊唱反調，這種人一定去不了西方極樂世界。不是 彌陀不慈悲，而是他自己不慈悲，不僅否定了自己，也否定了 世尊所說的第八識

96 《佛說無量壽經》卷一（《大正藏》冊十二，頁 268，上 26-28）。
97 同註 1，釋印順著，《佛法概論》，正聞出版社，1986，頁 109。

正法，如何去得了西方？

世尊在四阿含諸經中已經明說及隱說第七識與第八識了，只是印順沒智慧而讀不懂，硬要說是大乘學者從意識中細分出來的[98]。一定要承認有第八識，不毀謗第八識如來藏，藉著自力及佛的本願力，未來才有可能去得了西方。這個道理說難極難，說簡單則極簡單：因為這一世的意識隨著身體死亡而消失了，此世的意識並不能到西方，唯有藉著第八識如來藏所生的中陰身，憑著如來藏支持著中陰身才能坐在蓮花中到達西方。執著六識論的人，認為意識是永恆不滅的，已違背經典所說而與常見外道合流，因為佛經都說：意識是意根、法塵相接觸後，才出生的法，所以是虛妄的；亦即意識是因緣所生法，本無今有的法，所以意識會出生、變異、消失，入胎後永滅，不能去到來世，所以是虛妄法。往生淨土就像去投胎一樣，是第八識如來藏所出生的中陰身來到西方的，而住在極樂世界中，並不是你現在的意識去西方。有人或許會說：「**我死後，有靈魂可以去西方。**」但是六識論者所認知的靈魂，還是中陰身，他包括意識在內，雖然一般人死後有

98 詳見 平實導師《阿含正義》七輯中的多處舉證。

中陰身，他們認爲是靈魂[99]，但至多七次中陰身，最多只有四十九天壽命，就一定要去投胎；一入胎，此世的意識永斷。所以 世尊一再叮嚀不要毀謗正法，一般人不知道正法就是「**八識正法**」、「**如來藏正法**」，若誤聽六識論者如印順之流，或誤信藏傳佛教喇嘛法王等人說的**意識常住**邪說，就會容易誤犯，那就眞的冤哉枉也！

佛菩薩的慈心、悲願是一種助緣，重要的是學佛者自己要具足信、願、行，遵循佛法教理，靠自己如法修持，以及世尊的本願加持，才能成就的。佛陀是究竟圓滿覺悟的聖者，依覺悟之理教化眾生，使其返迷歸眞，開啓含藏萬德的心靈寶所。攝萬念於一念，將所有的妄想放下，內心集中在一句佛號上，心中無有雜念妄想，那時，我們的心便能與佛菩薩相應而悟得自性彌陀，那時發現：所謂的念佛，就是發明心性、悟自性彌陀，也就是覺知心對第八識本來自性清淨心的覺悟，不再以意識心爲眞實我，當下遠離貪、瞋、癡等煩惱心。

念佛即是念 佛陀所說之眞理，依之修行而明悟心性，如能發心念佛，則

99 編案：大善與大惡之人是沒有經過中陰階段。

「一念念佛，一念覺悟；念念念佛，念念覺悟。」因此，眞正的功德非由外求所獲得，乃是當下意識心對自性彌陀的覺悟，因此，他力助成自力的轉變。

《念佛三昧修學次第》讚歎念佛圓通法門：【念佛圓通法門可以從初信位一直修學到妙覺位：在《楞嚴經》中，總共有二十五種圓通法門，第二十四種大勢至菩薩念佛圓通法門裡面開宗明義：「大勢至菩薩與其同倫五十二菩薩，從座而起，頂禮佛足……」，爲什麼講五十二菩薩？意即從初信位開始，到十信、十住、十行、十迴向、十地、等覺妙覺，這些菩薩跟大勢至菩薩一樣，都修學念佛圓通法門，此法門於性起圓通而入實相念佛的層次以後，仍然可以依照無相憶念的念佛法門，深入楞嚴大定，一直修到識陰滅盡，而進入等覺位，入等覺位之後，還要十方諸佛來安慰加持，最後進入妙覺位。從這個觀點來看，就知道念佛法門非常殊勝，……。】[100]

從 平實導師的開示可以知道：念佛是從淺至深，而且是博大深廣可以成佛的法門，跟神教的迷信神力是大不一樣的，不能混爲一談。所以說，念佛與神教是有很大的差別，不是如印順所說的沒有差別。

[100] 平實導師著，《念佛三昧修學次第》，第 4 篇，第 3 章，第 5 節，佛教正覺同修會，頁 271-272。

十、論釋印順說「自作自受的理論如何可以成立？」

「自作自受」就是自己作的事情，由自己來承擔後果。在《敦煌變文集新書．卷四．目連緣起》中即見此語。目連是 佛陀的十大弟子之一，佛經裡曾記載他入地獄營救母親的故事。目連的母親生前家境富裕，每天殺豬宰羊，餐餐豐盛；又從來不行善，對待出家人的態度惡劣。但是目連卻是個相當有愛心的人，常救困濟貧，行善布施。目連出家後，潛心修道，終於修成阿羅漢。想到父母不知過得如何，便利用法力，看到父親在天堂過著快樂的生活，但母親卻在地獄受苦。目連看到母親每天遭受地獄的酷刑，非常心痛不捨，趕緊去向 佛陀求救。佛說：「**你母親生前過度宰殺生靈，又對佛門不敬，罪孽深重，自作自受，怨不得別人。**」目連想運用自己的神通力救母離苦，卻無法救拔；佛被目連的孝心感動，教他於眾僧結夏安居後，佛歡喜日供僧，藉眾多聖僧之力，合力救其母脫離地獄苦海。佛用「**自作自受**」來表示目連的母親因為生前不作好事，就必須承擔下阿鼻地獄的痛苦。「**自作自受**」這句成語就是指自己作錯事，由自己承擔不良後果。

釋印順相信「**自作自受**」的理論嗎？他不相信。因爲不相信，所以責問說：自作自受的理論如何可以成立？不相信的理由，是釋印順認爲諸行無常。然而爲何因爲諸行無常，他就不相信自作自受？他是什麼地方誤會了諸行無常的眞實義？因爲釋印順落入六識論中，不承認眾生都有能夠貫通三世的意根與第八識如來藏，所以他認爲：諸行無常，既然是剎那生滅，則現在造業的身心，與未來受果的身心，還能有什麼聯繫？如果說今生造業，來生受報；造業的身心早已滅去，未來受果的這個身心卻沒有造業，沒有造業的身心如得好報，樂在心裡，覺得生命是美好的，固然沒話說；若有惡報，那當然就要抗議，壞事又不是我此世這個身心所作的，爲何讓我受惡報？釋印順有此想法，完全跟一般凡夫抱怨命運不公平一樣，總認爲那些惡運不應該由並無行惡的此世身心來承受。茲舉《唯識學探源》一段文句來證明釋印順此一觀點：【諸行既然剎那生滅，那現在造業的身心，與未來受果的身心有什麼聯繫？造業的早已滅去，受果的身心卻沒有造業，那「自作自受」的理論，又如何可以成立？輪迴與解脫間的連繫，也同樣的不易說明。剎那生滅的滅，是什麼意義？是徹底消滅嗎？假使滅等於沒有，沒有就談不上作用，那又如何生起未來的一切？假使還是存在，那爲什麼要說它是滅？拿業力來說，業是不是無常？業是無常，纔生即滅的，那又怎能說業力經百劫、千劫都不失呢？倘使業依舊存在，那又怎麼可以說諸行無常？就是存在，存在在那裡？在過去？在現在？在內？在外？從這三世的相續，業力的任持，作進一步的觀察時，這流動的生命觀，自然會覺到它的深奧難知，有加以理論說明的必要。】[101]

釋印順提出問題：「假使滅等於『沒有』，『沒有』就談不上作用，那又如何生起未來的一切？」然而「滅等於沒有」，要看沒有什麼？假如殺死一個人，此人消滅了，可說沒有了，但不是沒有因果業力。殺人者後來去投胎而成爲「另外一個人」，殺人的果報卻顯現在這個「另外一個人」的身心上；如此，殺人者與受報者明顯並非同一個身心，所以釋印順認爲並不是自作自受，而是另外一個人在受。但是所謂的另外一個人難道不是他本人而是別人？如果不是自作自受而是別人代受，那因果法則就天下大亂了。釋印順的思想是很奇怪的，如果他認爲意識是不滅的，是可以變成細心、細意識而到下一世去的；則下一世的意識應該知道上輩子殺人，這輩子苦受，乃是自作

101 釋印順著，《唯識學探源》，正聞出版社（台北），1992 年 3 月修訂二版，頁 45-46。

自受，更無疑義；那麼釋印順就不該提出這個質疑，與自己所說細意識可以常住而來往三世的主張自相矛盾。

問題出在這輩子的各種粗細意識根本都不知道上一世造了什麼業？足見意識是會斷滅的，只能存在一世。斷滅的意識是不可能到下一世去的，所以下一世不但意識是全新的，其他五識也是全新的；至於身體呢？當然更是全新的。如此看來，上一世作善惡的身心，和此世的身心根本不相同，則自作自受似乎眞的有問題，難怪釋印順振振有詞，提出質疑：「**自作自受的理論如何可以成立？**」然而自作自受的理論若不能成立，難道你釋印順作的善事是後世由別人在享受，所幹的惡事也是由他人在受惡報？或許有人說德蔭天下，豈非他人受善報，但他本人則更有大善報，而不是他人有善報，自己卻得惡報，因果法則不可能如此。

對自作自受不肯認同的人，受苦時肯定會怨天尤人，認爲老天對他不公平。不過釋印順穿上僧衣，自會有人恭敬禮拜供養，這種享福之人是不會抱怨的。然而他這種不信自作自受的邪見會有一種很大的後患——一旦想作壞事就會敢作敢爲，反正後果自有他人承擔，那有什麼不敢作的惡事？於是釋印順對於佛法就敢大膽隨意判攝，不理會破法的未來世大惡果。所以信受此一邪見的後果是很可怕的。

六識論者如釋印順等人對三世相續、因果輪迴的道理是無法解釋清楚明白的，因此都會像釋印順一樣提出懷疑而說：「業是不是無常？業是無常，纔生即滅的，那又怎能說業力經百劫、千劫都不失呢？倘使業依舊存在，那又怎麼可以說諸行無常？就是存在，存在在哪裡？在過去？在現在？在內？在外？」釋印順不知道業力存在哪裡而又百千劫不消失？因此他除了表達對業力果報的不公平以外，也提出了對老天公道的懷疑而說：【佛法說業力，通於三世。如專約現世說：有作惡的人，作事件件如意，多福多壽。有作善事的人，反而什麼都不行，一切困難。尤其是惡人迴心向善，境遇倒一天不如一天，家產一天天消失，使人懷疑老天的公道！】[102]

我們的身體就是一期的果報身，此果報即是業力之顯現，能夠支持色身不壞的「持身識就是如來藏」[103]，如來藏能「與一切法為依止故，謂能執

102 釋印順著，《般若經講記》，正聞出版社（台北），1992 年 3 月修訂一版，頁 101。

103 《如來藏中藏如來》，正覺教育基金會，2009 年 8 月初版二刷，頁 1。

持諸種子故，與現行法為所依止，此證持種心也。由此有諸趣者，由有此第八識故，執持一切順流轉法，令諸有情流轉生死。」[104] 可見業力的種子就藏在如來藏中，自己身口意的善、惡、無記業之種子執藏於自己的如來藏中，時間到了，因緣果報成熟，業力就顯現出來而自作自受，這是非常合理而公道的。可是釋印順卻舉「自作自覺（受），則墮常見」的經文來否定說：【如《雜含》（卷12‧300經）說：「自作自覺（受），則墮常見；他作他覺，則墮斷見。義說法說，離此二邊，處於中道而說法，所謂此有故彼有，此起故彼起」等。浮彌尊者與外道論法，也否定自作、他作、共作、無因作，而說「世尊說：苦樂從緣起生」（雜含卷14‧343經）。這可見釋尊的教說，實以緣起說明生死的流轉；即從身心關涉環境——自然、社會、身心——的展轉相依，次第相續的活動中去說明。後來業力說的發揚，由於緣起支的解說而多少通俗化。】[105]

第八識如來藏能持種，能貫穿三世的生死流轉，祂才是自作自受的根本

[104]《八識規矩補註》卷二（《大正藏》冊四十五，頁474，上17-20）

[105] 釋印順著，《佛法概論》，正聞出版社（新竹），2004年4月新版二刷，頁92。

因，而不是釋印順擅自改變而取代的意識。緣起只是在說明這個因緣關係，有生死流轉的現象而說緣起法，不是只有十二緣起支就能產生三世的生死流轉。從十因緣的「識緣名色，名色緣識」，以及名色等一切法全部都「齊識而還，不能過彼」，說明此「識」即是第八識如來藏，不是釋印順所曲解的意識心；可知業力的根源是如來藏而不是緣起，緣起只是結果與現象，不能出生萬法故。苦樂從緣起生，而緣起從如來藏生；自作不一定這一生馬上受報，大約是一期生死結束時才受報；除非種菜，幾個月就可以收割，否則多要等到未來世。從如來藏來看，雖然不是同一個身體五陰，但卻是自己的如來藏所生，也是自己的意根伴隨承受苦樂果的後世意識在領受，所以是自作自受。106

釋印順只相信六識論，不信有第七識、第八識，因此他對因果業力種子，到底要記憶在哪裡而能產生自作自受，非常困惑，他說：「**在一期的生存中，**

106 編案：平實導師於《優婆戒經講記》第六輯中有開示甚多「自作自受、異作異受、即作即受、非作非受」之第一義諦正理，其中法要勝妙無比，敬請讀者至各大書局或網路書局請購閱讀。

身心組織在變化中有它相當的安定不變性，所以能夠記憶。但佛法所說的記憶力，是有記憶前生以及很遠很遠的可能。身心早已徹底的變化，怎樣還會記憶呢？這記憶與業力的任持，問題是相同的。這困難而又嚴重的問題，需要理論的說明，是何等的迫切！」[107]

這就是六識論者的悲哀，釋印順知道後世身心早已徹底的變化了，怎樣還會記憶呢？釋印順爲什麼不敢說記憶在他認爲是常住不壞的意識裡呢？這樣也是自作自受呀！但聰明的釋印順當然知道這種說法不能成立，因爲大家普遍都有隔陰之迷，知道意識無法記憶上一世的所爲，所以才會有釋印順對**自作自受的理論如何可以成立**所提出的質疑。意識是不能持種的，因爲意識是會斷滅的，所以業力不是存在意識裡，因此釋印順又問：「但是，現在造業，怎麼能感將來的苦果？這是有業力的存在不失。業力到底是什麼？存在，到底是怎樣地保持，怎樣地存在呢？探究到這問題，佛教的各派學者，就提出種種理論去說明他。」[108]

---

107 釋印順著，《唯識學探源》，正聞出版社（台北），1992年3月修訂二版，頁46。

108 釋印順著，《中觀論頌講記》，正聞出版社（台北），1992年1月修訂一版，頁277。

其實眞正實證的佛教各派學者都是八識論者，八識論者都知道業力存在自己的第八識如來藏裡，總不能像密宗喇嘛教所說的存在虛空裡吧？虛空無物，又非心法，如何能記憶或執持業力種子？而且是你的虛空或是我的虛空？或是大家共用一個虛空？惡人的虛空惡種跑到善人的虛空裡去，那果報豈非大亂？所以釋印順宗本的密宗藏傳佛教應成派中觀，是喇嘛教的六識論邪說，所說的都不是正理，不是佛教正法。

釋印順又認爲業行是無常生滅的，怎麼有可能百千萬劫地常住？因此他說：【所說業能受報，是業住受報呢？還是業滅受報？「業住」，是業力存在不滅的意思；從開始造業一直到感「受」果「報」，這業力都存在不失。那麼，所說的「業」，從作到受，不變不失，就是「常」住的了。但實際上，佛說業行是無常生滅的。佛說造業感果，不但是前生造業，來生感果，是可以經過百千萬劫的。如經百千萬劫的常住，太與無常相反了。如業是常的，常即不應有變化；受報就應該常受報，那也破壞隨業流轉、苦樂推移的事實了。進一步說，業如果是常住的，那也說不上造作了。假定說，作了業在未到感果的時候就「滅」，那業就是「無常」的。業力刹那無常，業滅時果未

生，滅了以後即無所有，那又怎麼可以「生果報」呢？實有論者的常與無常，都是邪見，都不能成立業果的相續。】[109]

釋印順認爲「業滅時果未生，滅了以後即無所有」，難怪他會說：「那又怎麼可以『生果報』呢？」如果業滅了是無所有而不能生果報，那釋印順的未來世就無戲可唱了，這不是斷滅論嗎？因爲有如來藏而有業力，如來藏常住故說業力是常住；佛法中不說業力常住，也不說業力會自己滅失，而是遇緣現行受報以後才會滅失；並不是說受苦的人永遠受苦才叫常住，業力仍然有生滅，才會有一世又一世的五陰而自作自受。苦報受盡就無苦，故諸行無常並沒有錯。釋印順的質疑雖然非常犀利，但是犯了佛學常識嚴重不足的過失，譬如他說：「前一刹那與後一刹那間的阿賴耶識種，怎樣的成立聯繫？前滅後生？還是不滅而後生？如同時，即破壞了自己前後刹那的定義。」[110]有刹那即是有生滅，如來藏不生不滅，怎麼有前一刹那的阿賴耶識與後一刹那的阿賴耶識？若問阿賴耶識所含藏的前一種子與後一種子，怎樣的成立聯

109 釋印順著，《中觀論頌講記》，正聞出版社（台北），1992 年 1 月修訂一版，頁 283-284。

110 釋印順著，《中觀論頌講記》，正聞出版社（台北），1992 年 1 月修訂一版，頁 292。

繫？當然是因爲有如來藏持種而聯繫。釋印順又問說：「你說種子不斷不常，試問從種生芽，是種滅了生芽？是種不滅生芽？假使說種滅生芽，這是不可以的，種力已滅去了，還有什麼力量可以生芽？這不脫斷滅的過失。假使說不滅，這也不可以，不滅就有常住的過失。所以，從剎那生滅心去觀察他的種滅芽生，依舊是斷是常，不得成立。所以後來的唯識家，說有阿賴耶識，種子隨逐如流。無論從現業熏種子也好，從種子起現行也好，都主張因果同時。以性空者看來，同時即不成其爲因果。」[111]

釋印順質疑說「種力已滅去了，還有什麼力量可以生芽？」他不知道種子若無如來藏的執持，它是沒有力量可以生芽的；芽與種子不一不異，不能說種子滅了而有芽發生，種子會發芽，但種子是因位而不是芽，芽卻是種子的果位。種子變易爲芽，就是種子的功能正在運作，故不可說種子不滅；因爲種子又名功能差別，芽不正是種子的功能之一嗎？芽又會長莖開花結果，故不可以說種子是常。

釋印順質疑自作自受的理論如何可以成立？最大的癥結在於釋印順信

---

111 釋印順著，《中觀論頌講記》，正聞出版社（台北），1992年1月修訂一版，頁291-292。

受密宗應成派中觀六識論的大邪見；然而六識論者不論在理論上或實證上，永遠都無法解釋異熟果報的道理。六識論的人永遠不服氣於我今生又沒有作惡事，卻令我受苦報。六識論的人作盡惡事或是謗佛毀法而於命終時若無大痛苦，他一定暗想：「**都說我把佛教的八識論毀了而變成喇嘛教的六識論會有怎樣的惡報？我還不是死得好好的？**」他不知道今生會得好死，乃是往世造業之善報；但今生所爲之惡，還有待來世才有果報。從六識之身口意來看，好像此生跟來世的身心，風馬牛不相干（因爲前世的六識已滅）；但是從八識論的實證者來看生死的眞相時，就知道確實是自作自受。當死亡的時候，此世六識滅了，但還有第七識、第八識存在；而第八識即是入胎識，第七識即是恆審思量的意根末那識，從第七識第八識來看就知道確實是自作自受；而六識論的人以爲後世的身心不是此世的我，所以敢作敢爲，殊不知來世的結果還是自作自受！

諸行無常，諸法無我，無常所以是苦、是無我，這是在講蘊處界萬法無常；但不可以用諸行無常、諸法無我，來破自作自受。五陰無常，六識無常，故知此世身心無常，不能到下一世去；但還有一個能出生下一世五陰身心，非常非無常的如來藏自己；這個非我、非非我的如來藏繼續出生釋印順下一世的五陰，去承受自己過去世的善惡業；所以雖然下一世的身心不同於上一世的身心，但從如來藏來看祂所出生的七轉識、五陰，正是自作自受；絕對不會是別人作的惡事，由不相干的你釋印順去承受；就像他人吃飯你不能飽一樣，各自有因緣果報。如是才是佛法所說因果與自作自受的道理；這個義理可以證明自作自受是絕對可以成立的！只有在釋印順等六識論者心中才是不能成立的。

例如有一個人去搶劫銀行，慌張逃走，卻不幸被車撞死；一般人都說這叫自作自受，現世報。然而因果是很複雜而深奧的，既使是等覺菩薩也不一定全了知，要到佛地才能完全了知；所以因果甚深極甚深，並非只有現世報才叫自作自受。一般人以爲意識心知道身心在受苦或受樂，作壞事而善終的人，他就以爲是沒有自作自受的因果報應；事實並非如此，例如常常造惡的人，卻曾經偶然造作了一件救人性命的大善業，於是這個常常造惡的人就因爲這件善業因果比較大而獲得善終，繼續生在人間；但是那些難以計數的小惡業，未來世還是得要受報的。只有不相信有未來世的人才會不相信自作自受，那就是受持六識論而疑心沒有未來世的應成派中觀師，釋印順即是現成的例子。不相信輪迴的人，往往因爲有隔陰之迷就不信自作自受；以爲死後就什麼都沒有了的人，不會相信自作自受；然而眞正受苦樂者並非七識心，佛說「七識不流轉」，唯有第八識自心如來，方是眞正能流轉於生死之主體識，這一點就比較深奧難懂。平實導師於《楞伽經詳解》云：【七識心並非眞正受苦樂者；一者，前五識於五塵等法，雖有順心違心之境界受，然而其了別五塵順違之體性及自我性，皆極淡漠，故非受生死流轉之主體識；末那識則唯能於五塵所顯示之法塵上作極簡單之了別，不能了別其細相，亦不能了別五塵相，是故末那識亦非是生死流轉之識體；意識心雖能於六塵悉皆詳細了別，於世間法上言之，實是正受苦樂者，能正受種種苦樂觸之現量境界，而有順心違心之境界受故；然意識所受之苦樂等相，皆是無常變異、終歸於滅之法，不曾有一苦樂法能常受其樂、或常受其苦者，乃至不苦不樂之捨受亦復如是，皆是無常之法。既是無常之法，則顯然非是眞正受苦樂者。唯有自心如來，雖離見聞覺知而不受六塵境界中之苦樂觸，然而卻是世世通貫而不曾剎那間斷者，卻是世世承受前世善惡業果報，而令一切善惡業苦樂皆能如實現行，而在自身所生之七識心上受報者。如是眞正能實現善惡業果報者，方是眞實受苦樂者。】[112]

112 平實導師著，《楞伽經詳解》第十輯，正智出版社（台北），2008年3月初版三刷，頁78。

由此可知眞實的佛法絕對是自作自受，這個理論若不能成立，則佛法要全部改寫，如此釋印順出家學佛變成毫無意義；因爲自作自受即是因果法則，如果這個法則不能成立，佛教就不成其爲佛教了。

十一、論釋印順說佛教的業感論沒有輪迴主體的神我

釋印順在《佛法概論》中說：「在甲黨失敗時，必有一佔有優勢的乙黨起來執政，開拓一新的政局。甲黨可能解體了，或與其他黨派退爲在野黨。所以，佛教緣起的業感論，沒有輪迴主體的神我，沒有身心以外的業力，僅是依於因果法則而從業受果。約發現的外表說，從一身心系而移轉到另一身心系；約深隱的內在說，從一業系而移轉到另一業系。如流水的波波相次，如燈炷的燄燄相續，諸行無常的生死流轉，絕非外道的流轉說可比！」113

釋印順說：「諸行無常的生死流轉，絕非外道的流轉說可比！」但他上文對生命流轉生死的說法正是外道說的流轉。把政黨的輪替用來解釋生命的輪迴並不恰當，可是釋印順要用政黨輪替來解釋沒有輪迴的主體那就錯誤了。

我們可以用一個很簡單的譬喻來想一想：

民主國家的政黨在什麼上面輪替？

113 釋印順著，《佛法概論》，正聞出版社，2003年4月新版二刷，頁102。

是在兩派不同見解的人民全體同時存在的前提下。一般來說，人民在國家的土地上，然後加上一個主權，這就是一個國家的基本條件；政黨就是在不同見解的兩派人民全體同時存在的國家上面輪替，乃是依附在兩派不同見解的全體人民同時存在的國家上面，才是完整的國家，如此則國家就是政黨的主體，不是沒有主體！光有政黨，沒有國家的兩派或多派不同見解的全體人民這個主體，政黨有用嗎？一點用處也沒有！雖然政黨在國家全體人民上面輪替，是政黨的主體，然而國家的主體卻是基於人民（有情）的存在，若沒有兩派不同見解的人民等有情的存在，就沒有國家可說，那政黨又如何輪替？所謂政黨的輪替也就沒有意義。然而，有情是因爲有第八識如來藏的眞實常存，所以才於三界中造業不失，這樣繼續輪迴不已，所以眞正的主體乃是每個有情的第八識如來藏啊！

釋印順說：「佛教緣起的業感論，沒有輪迴主體的神我」，這句話是有大過失的。第一個問題是佛教的緣起業感論，有沒有輪迴的主體？第二個問題是輪迴的主體是不是神我？

佛教反對有神我，可是並沒有反對輪迴的主體。釋印順把神我當作輪迴的主體，然後說：「佛教反對有神我，所以也反對有輪迴的主體。」「神我」就是把意識覺知心（包含粗意識、細意識、極細意識）當爲永恆不滅的我，這個不滅的意識心跟神（上帝）一樣是意識，故稱神我。那誰有這個神我思想？正是釋印順自己呀！釋印順青年時期受到西藏喇嘛教法尊法師所譯，宗喀巴著作《廣論》的誤導，至死都沒改正過來，猶以爲粗意識會藉修行轉變爲細意識，流轉三世不會滅亡。這種邪見不必找書來證明，隨便問一問喇嘛教的仁波切就是最好的證明，他們都是以意識覺知心的不滅爲神我來作爲三世輪迴的主體。也許有人反駁說：「印順是以緣起爲主體，不是以神我爲輪迴主體。」假如釋印順以緣起爲輪迴主體，那他說「**沒有輪迴的主體**」，就違背自己的立論了。

緣起是事實，不可否認，問題是緣起是依何而有此緣起？它是自然而有的嗎？那就是自然外道。是上帝或大梵天創造而有的嗎？那就是神我外道。是依於你或他而有的嗎？（也就是說依於我之外而有。）那又與每一個人的自我何干？（沒有我了，緣起已經跟你無關。）追根究柢的結果，緣起是依於無蘊我性的空性心，以有空性心故而有緣起法出生；而這個空性心即是沒有五蘊性的如來藏，此空性心不可滅，故說輪迴的主體就是空性心如來藏。

假如有人否認如來藏，那他就是否認空性心，他不免要再去思惟離開空性心之後還有什麼？答案是「一無所有」，那不是斷滅空嗎？正是斷滅見人的斷滅空。釋印順想用緣起法來證明一切法空，故說無輪迴主體。用緣起來說明世間是虛妄的，認爲眾生的五蘊都是隨機出生而沒有往世的前因，所以是緣起的；他認爲這是一假一切假，成爲無因唯緣論者，卻不知道眾生界的實相是一眞一切眞，一點也不假，唯有如來藏離此兩邊而有不眞不假的涅槃中道，才能有五蘊的緣起。一切萬法，因果生死輪迴都在涅槃中道的如來藏中顯現，所以如來藏就是輪迴的主體。

有人不承認有情的五蘊都有主體，認爲「一切是緣起，而緣起性空，哪有主體？有主體就是有執著，不得解脫」；但這種說法是不切實際的，一切有情都將因此而成爲無因唯緣的隨機出生五蘊，正好落入龍樹所破的「諸法共生」之中：五蘊只是由父母爲緣而共生的。這已違背了龍樹及《楞嚴經》說的「諸法不共生」正理。簡單的說：姓名有沒有主體？姓名是依這個人而取，則這個人就是姓名的主體。同樣的道理，金器就是以黃金爲體，銅器就是以銅爲體，怎能說金器、銅器沒有主體？一切萬法就是以如來藏爲體，一切因果若無如來藏則不能顯現因果法則而有業力出現。有人以爲業力才是輪迴的主體，然業力若無如來藏則無法儲藏及顯現，故如來藏才是輪迴的主體！

佛教不是只有緣起的業感論，還有生命實相的本體論，不但有業感緣起還有眞如緣起。要寫「佛法概論」則對佛法要有整體的宏觀，不能只偏一邊；像釋印順所寫的《佛法概論》處處邪見，其實是在誤導眾生，讀者不可不愼！

釋印順認爲若說有一個眞常自在的神我（靈體）爲絕對主體之類的思想是錯誤的。他認爲這種眞常本淨的我，源於無始來的習見，是生死的根源。因此在他的《寶積經講記》中說：【人（這裡不是約人類的人說），是思惟義，有意識活動，覺得有思惟的主體。眾生，意義爲不斷受生死，覺得有歷受生死的主體。壽命或作壽者，一期的生存爲壽命，從而覺得有無限的生命自體。這些，本是世間有情的現象之一，有意志力（權力意志），有思惟作用，有生死死生，有壽命延續。但主宰的是誰？思惟者是誰？受生死者是誰？壽命者是誰？這些，眾生的世俗心境，從來不曾徹見究竟，只是無始以來的習見，想當然的，認爲有自我、思惟等自體，而且非有不可。這到了哲學家、神教徒手裡，雖然各說各的，大抵推論出微妙的，眞常自在的神我（靈體），絕對主體之類。其實，這種眞常本淨的我，源於無始來的習見，成爲生死的根源。所以佛陀開示的「眞實正觀」，要以種種觀門，來思擇這我、人、眾生、壽命了不可得，也就是「無我相、無人相、無眾生相、無壽者相」。求我、人、眾生、壽命的自性不可得，叫「不觀我、人、眾生、壽命」，並非閉起心眼，麻木自己，不去觀他就算了。這樣的我不可得——我空，「是名中道眞實正觀」；這才是究竟的，徹底的，正確的體認。】114

釋印順把眞常本淨的第八識如來藏跟外道以意識心爲神我靈體混爲一談，渾然不知外道神我靈體只是意識心加上意識想像的綜合體，而第八識不是第六識，也不是意識的想像建立。釋印順爲何會有這種錯誤思想？因爲釋印順不承認有第八識，所以會有這種後果。釋印順是六識論者，其神我必然是指意識，大小乘諸經中說的眞常本淨則是第八識才對；但釋印順卻認爲眞常本淨、眞常自在是神我靈體，如此一來他說「沒有輪迴主體的神我」，也就是說「沒有輪迴主體的第六意識」，這樣講也沒有錯呀！可是細心的讀者就知道這是釋印順慣用的李代桃僵、借殼上市的方法；他已經把第八識與第

114 釋印順著，《寶積經講記》，正聞出版社，1992年2月修訂一版，頁96-97。

六識混淆不清了，佛法在他書中實在越講越糊塗，令他的讀者如入大迷霧中；因此說，佛教界讀不懂釋印順的佛法書籍，問題出在釋印順的佛法思想非常混亂，連他都不曾弄清楚自己的思想，當他寫出來以後，讀者當然更加讀不懂，卻誤以爲是自己笨而讀不懂；筆者當年就是如此，相信有更多讀者是和筆者一樣。他認爲學佛者所說：眞的、常的、清淨的、不生不滅的生命主體，跟外道所說的眞我、神我的差別是希微的，大乘人描寫的生命主體是絕對主觀的。因此他在《寶積經講記》中說：「一般學佛者，不知外道的我是怎樣的，就自以爲所修所證，與外道的我不同；其實，佛與外道的修證（外道也有修行，宗教經驗，也自以爲證悟得解脫的）不同，在說明上是很希微的。如說：體見到：眞的、常的、清淨的、安樂的、不生不滅的、無二無別的、不可思議的。這些句義，都難於顯出外道與佛法的不同。但這樣的經驗，外道一定說，這是眞我（或者說是神）。這是說，這是有意志性的。所以把自己的宗教經驗，描寫爲生命主體，絕對主觀。」[115]

外道所說的眞我、神我本質上就是意識心，他們跟釋印順一樣，無法超

115 釋印順著，《寶積經講記》，正聞出版社，1992年2月修訂一版，頁121。

越意識境界，都誤認意識是常，世尊把這種人的見解稱爲**常見**，歸類爲外道；因此不可以說外道跟佛教的差別是希微的，超意境的第八識與意識境是不相同的。生命主體第八識如來藏乃是客觀的存在，所以釋印順雖然不承認，但他自己的生命本體如來藏並不因他主觀的否認而消失。此如來藏眞我是佛法甚深智慧的根源，非外道所能了知，釋印順卻反過來說：「釋迦佛就是全盤否定這種形而上的眞我。」因此他說：【原來印度的婆羅門教，以爲要得解脫，非有眞我的智慧不可。能通達眞我，才能得解脫。釋迦佛的特法，就是全盤否定了這種形而上的眞我論。始終說：「無常故苦，苦故無我，無我故無我所，則得涅槃」。換言之，非徹底照破了眞常我，才能解脫。】[116]

「無常故苦，苦故無我」，這是在講五陰非我，蘊處界無常、苦、空、無我，不是如來藏無常、苦、空、無我。以如來藏是法界常住故稱爲眞我，如來藏離於五蘊我性而離兩邊，是眞實的無我，但又是非我、非非我，是三界一切有情常住不壞之實際，故稱眞我。外道說的眞我其實都是誤會眞我而想像出來的假我，若非意識即是想像而非實體，或者只是會生滅變異的細意

116 釋印順著，《寶積經講記》，正聞出版社，1992 年 2 月修訂一版，頁 120。

識我，怎能說是眞我？佛教所說的生死輪迴主體一定是指能出生一切粗細意識的第八識如來藏，因此釋印順說：「主張在生死輪迴，繫縛解脫中，有一生命主體，叫作眞我，大我，不可說我等。由於宣說有我，與佛說的無我正見相違。」[117]都是把外道說的假我、想像的眞我當作眞我，然後振振有詞地說：「有一生命主體叫作眞我，這與佛說的無我正見相違。」叫你看不出來他的破綻，然後說：「佛教的業感論沒有輪迴主體的神我」，這都是信受喇嘛教六識論假中觀的人才會有的後果，識陰六識全都是根塵二法因緣生的，全是生滅法，六識論哪裡會有輪迴的主體？八識論才會有如來藏而說祂是輪迴的主體，不管你把第八識稱爲眞我、神我，祂一定是輪迴的主體，所以不可以說佛教沒有輪迴的主體。至於釋印順說：「印度的宗教、哲學者，說有情的生死輪迴，是以小我的靈魂爲主體的。」[118]這是同於世俗人以靈魂爲輪迴主體，他相信有輪迴主體，只是誤以爲是靈魂罷了；但靈魂不離五陰範疇，還是意識境界；只要把世人說的「常住不壞的靈魂」改爲第八識如來藏就對了，只要證得如來藏就生起實相般若智慧了，佛法就是這麼簡

117 釋印順著，《寶積經講記》，正聞出版社，1992年2月修訂一版，頁231。
118 釋印順講述，演培記錄，《中觀論頌講記》，正聞出版社，1992年2月修訂一版，頁320。

單；但是要改過來必須不怕面子問題，這就非常不簡單！

現代人認為主體是一種思想，故主體思想的根本思想是：**自身命運的主人是自己，開拓自身命運的力量也在自己身上**。這就是說自己的思想就是自身命運的主體，所以人一定有主體，不可能無主體。這似乎也言之有理，但這種思想不是佛教所說的輪迴主體，只能說是一期生命思想的主體，無法探討到三世輪迴的主體。佛法對這個主體的認知及實證是不共外道、凡夫、二乘聖人的，世間所有的宗教無人能知此主體，只有 佛陀知道我們的生命主體是什麼；所以說「天上天下無如佛」，沒有人或天神可以比 佛陀更有智慧。神我是外道的思想，神我不是輪迴的主體，因為神我只是意識層面一種思想上的推測；神我既然只是思想，則此思想不離意識；而意識是會斷滅的，故神我不是輪迴的主體。但是神我雖然不是輪迴的主體，卻不可以說業感論沒有輪迴的主體，因為不知道或是找不到這個輪迴主體不等於沒有輪迴主體。有智慧的人都會留給自己餘地，不知道的事就不要冒然斷言，以免斷了自己未來的出路；而且錯誤的思想害人匪淺，若不改正，變成未來種子，則未來世還會冒芽出來，將又被它所害；所以錯誤的思想一定要辨正，才能改正。

十二、論釋印順說阿賴耶識的產生

有一些修行實證的人很想知道阿賴耶識是怎樣產生的，於是開始探究追尋，然而上窮碧落下黃泉，始終找不到阿賴耶識是怎樣產生的，這是正常的狀況，因爲連 佛陀也找不到阿賴耶識是何時而且如何產生的，才說是「法爾如是」；偏偏有位不曾實證的釋印順法師竟然說他能找到阿賴耶識是如何出生的，大家「驚爲天人」於是尊他爲「導師」，有一本描寫釋印順生平的書取名爲《看見佛陀在人間》，釋印順也不客氣地接受了。不過我不知道那些尊崇釋印順爲**佛陀在人間**的學者或修行者，到底看上釋印順的哪一點而敢高捧他爲佛陀？這些阿諛者一定不知道釋印順有比 佛陀更厲害的地方，就是他找到了阿賴耶識的產生證據；假如釋印順眞能夠找到阿賴耶識是怎樣出生的，套句布袋戲台詞，那眞是：「**轟動武林，驚動萬教！**」

要推究或證明阿賴耶識是如何產生的，一定要先找到阿賴耶識才能觀察祂是如何產生的。釋印順是怎樣找到阿賴耶識的？他說：「但阿賴耶的產生，一方面是依如來藏心，另方面是依無始來的虛妄習氣。在這眞相的如來藏，與業相的虛妄習氣相互交織之下，才成立其爲阿賴耶。」[119]

原來釋印順認爲，阿賴耶識是由如來藏心及無始虛妄習氣二者產生的，那麼阿賴耶識就是由如來藏中產生的。其實阿賴耶識就是如來藏，但有的人認爲阿賴耶不是如來藏。若把如來藏這個自性清淨心有雜染時稱爲阿賴耶識，這種說法可以方便說兩者有不同之處，然畢竟同爲第八識，所以阿賴耶識就是如來藏。修道斷除思惑，不復有阿賴耶性（不再有集藏分段生死種之集藏性），成阿羅漢，其第八識改名爲第九識——異熟識，亦名菴摩羅識；其實仍是第八識心體，唯改其名，不改其體。

把阿賴耶識的產生說是依於如來藏心，依同一邏輯，應該要再問如來藏心是如何產生的？釋印順只說「在這眞相的如來藏，與業相的虛妄習氣相互交織之下，才成立其爲阿賴耶。」也就是阿賴耶一方面依如來藏心，一方面依無始來的虛妄習氣而產生。但重點是：無始來的虛妄習氣會是阿賴耶識的所依嗎？第八識阿賴耶識是萬法的根源，無始來的虛妄習氣會是萬法的根源嗎？

---

119 釋印順著，《唯識學探源》，正聞出版社，1992年3月修訂二版，頁30-31。

釋印順在《唯識學探源》中說：【這雜染的習氣，反映到清淨的如來藏心，因而成爲阿賴耶識，現起一切的虛妄相。這可以稱爲「映心所顯」的唯識。】[120] 釋印順的意思是說「阿賴耶識是由兩個因緣和合而成就的，並非眞實存在，僅是習氣的現象反映出來而已；阿賴耶識產生的二個因緣：一個是習氣，一個是如來藏。」那麼當這兩個不和合而分離了，豈非阿賴耶識如同習氣一樣就可以消滅了？若改爲說「自性清淨心如來藏，含藏分段生死之染污法種時稱爲阿賴耶識」則正確。不過有人不能相信如來藏自性清淨而有染污，因爲他們認爲有染污就不是自性清淨心；自性清淨心而有染污，此事極難了知，這在《勝鬘經》已經講過，因爲這唯證乃知的事，要到開悟明心後才能明白，不是未找到阿賴耶識如來藏的凡夫所能想像的。

釋印順在《唯識學探源》中說：【「攝大乘論」，或「唯識論」，在說明識不離身的識是阿賴耶識時，都評破這無心所的細心說。有心而沒有心所，這在有心必有所，無所就無心的學者，確是不易信受的。】[121] 又說：【阿賴

120 釋印順著，《唯識學探源》，正聞出版社，1992年3月修訂二版，頁31。

121 釋印順著，《唯識學探源》，正聞出版社，1992年3月修訂二版，頁77。

耶的本義是「著」，但一經引申，就具有廣泛的含義。它比阿陀那、毗播迦、心、意、識，更能適應細心多種多樣的性質，它也就自然被人採用作細心最正規的名字。】[122]

這是釋印順把阿賴耶識當作第八**意識**，所以稱爲細心。意識必定有心所，阿賴耶識超越意識，阿賴耶識當然是心，若說有心必定有心所，然而阿賴耶識的「心所」不是凡愚者意識所能了知的。一切意識不論粗細都是第六識，細意識不可能變成第八識阿賴耶。可是六識論的釋印順一直要把阿賴耶識解釋及變更爲細意識，如在《攝大乘論講記》中說：【雖然上座部說有所緣行相不可知的**細意識**，但這在唯識家看來，那就是**阿賴耶識**，不過名字不同罷了。縱然退一步承認這「和合識即是意識」，那麼，還是「此和合意識即是一切種子識」呢？還是以這和合意識爲依止，「依止此識所生」的「其餘意識是一切種子識」呢？若說「和合識是一切種子識」，那和合意識「即是」大乘所說的「阿賴耶識」，不過你不歡喜稱它阿賴耶，「以異名立爲意識」罷了。】[123]

122 釋印順著，《唯識學探源》，正聞出版社，1992年3月修訂二版，頁145。

123 釋印順著，《攝大乘論講記》，正聞出版社，1992年2月修訂一版，頁121-122。

阿賴耶識是心，但不是意識心，故般若經中稱爲「非心心」；既不是意識心，就不是意識細心，故阿賴耶識無意識之心所。意識不論粗心、細心、極細心，祂的出生都是由意根接觸法塵而從如來藏阿賴耶識中出生，釋印順卻說能生意識的阿賴耶識如來藏，是從雜染習氣和如來藏產生，成爲阿賴耶識出生阿賴耶識，也把阿賴耶識如來藏切割成二個心，就跟他切割三乘菩提的各種佛法成爲互不相干的各種法一樣。

釋印順這種作法猶如西藏密宗喇嘛教一樣擅自曲解佛法，藏傳佛教密宗把中脈明點取代如來藏，然而這個明點卻是意識觀想所成的意識境界；能生意識的是如來藏，密宗卻把祂顚倒爲意識出生如來藏，所以密宗說的是外道法，是喇嘛教，不是佛教，此理甚明。

阿賴耶識就是如來藏的異名，不管釋印順喜歡、不喜歡稱祂爲阿賴耶，他可以用種子識、所知依、無始時來界等種種名稱來稱呼祂，唯獨不能稱祂爲意識、細意識或極細意識，也不能稱祂爲「第八意識」；因爲第八識是出生意識的另一個心，與意識同時同處而爲意識的所依，故不能稱爲「第八意識」。另外，釋印順不喜歡稱一切種子識爲阿賴耶的原因，是因爲在六識論者的理念中，阿賴耶僅是染污的執著現象，不是眞實存在的心，是可滅的；而將一切種子識稱爲細意識，則符合六識論者意識常住不滅的妄想論點，因此得到安慰而不落入斷滅的恐懼中，卻與常見外道合流了。

若把阿賴耶識和如來藏分成二個不同的識，那到底哪一個才是萬法的根源？第八識只能有一個，那是否另一個是第九識？三乘佛法都說唯有八識，若說有八、九識並存，那是有無量過失的。所以釋印順無論再寫多少書，都不能推翻八識論，最後一定要回歸**阿賴耶識就是如來藏**的定論來，所以他在《成佛之道》中說：【如來藏是自性清淨的，但「無始」以來，就爲虛妄雜染的戲論「習」氣「所熏」染，這就「名爲阿賴耶」識。這如太空而爲浮雲所蔽，成爲不明淨的空界一樣。所以分析阿賴耶識的內容，有眞相（如來藏）與業相（戲論熏習），這二者的和合，就是阿賴耶。這在無著、世親的唯識學裡，是不容易信解的，但這是依如來藏而有的阿賴耶識呀！】[124] 又說：【經上又說：「佛說如來藏，以爲阿賴耶。惡慧不能知，藏即賴耶識」。原來阿賴耶，還是如來

124 釋印順著，《成佛之道》，正聞出版社，1999年6月修訂版一刷，頁379-380。

藏。依如來藏而有無始虛妄熏習，名阿賴耶識，爲雜染（清淨）法所依。不知其實是依**法空性**——如來藏；可惜有些學者，不能自覺罷了！如約有漏的阿賴耶識，這只能說是生死雜染法的中心。阿賴耶識也還是依轉識，要依轉識的熏習，與轉識有互爲因果的關係。所以，阿賴耶識只是相對的依止。】[125]

釋印順既然知道阿賴耶原來還是如來藏，那就不能再說如來藏與習氣二者的和合產生了阿賴耶，這種頭上安頭，把同樣是第八識的阿賴耶識與如來藏拆爲兩個的說法，令人讀來一頭霧水；尤其會令人誤以爲阿賴耶識是因緣和合所產生之法，是有生之法，是蘊處界之法，如此則阿賴耶識心體不生不滅的法義就不見了。**如來藏中含藏往世的習氣種子，但不是習氣種子能出生阿賴耶識**。【如來藏是自性清淨的，但「無始」以來，就爲虛妄雜染的戲論「習」氣「所熏」染，這就「名爲阿賴耶」識。】他改爲這樣講就對了，當然也成爲釋印順自律背反、自相矛盾的證據之一。阿賴耶識既然是如來藏，是一心二名，那麼要找到阿賴耶識的出生或產生是不可能的，祂是法爾如是。若有生就會有滅；如來藏阿賴耶識本來存在故**無生**，**無生即無滅**，**故阿**

125 釋印順著，《成佛之道》，正聞出版社，1999年6月修訂版一刷，頁384-385。

賴耶識如來藏不生不滅。所以釋印順找不到阿賴耶識的產生是正常的，而且是正確的，因爲**阿賴耶識心體本來就無生——無出（產）生之時**。阿賴耶識只是含有雜染習氣而成爲所染，而非以雜染習氣爲因而有阿賴耶識；明明可以寫得很清楚明白的法義，釋印順卻偏偏要用雜染習氣把祂寫得很模糊而誤導讀者，把大家都燻得滿臉發黑，烏煙瘴氣，實在居心叵測。

釋印順認爲如來藏是自性清淨的，阿賴耶識是有爲的生滅法相，所以阿賴耶識是如來藏與雜染習氣和合而產生的，這是曲解阿賴耶識的體性；阿賴耶識不是有爲的生滅法相，阿賴耶識的識性即是眞如，眞如即是自性清淨心，自性清淨心即是如來藏，如來藏是無爲法，不必有因緣，不是因緣和合而有之法。茲舉一段來證明釋印順講佛法常顚顚倒倒，照經文依文解義時本來寫對了，可是他解釋以後又成爲講錯了，似是而非；黃金到他手裡變成黃銅，可見他心中對佛法是沒有決定見的，他在《以佛法研究佛法》中說：【現在來說明一些諍論。眞常學者說，如來藏既然不是心，經中爲何說如來藏即是眞心、自性清淨心、法性心呢？唯識學者的解答說，這些，都是就心（法）的性而說的。如阿賴耶識是有爲的生滅法相，而阿賴耶識的識性，即是眞如，所以就名爲眞心與自性清淨心。這眞心與清淨心，並非有爲有生滅的心，而是約心的不生不滅性說的，並非眾生已有無漏清淨的心。至於說如來藏即是法性，而不是心，這是有經教根據的，如「楞伽經」中說。】126

釋印順既然說「**阿賴耶識的識性，即是眞如，所以就名爲眞心與自性清淨心。**」這個自性清淨心難道不是無漏清淨的心嗎？可是他卻又說「**並非眾生已有無漏清淨的心**」，如此豈非指稱眾生其實沒有本來無漏的清淨眞心？眾生豈非沒有阿賴耶識？釋印順講了老半天，結果是沒有阿賴耶識！原本說可以找到阿賴耶識的產生已經夠荒唐了，如今又說沒有阿賴耶識而成爲不可能找到阿賴耶識，也不可能證明阿賴耶識是如何產生的，那就不是荒唐加三級而已，因爲已經沒有絲毫佛法了！

釋印順說如來藏既然不是心，經中爲何說如來藏即是眞心？他又推說這是眞常學者說的。如來藏既然是第八識，識就是心，怎麼可以說如來藏不是心？但如來藏這個心卻又不同於凡夫所了知的第六意識心，所以又稱爲「非心心」，然而不可以因此名詞而說祂不是心；祂畢竟非物質，離開了祂，就

126 釋印順著，《以佛法研究佛》，正聞出版社，1992年2月修訂一版，頁331-332。

是心外求法，故稱爲心，因祂不生不滅而說祂是常住眞心。眾生實有無漏眞心，故稱爲眞實如來藏，平實導師著作書名就叫作《眞實如來藏》，書中處處證明此如來藏是眞實法，不是虛妄想像的，也不是一種宗教的思想理論而已；因爲唯證悟乃知，所以凡愚極難想像，雖然很難以意識思惟想像，但只要相信佛語，就知道如來藏是眞實有，若無如來藏就無八識心可言了。因爲如來藏不是因緣所產生的法，所以很難想像；很難想像的原因是祂很難找到，只有開悟明心的菩薩才能找到祂；而且祂從來沒有出生過，永遠找不到祂是何時出生的；因爲祂沒有生，所以沒有滅亡之時，如此不生不滅而說眞心常住。

釋印順又說：「**至於說如來藏即是法性，而不是心，這是有經教根據的，如『楞伽經』中說。**」卻不引證這種說法出自《楞伽經》的何處，也不舉出經文中的文字，只是這樣一語帶過，直接把自己編造出來的邪見宣稱是《楞伽經》說的，直接熏入讀者心田中，事實上是斷章取義，既是違背《楞伽經》中 佛陀的說法，也是不負責任的說法者。

因此釋印順說「阿賴耶識的產生」，這個命題一開始就是錯誤的說法；

後來又說出種種自語相違的話來，已經不是老糊塗三字可以形容的了。學者若能離開這種錯誤的說法，就不會隨其所轉而入邪見。學佛的過程就是不斷地修正錯誤，每一個人都是從錯誤中走過來，所謂錯而能改，善莫大焉，這才是學佛者令人起敬的心態。

十三、論釋印順之「常就是無常」

這個問題困擾很多人：「常就是無常」是釋印順說的，而「無常就是常」則常有人和釋印順一樣如是說，然兩者其實不能畫上等號；如果認為兩個意思是同樣的，那對佛法的眞實義將會有極大的誤解。佛法有許多名相指涉的含義深妙，不懂的人拿來隨便解釋，極易使人對佛法產生曲解；例如有某法師解釋「空」不是什麼都沒有，「無」不是沒有。那就要再解釋是什麼樣的「空」，怎樣的「無」不是沒有，否則中國字的空、無就是「沒有」，而不是「有」；空若不是無，則「錢袋空」變成不是沒有錢；無若不是沒有，則「無錢」就不表示沒有錢了。如此文字的表達與世人所知相違，約定俗成的文字將失去其意涵，誤會就難免了；把佛法解釋得匪夷所思，並非 世尊本懷，因為佛法是可以實證的義學，不是匪夷所思的玄學。

釋印順說：「常就是無常，無常就是常」，同樣落入令人無所適從的死胡同裡，法身慧命就會死在句下，不能活轉過來，錯誤的思想是很可怕的。釋印順在《般若經講記》說：【顚倒，即是一切不合理的思想與行爲，根本是執我執法，因此而起的無常計常，非樂計樂，無我計我，不淨計淨；以及欲行苦行等惡行。夢想，即是妄想。】[127]無常計常是妄想，常計無常也是妄想，釋印順爲什麼會認爲常就是無常呢？他認爲沒有所謂的常，常性是不可得的，常是倒見，一切都是無常，而無常就是常，因此他說：

《唯識學探源》：【常，就是無常，就是念念生滅。】[128]

《寶積經講記》：【常與無常，到底是什麼意義？現實的色法、心法，都有時間相的。從時間去觀察他，如前後完全一致，沒有一些兒差別，那就是常（不變）。如前與後不同，生滅變異了，那就是無常。爲什麼眞實觀察起來，非是常呢？常是沒有生滅變異可說的；而現實的色法、心法，無疑的都在生滅、成壞、生死——變動不居的情況中，怎麼會是常呢？如果是常的，那就一成不變，也就沒有因果生滅的現象了。所以**常是倒見**，眞實觀察起來，**常性是不可得的**。這樣，應該是無常（生滅），佛不是也說「諸行無常」是法印（眞理）嗎？的確，

127 釋印順著，《般若經講記》，正聞出版社，1992.3 修訂一版，頁 199-200。

128 釋印順著，《唯識學探源》，正聞出版社，1992.3 修訂二版，頁 105。

佛也以無常生滅來說明一切，也以無常為法印。但佛是從如幻的世俗假名去說無常，是以無常而觀常性不可得的。所以說：**無常是「無有常」，是「常性不可得」**。如執為實有生滅無常，那就與佛的意趣不合，非落於斷見不可。如就世俗的觀察，當然有生滅無常（也是相續）的現象。但如據此為實有而作進一步的觀察，就越來越有問題了。如析一年為十二月，一月為三十日，昨日與今日有了變異，當然可說是無常了。再進一步，析一日為二十四小時，一小時為六十分，一分為六十秒：前秒與後秒間，可以說無常嗎？一直推論到，分析到分無可分的時間點（「無分剎那」），名為剎那。這一剎那，還有前後生滅相嗎？如說有，那還不是時間的極點，而還可以分析。如說沒有，這一剎那就失去了無常相了。而且，這樣的前剎那與後剎那，有差別可說嗎？如說沒有，那就成為常住，也就失去時間相了。如說有，那前與後不同，失去了關聯，也就成為中斷了。所以一般思想（不離自性見）下的無常生滅，如作為真實去觀察，非落於斷見不可。如色等法是有實性的，那就以常無常觀察，應可以決定。而實常與無常都不可得，所以法性本空。佛說無常以遮常見，如執為實有，即違反佛意。所以說：「常與無常，俱是邪見」。】129

129 釋印順著，《寶積經講記》，正聞出版社，1992.2 修訂一版，頁 100-102。

釋印順仔細觀察的結果，認爲若眞的有無常的話，此「無常」會中斷，非落於斷見不可；無常不可能中斷，所以是常。這種觀點只是從宏觀來講，把無常的相續不斷說之爲「常」，其實正是無常，不是佛法中常住不滅的常；釋印順把此「常」（本質無常的常見外道所以爲的常）當作彼常（常住法）是把馮京當馬凉，牛頭兜馬嘴去了。

釋印順說：【若不能認取無常中的眞常，那末，無常、念念滅，只是斷滅論。】[130] 其實，「無常中的眞常」的正理，是說無常的蘊處界之中有眞常的如來藏同時同處存在，以有眞常如來藏故有現象界無常的相續不斷；而不是把無常的相續不斷當爲常，其中的法義大不相同，不可混淆。釋印順認爲常性不可得，可見他沒有探討到生命的實相，都是在蘊處界的生滅裡打轉；也就是只知道在有爲法中討消息，而不知道佛法還有無爲法，無爲法講的就是如來藏不生不滅、不來不去之眞常，所含藏自身和所含藏的種子同時又都是非常非無常之中道義理。無常中當然常性不可得，不可以如釋印順把

---

[130] 釋印順著，《唯識學探源》，正聞出版社，1992.3 修訂二版，頁 105。網址：http://www.yinshun.org.tw/books/03/yinshun03-09.html，擷取時間 2011/10/8。

滅相不滅當作常，已經滅了怎麼是常？這道理是說不通的。因爲有如來藏之常住而有蘊處界出生，才會有時間空間的顯現，釋印順否認如來藏之常而去分析研究時間到底是常或無常，此將永無正確答案；時間雖然一直會出現而說它爲常，但時間都在過去、現在、未來中流轉而不常；有人認爲「**當下**」不是常嗎？然而「所謂當下，即非當下，是名當下」，當下之一刹那，早成過去了，哪有當下可得？

釋印順說：「**如執爲實有生滅無常，那就與佛的意趣不合，非落於斷見不可。**」蘊處界生滅無常，故不可以執蘊處界爲實有，這是正確的，因爲三法印之一即是諸行無常；無常故，不可以說爲實有。但不可以說「**如執爲實有生滅無常，那就與佛的意趣不合。**」蘊處界的生滅無常現象如果不是「實有」，難道蘊處界是眞實常住而不生滅的嗎？難道說蘊處界不是生滅無常，才與 佛的意趣相合嗎？這問題可大了，釋印順這種想法根本就與佛法相反，怎麼可能與 佛的意趣相合？

釋印順質問：「**前秒與後秒間，可以說無常嗎？**」、「**這一刹那，還有前後生滅相嗎？**」假如前秒與後秒沒有生滅，那就不必分爲前、後秒。文學上的刹那是形容詞，一下子的意思，而佛經說一念有九十刹那，一刹那有九百生滅，可見得「刹那」是有前後生滅相的。

釋印順把生滅不斷的無常說成是法界常住的第八識如來藏之常，然後又把 佛說的如來藏之非常非無常，移花接木說成是四大，眞的是偷天換日、李代桃僵；四大乃是從如來藏所生，沒有如來藏何來四大？如果四大是本來就有而且又能出生萬法，那麼法界實相就不是一個，而是四個了？更何況四大是物，物能生心嗎？這是違反中道只有一個的眞實正觀；四大的每一大都只有四分之一，不能代表整體的實相；縱使聚合爲一體時，也都是物而不是心，不可能出生有情的蘊處界，如何有中道可說？所以要說非常非無常的中道眞實正觀，唯有如來藏而不是四大。[131]

131《寶積經講記》：【依「眞實觀」察起來，「觀地種非常亦非無常；觀水火風種非常亦非無常」。能這樣的觀察，「是名中道眞實正觀」。爲什麼非常非無常呢？如是常的，那就應性常如一，而沒有四大可說。有四大差別，有四大作用的起滅增減，怎麼可說是常呢？如果說是無常，那堅性應可以化爲濕性……熱性也可以化爲濕性、堅性了。這樣，就不能說是界，界是『自性不失』的意義呢！所以，觀四大非常非無常，顯得四大是如幻假名，而沒有實性可得了。】（頁 103）

釋印順在《寶積經講記》這樣認爲：【常是一邊，無常是一邊，不落兩邊，是中道正觀；世俗人不著於常即著無常，現在從眞實去觀察，了得常與無常都不可得。】132

既然常是一邊，無常是一邊，就不可以把兩邊合爲一邊而說：「常就是無常」，這與無常之「常」不能混爲一談。把蘊處界認之爲常，除了把相續不斷稱爲常之外，還有把大期無常（世界之成住壞空）稱爲常，這種「常」依然是無常，不同於如來藏之常；經文所說常與無常不可得，是說轉依於如來藏才有此中道觀，不是意識處於不分別的境界而有此中道觀；意識再怎麼不分別，祂本身就是生滅之法，就是無常，不可以把意識的無常強說爲常，意識是會消失的。最近新聞報導女孩子不要隨便吃人家的金莎巧克力，如果

132《寶積經講記》：【所以者何？以常是一邊，無常是一邊；常無常是中無色無形無明無知，是名中道諸法實觀。在文句上，是承觀四界而來。而意義上，是總承蘊與界的觀察而來。這樣的觀非常非無常，爲什麼名爲中道眞實正觀呢？「以常是一邊，無常是一邊」；邊有偏邪非中非正的意思。即不落二邊，那當然是中道正觀了。不落二邊，這又是什麼意思呢？眾生心有戲論，於一切意象，一切言說，都是相對的，順世俗的，不著於常即著無常的。現在從眞實去觀察，了得常與無常都不可得。】（頁 103-104）

妳發覺醒來後無法記憶之前的一到四小時的事情，那妳有可能被下安眠藥了，應該趕快去醫院檢查看有沒有被性侵害。像這樣顯示意識會失去而一片空白的情況，可以證明意識肯定是無常而不是常。

眾生最愛的是自己的五陰，而對意識的貪愛最執著，不願捨離，誤以爲意識是永恆，所以對意識到底是常還是無常最關心；如果常與無常只在於時間或山河大地，那就不是有情切身的問題，不值得討論，更不值得放在佛法中討論。從這個觀點來看常與無常，就會發覺蘊處界的諸行無常才是正確的，把無常當作常只是方便說，譬如時間、山河大地乃至虛空說之爲常，都只是一時之有，其實都是無常。無常的相續不斷而說爲常，智者皆知本質仍舊是無常，這個爭議較少；至於說「常就是無常」那問題就大了，因爲牽涉到法界實相的問題，法界中的常就只有一個法，就是實相第八識如來藏；若把如來藏的常住說成無常，那眾生將永遠不會去尋找如來藏，就永遠無法獲得大乘見道，眞實的佛法就會變成想像的佛法，其過失非常大。釋印順之「常就是無常」，其目的無非在於否認如來藏之常；釋印順不相信有第七識、第八識[133]，所以他不相信有第八識之常住，沒有第八識之常，那麼意識之無常就是常了；然而這種思想是錯誤的，違反三法印之諸行無常。諸行是依蘊處界有情而說的，離開蘊處界有情即無諸行可說；諸行無妨在如來藏表面上生滅無常，而如來藏的中道義則是本來非常非無常，遠離兩邊。把意識當爲常就不可能無我，凡夫皆將以意識爲我故；把無常的意識計常、把無我的意識計我，不知意識無常即是苦，則將以苦計爲樂，以不淨計爲淨，有此四顛倒非唯不能證入如來藏智，連斷身見都不可能，釋印順因此而落入身見中，畢生只能當凡夫。

[133] 釋印順在《中觀論頌講記》中說：【但性空學者的意見，如無常有自性的，那就不成其爲無常了。因爲諸行是性空的諸行，所以無常性，無我性，無生性。佛說三法印，無不在性空中成立。說「無常是空初門」；解了諸行的無常，就能趣入性空了。但**有所得**的大乘學者，不知無性是自性空寂，想像有渾然無別的無性法，爲萬物的眞體，以無性法爲妙有的。反而忽略世諦的緣起假名，而以爲無端變化的一切法，不過是龜毛兔角；這是龍樹所破的

133 參考釋印順著，《佛法概論》，正聞出版社，2003.4 新版二刷，頁 109。

方廣道人。撥無世諦的因果，**強化了無性法的真實**，根本沒有正見無性空義。不知無性的遮遣有性，而執爲表詮的實有無性。所以，破斥說：不但有性的實體不可得，就是「無性」的實有「法」體，也不可得。這因爲，「一切法空」中，實有的有性與無性，這一切戲論，都是不可得的。】[134]

所謂性空學者即是如釋印順之人，竟然把無常當作有自性的，有自性當然就不成其爲無常了。

釋印順於《中觀論頌講記》說：【所以，苦諦是成立於無常的。如諸法決「定」有自「性」，無常義不得成立；「無」有「無常」，苦也就不得成了。】[135]

顯然無常就是沒有自性的。三法印並不在性空中成立，因爲：性空是依生滅的蘊處界而說的，蘊處界則非無因唯緣生——不是單憑父母與四大爲藉緣就能無因出生，而是依常住的如來藏爲因，才能藉父母與四大爲緣而生，故說蘊處界的性空是依如來藏而說的；釋印順不知這個道理，怎能理解性空學的眞義？性空者認爲一切法空，一切法空是斷滅見，一切法空之中無

134 釋印順著，《中觀論頌講記》，正聞出版社，1992.1 修訂一版，頁 234-235。

135 釋印順著，《中觀論頌講記》，正聞出版社，1992.1 修訂一版，頁 477。

三法印可得，也無緣起可得。無性空義講的是蘊處界萬法無自性之空義，不是沒有法體之空義；眞實如來藏是法體，有能生蘊處界……等萬法之空性，不是無性空，所以如來藏是常，不是無常；若說如來藏之常爲無常，則是佛門說法者最大的過失，令人永不見佛法的眞實義，應該愼之又愼！

釋印順在《攝大乘論講記》中說：【佛陀在其餘的經中，「有處說一切法」皆是「常」住的，「有處」又「說一切法皆是無常」，「有處」更「說一切法」是「非常非無常」的，這不同的說法，到底是「依何密意」而說的呢？】136

釋印順不知道這個密意就是如來藏，從如來藏的立場來說常、無常、非常非無常：如來藏是常，如來藏所生之蘊處界無常，但因如來藏常住，將蘊處界攝歸如來藏，故其所生之法也是「常」；萬法從如來藏所生所顯，雖有生滅而相續不斷，但全部攝歸於如來藏，故說爲常；然一切法本身卻是有生有滅故說爲無常，如來藏雖生諸法而祂從沒出生過，諸法滅盡而祂不滅，故說非常非無常即是如來藏之中道義。若離開了中道之如來藏，則常、無常、非常非無常都將無法解釋清楚，因此釋印順否認第八識，對佛法就永遠無法

136 釋印順著，《攝大乘論講記》，正聞出版社，1992.2 修訂一版，頁 284。

清楚明白，成爲糊塗的愚癡人，這是他相信藏傳佛教密宗應成派假中觀六識論的悲哀。

釋印順在《中觀論頌講記》說：【在「一切法」的畢竟性「空」中，「世間」是「常」，是無常，亦常亦無常，非常非無常「等」的諸「見」，都是錯誤的。如悟人法空，或了解依法性空而假名建立的世間，知道一切緣起是無自性的。無自性的緣起世間，有什麼常、無常可說！也自然不會有此等邪見。依假名緣起，通達緣起法性空，性空不壞緣起。】137

釋印順對常與無常、亦常亦無常、非常非無常的定義在這裡已經解釋得一塌糊塗了，他把蘊處界中有爲法的畢竟性空、一切法空、緣起無自性空用來解釋如來藏的中道義理，以生滅的有爲法去解釋不生滅的無爲法，解釋不通的結果變成「常、無常、亦常亦無常、非常非無常，都是錯誤的」，其實最大的錯誤是他把如來藏之常當作無常，結果使他的知見完全顛倒，整個佛法的勝妙法義都不見了。

137 釋印順著，《中觀論頌講記》，正聞出版社，1992.1 修訂一版，頁 564。

其實釋印順應該再恭讀《佛說無常經》：【大地及日月，時至皆歸盡，未曾有一事，不被無常吞。……外事莊彩咸歸壞，內身衰變亦同然；唯有勝法不滅亡，諸有智人應善察。】

這部經大家都知道是講無常的道理，但也有講如來藏之常：因爲「唯有勝法不滅亡」，所以有常、無常、亦常亦無常、非常非無常等一切諸法，這才是有益眾生的眞實佛法。釋印順說「常就是無常」，他的本意其實是要說緣起的無常就是常，所以認爲緣起就是整個佛法的核心，但這種說法是錯誤的。常住法能包含無常法，無常法不能包含常住法；常與無常是兩個不相同的法，就如同生與死是不相同的；若要說沒有生與死，這就牽涉到如來藏的甚深法義，從如來藏的立場來說才沒有生與死；但現象界就一定有生有死，不是沒有生死。從常住的如來藏來說，沒有常與無常；但蘊處界的現象卻是眞的無常，不可以把有爲法的現象界用誤會的無爲法來胡亂解釋。佛法的實證及勝義極爲嚴謹，法界不離事實，所以不可以顢頇地說常就是無常。

佛教正覺同修會〈修學佛道次第表〉

第一階段

＊以憶佛及拜佛方式修習動中定力。
＊學第一義佛法及禪法知見。
＊無相拜佛功夫成就。
＊具備一念相續功夫—動靜中皆能看話頭。
＊努力培植福德資糧，勤修三福淨業。

第二階段

＊參話頭，參公案。
＊開悟明心，一片悟境。
＊鍛鍊功夫求見佛性。
＊眼見佛性〈餘五根亦如是〉親見世界如幻，成就如幻觀。
＊學習禪門差別智。
＊深入第一義經典。
＊修除性障及隨分修學禪定。
＊修證十行位陽焰觀。

第三階段

＊學一切種智真實正理—楞伽經、解深密經、成唯識論…。
＊參究末後句。
＊解悟末後句。
＊透牢關—親自體驗所悟末後句境界，親見實相，無得無失。
＊救護一切眾生迴向正道。護持了義正法，修證十迴向位如夢觀。
＊發十無盡願，修習百法明門，親證猶如鏡像現觀。
＊修除五蓋，發起禪定。持一切善法戒。親證猶如光影現觀。
＊進修四禪八定、四無量心、五神通。進修大乘種智，求證猶如谷響現觀。

佛菩提二主要道次第概要表——二道並修，以外無別佛法

佛菩提道——大菩提道

十信位修集信心——一劫乃至一萬劫

資糧位（外門廣修六度萬行）

初住位修集布施功德（以財施爲主）。

二住位修集持戒功德。

三住位修集忍辱功德。

四住位修集精進功德。

五住位修集禪定功德。

六住位修集般若功德（熏習般若中觀及斷我見，加行位也）。

見道位（內門廣修六度萬行）

七住位明心般若正觀現前，親證本來自性清淨涅槃。

八住位起於一切法現觀般若中道。漸除性障。

十住位眼見佛性，世界如幻觀成就。

一至十行位，於廣行六度萬行中，依般若中道慧，現觀陰處界猶如陽焰，至第十行滿心位，陽焰觀成就。

一至十迴向位熏習一切種智；修除性障，唯留最後一分思惑不斷。第十迴向滿心位成就菩薩道如夢觀。

遠波羅蜜多

初地：第十迴向位滿心時，成就道種智一分（八識心王一一親證後，領受五法、三自性、七種第一義、七種性自性、二種無我法）復由勇發十無盡願，成通達位菩薩。復又永伏性障而不具斷，能證慧解脫而不取證，由大願故留惑潤生。此地主修法施波羅蜜多及百法明門。證「猶如鏡像」現觀，故滿初地心。

二地：初地功德滿足以後，再成就道種智一分而入二地；主修戒波羅蜜多及一切種智。滿心位成就「猶如光影」現觀，戒行自然清淨。

解脫道：二乘菩提

斷三縛結，成初果解脫 →

薄貪瞋癡，成二果解脫 →

斷五下分結，成三果解脫 →

入地前的四加行令煩惱障現行悉斷，成四果解脫，留惑潤生。分段生死已斷，煩惱障習氣種子開始斷除，兼斷無始無明上煩惱。

近波羅蜜多

修道位

三地：二地滿心再證道種智一分，故入三地。此地主修忍波羅蜜多及四禪八定、四無量心、五神通。能成就俱解脫果而不取證，留惑潤生。滿心位成就「猶如谷響」現觀及無漏妙定意生身。

四地：由三地再證道種智一分故入四地。主修精進波羅蜜多，於此土及他方世界廣度有緣，無有疲倦。進修一切種智，滿心位成就「如水中月」現觀。

五地：由四地再證道種智一分故入五地。主修禪定波羅蜜多及一切種智，斷除下乘涅槃貪。滿心位成就「變化所成」現觀。

六地：由五地再證道種智一分故入六地。此地主修般若波羅蜜多——依道種智現觀十二因緣一一有支及意生身化身，皆自心眞如變化所現，「非有似有」，成就細相觀，不由加行而自然證得滅盡定，成俱解脫大乘無學。

七地：由六地「非有似有」現觀，再證道種智一分故入七地。此地主修一切種智及方便波羅蜜多，由重觀十二有支一一支中之流轉門及還滅門一切細相，成就方便善巧，念念隨入滅盡定。滿心位證得「如犍闥婆城」現觀。

七地滿心斷除故意保留之最後一分思惑時，煩惱障所攝色、受、想三陰有漏習氣種子全部斷盡。

大波羅蜜多

八地：由七地極細相觀成就故再證道種智一分而入八地。此地主修一切種智及願波羅蜜多。至滿心位純無相觀任運恆起，故於相土自在，滿心位復證「如實覺知諸法相意生身」故。

九地：由八地再證道種智一分故入九地。主修力波羅蜜多及一切種智，成就四無礙，滿心位證得「種類俱生無行作意生身」。

十地：由九地再證道種智一分故入此地。此地主修一切種智——智波羅蜜多。滿心位起大法智雲，及現起大法智雲所含藏種種功德，成受職菩薩。

等覺：由十地道種智成就故入此地。此地應修一切種智，圓滿等覺地無生法忍；於百劫中修集極廣大福德，以之圓滿三十二大人相及無量隨形好。

煩惱障所攝行、識二陰無漏習氣種子任運漸斷，所知障所攝上煩惱任運漸斷。

圓滿波羅蜜多

究竟位

妙覺：示現受生人間已斷盡煩惱障一切習氣種子，並斷盡所知障一切隨眠，永斷變易生死無明，成就大般涅槃，四智圓明。人間捨壽後，報身常住色究竟天利樂十方地上菩薩；以諸化身利樂有情，永無盡期，成就究竟佛道。

斷盡變易生死
成就大般涅槃

圓滿成就究竟佛果

佛子蕭平實 謹製
（二〇〇九、〇二 修訂）
（二〇一二、〇二 增補）

佛教正覺同修會 共修現況 及 招生公告 2020/05/03

一、共修現況：（請在共修時間來電，以免無人接聽。）

台北正覺講堂 103 台北市承德路三段 277 號九樓 捷運淡水線圓山站旁 Tel..**總機** 02-25957295（晚上）（**分機：九樓**辦公室 10、11；知客櫃檯 12、13。 **十樓**知客櫃檯 15、16；書局櫃檯 14。 **五樓**辦公室 18；知客櫃檯 19。**二樓**辦公室 20；知客櫃檯 21。）
Fax..25954493

第一講堂 台北市承德路三段 277 號九樓

禪淨班：週一晚班、週三晚班、週四晚班、週五晚班、週六下午班、週六上午班（共修期間二年半，全程免費。皆須報名建立學籍後始可參加共修，欲報名者詳見本公告末頁。）

增上班：瑜伽師地論詳解：單週六晚班。雙週六晚班（重播班）。17.50～20.50。平實導師講解，2003 年 2 月開講至今，僅限已明心之會員參加。

禪門差別智：每月第一週日全天 平實導師主講（事冗暫停）。

不退轉法輪經詳解 本經所說妙法極爲甚深難解，時至末法，已然無有知者；而其甚深絕妙之法，流傳至今依舊多人可證，顯示佛法眞是義學而非玄談，其中甚深極妙令人拍案稱絕之第一義諦妙義。已於 2019 年元月底開講，由平實導師詳解。每逢週二晚上開講，第一至第六講堂都可同時聽聞，歡迎菩薩種性學人，攜眷共同參與此殊勝法會現場聞法，不限制聽講資格。本會學員憑上課證進入第一至第四講堂聽講，會外學人請以身分證件換證進入聽講（此爲大樓管理處安全管理規定之要求，敬請諒解）；第五及第六講堂（B1、B2）對外開放，不需出示任何證件，請由大樓側門直接進入。

第二講堂 台北市承德路三段 267 號十樓。

禪淨班：週一晚班。

進階班：週三晚班、週四晚班、週五晚班、週六早班、週六下午班。禪淨班結業後轉入共修。

不退轉法輪經詳解：平實導師講解。每週二 18.50~20.50 影像音聲即時傳輸

第三講堂 台北市承德路三段 277 號五樓。

禪淨班：週六下午班。

進階班：週一晚班、週三晚班、週四晚班、週五晚班。

不退轉法輪經詳解：平實導師講解。每週二 18.50~20.50 影像音聲即時傳輸

第四講堂 台北市承德路三段 267 號二樓。

進階班：週一晚班、週三晚班、週四晚班（禪淨班結業後轉入共修）。

不退轉法輪經詳解：平實導師講解。每週二 18.50~20.50 影像音聲即時傳輸

第五、第六講堂

念佛班 每週日晚上，第六講堂共修（B2），一切求生極樂世界的三寶

弟子皆可參加，不限制共修資格。

進階班：週一晚班、週三晚班、週四晚班。

不退轉法輪經詳解：平實導師講解。每週二 18.50~20.50 影像音聲即時傳輸。第五、第六講堂爲**開放式講堂**，不需以身分證件換證即可進入聽講，台北市承德路三段 267 號地下一樓、地下二樓。每逢週二晚上講經時段開放給會外人士自由聽經，請由大樓側面梯階逕行進入聽講。**聽講者請尊重講者的著作權及肖像權，請勿錄音錄影，以免違法；若有錄音錄影被查獲者，將依法處理。**

正覺祖師堂　大溪區美華里信義路 650 巷坑底 5 之 6 號（台 3 號省道 34 公里處　妙法寺對面斜坡道進入）電話 03-3886110　傳眞 03-3881692 本堂供奉 克勤圓悟大師，專供會員每年四月、十月各三次精進禪三共修，兼作本會出家菩薩掛單常住之用。開放參訪日期請參見本會公告。教內共修團體或道場，得另申請其餘時間作團體參訪，務請事先與常住確定日期，以便安排常住菩薩接引導覽，亦免妨礙常住菩薩之日常作息及修行。

桃園正覺講堂（第一、第二講堂）：桃園市介壽路 286、288 號 10 樓（陽明運動公園對面）電話：03-3749363（請於共修時聯繫，或與台北聯繫）

禪淨班：週一晚班（1）、週一晚班（2）、週三晚班、週四晚班、週五晚班。

進階班：週四晚班、週五晚班、週六上午班。

增上班：雙週六晚班（增上重播班）。

不退轉法輪經詳解：平實導師講解。每週二晚上，以台北正覺講堂所錄 DVD 放映；歡迎會外學人共同聽講，不需出示身分證件。

新竹正覺講堂　新竹市東光路 55 號二樓之一　電話 03-5724297（晚上）

第一講堂：

禪淨班：週五晚班。

進階班：週三晚班、週四晚班、週六上午班（由禪淨班結業後轉入共修）。

增上班：單週六晚班。雙週六晚班（重播班）。

不退轉法輪經詳解：平實導師講解。每週二晚上，以台北正覺講堂所錄 DVD 放映。歡迎會外學人共同聽講，不需出示身分證件。

第二講堂：

禪淨班：週一晚班、週三晚班、週四晚班、週六上午班。

不退轉法輪經詳解：每週二晚上與第一講堂同步播放講經 DVD。

第三、第四講堂：裝修完畢，即將開放。

台中正覺講堂　04-23816090（晚上）

第一講堂　台中市南屯區五權西路二段 666 號 13 樓之四（國泰世華銀行樓上。鄰近縣市經第一高速公路前來者，由五權西路交流道可以快速到達，大樓旁有停車場，對面有素食館）。

禪淨班：週四晚班、週五晚班。

進階班：週一晚班、週三晚班、週六上午班（由禪淨班結業後轉入共修）。

增上班：單週六晚班。雙週六晚班（重播班）。

不退轉法輪經詳解：平實導師講解。每週二晚上，以台北正覺講堂所錄 DVD 放映。歡迎會外學人共同聽講，不需出示身分證件。

第二講堂　台中市南屯區五權西路二段 666 號 4 樓

禪淨班：週一晚班、週三晚班。

第三講堂台中市南屯區五權西路二段 666 號 4 樓

禪淨班：週一晚班。

第四講堂台中市南屯區五權西路二段 666 號 4 樓。

進階班：週一晚班、週四晚班、週六上午班（由禪淨班結業後轉入共修）。

不退轉法輪經詳解：每週二晚上與第一講堂同步播放講經 DVD。

嘉義正覺講堂　嘉義市友愛路 288 號八樓之一　電話：05-2318228

第一講堂：

禪淨班：週四晚班、週五晚班、週六上午班。

進階班：週一晚班、週三晚班（由禪淨班結業後轉入共修）。

增上班：單週六晚班。雙週六晚班（重播班）。

不退轉法輪經詳解：平實導師講解。每週二晚上，以台北正覺講堂所錄 DVD 放映。歡迎會外學人共同聽講，不需出示身分證件。

第二講堂　嘉義市友愛路 288 號八樓之二。

第三講堂　嘉義市友愛路 288 號四樓之七。

禪淨班：週一晚班、週三晚班。

台南正覺講堂

第一講堂　台南市西門路四段 15 號 4 樓。06-2820541（晚上）

禪淨班：週一晚班、週三晚班、週四晚班、週五晚班、週六下午班。

增上班：單週六晚班。雙週六晚班（重播班）。

第二講堂　台南市西門路四段 15 號 3 樓。

不退轉法輪經詳解：每週二晚上與第三講堂同步播放講經 DVD。

第三講堂　台南市西門路四段 15 號 3 樓。

進階班：週一晚班、週三晚班、週四晚班、週五晚班（由禪淨班結業後轉入共修）。

不退轉法輪經詳解：平實導師講解。每週二晚上，以台北正覺講堂所錄 DVD 放映。歡迎會外學人共同聽講，不需出示身分證件。。

高雄正覺講堂　高雄市新興區中正三路 45 號五樓 07-2234248（晚上）

第一講堂（五樓）：

禪淨班：週一晚班、週三晚班、週四晚班、週五晚班、週六上午班。

增上班：單週六晚班。雙週六晚班（重播班）。

不退轉法輪經詳解：平實導師講解。每週二晚上，以台北正覺講堂所錄 DVD 放映。歡迎會外學人共同聽講，不需出示身分證件。

第二講堂（四樓）：

進階班：週三晚班、週四晚班、週六上午班（由禪淨班結業後轉入共修）。

不退轉法輪經詳解：每週二晚上與第一講堂同步播放講經 DVD。

第三講堂（三樓）：

進階班：週四晚班（由禪淨班結業後轉入共修）。

香港正覺講堂

九龍觀塘，成業街 10 號，電訊一代廣場 27 樓 E 室。

（觀塘地鐵站 B1 出口，步行約 4 分鐘）。電話：(852) 23262231

英文地址：Unit E，27th Floor, TG Place, 10 Shing Yip Street, Kwun Tong, Kowloon

禪淨班：雙週六下午班、雙週日下午班、單週六下午班、單週日下午班

進階班：雙週五晚上班、雙週日早上班（由禪淨班結業後轉入共修）。

增上班：每月第一週週日，以台北增上班課程錄成 DVD 放映之。

增上重播班：每月第一週週六，以台北增上班課程錄成 DVD 放映之。

大法鼓經詳解：平實導師講解。每週六、日 19:00～21:00，以台北正覺講堂所錄 DVD 放映；歡迎會外學人共同聽講，不需出示身分證件。

美國洛杉磯正覺講堂　☆已遷移新址☆

825 S. Lemon Ave Diamond Bar, CA 91789 U.S.A.

Tel. (909) 595-5222（請於週六 9:00~18:00 之間聯繫）

Cell. (626) 454-0607

禪淨班：每逢週末 16：00~18：00 上課。

進階班：每逢週末上午 10：00~12：00 上課。

不退轉法輪經詳解：平實導師講解。每週六下午 13：30~15：30 以台北所錄 DVD 放映。歡迎各界人士共享第一義諦無上法益，不需報名。

二、招生公告　**本會台北講堂及全省各講堂、香港講堂，每逢四月、十月下旬開新班，每週共修一次**（每次二小時。開課日起三個月內仍可插班）；**但美國洛杉磯共修處之禪淨班得隨時插班共修。各班共修期間皆為二年半，全程免費，欲參加者請向本會函索報名表**（各共修處皆於共修時間方有人執事，非共修時間請勿電詢或前來洽詢、請書），**或直接從本會官方網站**(http://www.enlighten.org.tw/newsflash/class)**或成**

佛之道網站下載報名表。共修期滿時，若經報名禪三審核通過者，可參加四天三夜之禪三精進共修，有機會明心、取證如來藏，發起般若實相智慧，成爲實義菩薩，脫離凡夫菩薩位。

三、新春禮佛祈福 農曆年假期間停止共修：自農曆新年前七天起停止共修與弘法，正月 8 日起回復共修、弘法事務。新春期間正月初一～初七 9.00～17.00 開放台北講堂、正月初一~初三開放新竹、台中、嘉義、台南、高雄講堂，以及大溪禪三道場（正覺祖師堂），方便會員供佛、祈福及會外人士請書。美國洛杉磯共修處之休假時間，請逕詢該共修處。

密宗四大派修雙身法，是外道性力派的邪法；又以生滅的識陰作為常住法，是常見外道，是假的藏傳佛教。

西藏覺囊巴以他空見弘揚第八識如來藏勝法，才是真藏傳佛教

佛教正覺同修會　弘法行事表

2019/02/18

1、**禪淨班**　以無相念佛及拜佛方式修習動中定力，實證一心不亂功夫。傳授解脫道正理及第一義諦佛法，以及參禪知見。共修期間：二年六個月。每逢四月、十月開新班，詳見招生公告表。

2、**進階班**　禪淨班畢業後得轉入此班，進修更深入的佛法，期能證悟明心。各地講堂各有多班，繼續深入佛法、增長定力，悟後得轉入增上班修學道種智，期能證得無生法忍。

3、**增上班 瑜伽師地論**詳解　詳解論中所言凡夫地至佛地等 17 師之修證境界與理論，從凡夫地、聲聞地……宣演到諸地所證無生法忍、一切種智之眞實正理。由平實導師開講，每逢一、三、五週之週末晚上開示，僅限已明心之會員參加。2003 年二月開講至今，預定 2019 年講畢。

4、**不退轉法輪經**詳解　本經所說妙法極爲甚深難解，時至末法，已然無有知者；而其甚深絕妙之法，流傳至今依舊多人可證，顯示佛法眞是義學而非玄談，其中甚深極妙令人拍案稱絕之第一義諦妙義。已於 2019 年元月底開講，由平實導師詳解。不限制聽講資格。

5、**精進禪三**　主三和尚：平實導師。於四天三夜中，以克勤圓悟大師及大慧宗杲之禪風，施設機鋒與小參、公案密意之開示，幫助會員剋期取證，親證不生不滅之眞實心——人人本有之如來藏。每年四月、十月各舉辦三個梯次；平實導師主持。僅限本會會員參加禪淨班共修期滿，報名審核通過者，方可參加。並選擇會中定力、慧力、福德三條件皆已具足之已明心會員，給以指引，令得眼見自己無形無相之佛性遍佈山河大地，眞實而無障礙，得以肉眼現觀世界身心悉皆如幻，具足成就如幻觀，圓滿十住菩薩之證境。

6、**阿含經**詳解　選擇重要之阿含部經典，依無餘涅槃之實際而加以詳解，令大眾得以現觀諸法緣起性空，亦復不墮斷滅見中，顯示經中所隱說之涅槃實際—如來藏—確實已於四阿含中隱說；令大眾得以聞後觀行，確實斷除我見乃至我執，證得**見到**眞現觀，乃至**身證**……等眞現觀；已得大乘或二乘見道者，亦可由此聞熏及聞後之觀行，除斷我所之貪著，成就慧解脫果。由平實導師詳解。不限制聽講資格。

7、**解深密經**詳解　重講本經之目的，在於令諸已悟之人明解大乘法道之成佛次第，以及悟後進修一切種智之內涵，確實證知三種自性性，並得據此證解七眞如、十眞如等正理。每逢週二 18.50~20.50 開示，由平實導師詳解。將於《**不退轉法輪經**》講畢後開講。不限制聽講資格。

8、**成唯識論**詳解　詳解一切種智眞實正理，詳細剖析一切種智之微細深妙廣大正理；並加以舉例說明，使已悟之會員深入體驗所證如來藏之微密行相；及證驗見分相分與所生一切法，皆由如來藏—阿賴耶識—直接或展轉而生，因此證知一切法無我，證知無餘涅槃之本際。將於增上班《瑜伽師地論》講畢後，由平實導師重講。僅限已明心之會員參加。

9、**精選如來藏系經典**詳解　精選如來藏系經典一部，詳細解說，以此完全印證會員所悟如來藏之眞實，得入不退轉住。另行擇期詳細解說之，由平實導師講解。僅限已明心之會員參加。

10、**禪門差別智**　藉禪宗公案之微細淆訛難知難解之處，加以宣說及剖析，以增進明心、見性之功德，啓發差別智，建立擇法眼。每月第一週日全天，由平實導師開示，僅限破參明心後，復又眼見佛性者參加（事冗暫停）。

11、**枯木禪**　先講智者大師的《小止觀》，後說《釋禪波羅蜜》，詳解四禪八定之修證理論與實修方法，細述一般學人修定之邪見與岔路，及對禪定證境之誤會，消除枉用功夫、浪費生命之現象。已悟般若者，可以藉此而實修初禪，進入大乘通教及聲聞教的三果心解脫境界，配合應有的大福德及後得無分別智、十無盡願，即可進入初地心中。親教師：平實導師。未來緣熟時將於正覺寺開講。不限制聽講資格。

註：本會例行年假，自 2004 年起，改爲每年農曆新年前七天開始停息弘法事務及共修課程，農曆正月 8 日回復所有共修及弘法事務。新春期間（每日 9.00~17.00）開放台北講堂，方便會員禮佛祈福及會外人士請書。大溪區的正覺祖師堂，開放參訪時間，詳見〈正覺電子報〉或成佛之道網站。本表得因時節因緣需要而隨時修改之，不另作通知。

佛教正覺同修會　贈閱書籍 目錄　2018/10/20

1.**無相念佛**　平實導師著　回郵 36 元
2.**念佛三昧修學次第**　平實導師述著　回郵 52 元
3.**正法眼藏—護法集**　平實導師述著　回郵 76 元
4.**真假開悟簡易辨正法&佛子之省思**　平實導師著　回郵 26 元
5.**生命實相之辨正**　平實導師著　回郵 31 元
6.**如何契入念佛法門**（附：印順法師否定極樂世界）平實導師著　回郵 26 元
7.**平實書箋**—答元覽居士書　平實導師著　回郵 52 元
8.**三乘唯識**—如來藏系經律彙編　平實導師編　回郵 80 元
（精裝本　長 27 cm　寬 21 cm　高 7.5 cm　重 2.8 公斤）
9.**三時繫念全集**—修正本　回郵掛號 52 元（長 26.5 cm×寬 19 cm）
10.**明心與初地**　平實導師述　回郵 31 元
11.**邪見與佛法**　平實導師述著　回郵 36 元
12.**甘露法雨**　平實導師述　回郵 36 元
13.**我與無我**　平實導師述　回郵 36 元
14.**學佛之心態**—修正錯誤之學佛心態始能與正法相應　孫正德老師著　回郵52元
附錄：平實導師著**《略說八、九識並存…等之過失》**
15.**大乘無我觀**—《悟前與悟後》別說　平實導師述著　回郵 36 元
16.**佛教之危機**—中國台灣地區現代佛教之真相（附錄：公案拈提六則）
平實導師著　回郵 52 元
17.**燈　影**—燈下黑（覆「求教後學」來函等）　平實導師著　回郵 76 元
18.**護法與毀法**—覆上平居士與徐恒志居士網站毀法二文
張正圜老師著　回郵 76 元
19.**淨土聖道**—兼評選擇本願念佛　正德老師著　**由正覺同修會購贈**　回郵 52 元
20.**辨唯識性相**—對「紫蓮心海《辯唯識性相》書中否定阿賴耶識」之回應
正覺同修會 台南共修處法義組 著　回郵 52 元
21.**假如來藏**—對法蓮法師《如來藏與阿賴耶識》書中否定阿賴耶識之回應
正覺同修會 台南共修處法義組 著　回郵 76 元
22.**入不二門**—公案拈提集錦 第一輯（於平實導師公案拈提諸書中選錄約二十則，
合輯爲一冊流通之）平實導師著　回郵 52 元
23.**真假邪說**—西藏密宗索達吉喇嘛《破除邪說論》真是邪說
釋正安法師著　上、下冊回郵各 52 元
24.**真假開悟**—真如、如來藏、阿賴耶識間之關係　平實導師述著　回郵 76 元
25.**真假禪和**—辨正釋傳聖之謗法謬說　孫正德老師著　回郵 76 元
26.**眼見佛性**—駁慧廣法師眼見佛性的含義文中謬說

游正光老師著　回郵52元

27.**普門自在**—公案拈提集錦 第二輯（於平實導師公案拈提諸書中選錄約二十則，合輯爲一冊流通之）平實導師著　回郵52元

28.**印順法師的悲哀**—以現代禪的質疑為線索　恒毓博士著　回郵52元

29.**識蘊真義**—現觀識蘊內涵、取證初果、親斷三縛結之具體行門。—依《成唯識論》及《惟識述記》正義，略顯安慧《大乘廣五蘊論》之邪謬　平實導師著　回郵76元

30.**正覺電子報**　各期紙版本　免附回郵　每次最多函索三期或三本。（已無存書之較早各期，不另增印贈閱）

31.**現代人應有的宗教觀**　蔡正禮老師 著　回郵31元

32.**遠惑趣道**—正覺電子報般若信箱問答錄　第一輯　回郵52元

33.**遠惑趣道**—正覺電子報般若信箱問答錄　第二輯　回郵52元

34.**確保您的權益**—器官捐贈應注意自我保護　游正光老師 著　回郵31元

35.**正覺教團電視弘法三乘菩提 DVD 光碟（一）**

由正覺教團多位親教師共同講述錄製 DVD 8 片，MP3 一片，共 9 片。有二大講題：一爲「三乘菩提之意涵」，二爲「學佛的正知見」。內容精闢，深入淺出，精彩絕倫，幫助大眾快速建立三乘法道的正知見，免被外道邪見所誤導。有志修學三乘佛法之學人不可不看。（製作工本費 100 元，回郵 52 元）

36.**正覺教團電視弘法 DVD 專輯（二）**

總有二大講題：一爲「三乘菩提之念佛法門」，一爲「學佛正知見（第二篇）」，由正覺教團多位親教師輪番講述，內容詳細闡述如何修學念佛法門、實證念佛三昧，以及學佛應具有的正確知見，可以幫助發願往生西方極樂淨土之學人，得以把握往生，更可令學人快速建立三乘法道的正知見，免於被外道邪見所誤導。有志修學三乘佛法之學人不可不看。（一套 17 片，工本費 160 元。回郵 76 元）

37.**喇嘛性世界**—揭開假藏傳佛教譚崔瑜伽的面紗　張善思 等人合著　由正覺同修會購贈　回郵52元

38.**假藏傳佛教的神話**—性、謊言、喇嘛教　張正玄教授編著　由正覺同修會購贈　回郵52元

39.**隨　緣**—理隨緣與事隨緣　平實導師述　回郵52元。

40.**學佛的覺醒**　正枝居士 著　回郵52元

41.**導師之真實義**　蔡正禮老師 著　回郵31元

42.**淺談達賴喇嘛之雙身法**—兼論解讀「密續」之達文西密碼　吳明芷居士 著　回郵31元

43.**魔界轉世**　張正玄居士 著　回郵31元

44.**一貫道與開悟**　蔡正禮老師 著　回郵31元

45.**博愛**—愛盡天下女人　正覺教育基金會 編印　回郵36元

46.**意識虛妄經教彙編**—實證解脫道的關鍵經文　正覺同修會編印　回郵36元

47.**邪箭囈語**—破斥藏密外道多識仁波切《破魔金剛箭雨論》之邪說
陸正元老師著　上、下冊回郵各 52 元

48.**真假沙門**—依 佛聖教闡釋佛教僧寶之定義
蔡正禮老師著　俟正覺電子報連載後結集出版

49.**真假禪宗**—藉評論釋性廣《印順導師對變質禪法之批判及對禪宗之肯定》以顯示真假禪宗
附論一：凡夫知見 無助於佛法之信解行證
附論二：世間與出世間一切法皆從如來藏實際而生而顯
余正偉老師著　俟正覺電子報連載後結集出版　回郵未定

★ 上列贈書之郵資，係台灣本島地區郵資，大陸、港、澳地區及外國地區，請另計酌增（大陸、港、澳、國外地區之郵票不許通用）。尚未出版之書，請勿先寄來郵資，以免增加作業煩擾。

★ 本目錄若有變動，唯於後印之書籍及「成佛之道」網站上修正公佈之，不另行個別通知。

函索書籍請寄：佛教正覺同修會　103 台北市承德路 3 段 277 號 9 樓
台灣地區函索書籍者請附寄郵票，無時間購買郵票者可以等值現金抵用，但不接受郵政劃撥、支票、匯票。大陸地區得以人民幣計算，國外地區請以美元計算（請勿寄來當地郵票，在台灣地區不能使用）。欲以掛號寄遞者，請另附掛號郵資。

親自索閱：正覺同修會各共修處。　★請於共修時間前往取書，餘時無人在道場，請勿前往索取；共修時間與地點，詳見書末正覺同修會共修現況表（以近期之共修現況表爲準）。

註：正智出版社發售之局版書，請向各大書局購閱。若書局之書架上已經售出而無陳列者，請向書局櫃台指定洽購；若書局不便代購者，請於正覺同修會共修時間前往各共修處請購，正智出版社已派人於共修時間送書前往各共修處流通。 郵政劃撥購書及 大陸地區 購書，請詳別頁正智出版社發售書籍目錄最後頁之說明。

成佛之道 網站：http://www.a202.idv.tw　正覺同修會已出版之結緣書籍，多已登載於 成佛之道 網站，若住外國、或住處遙遠，不便取得正覺同修會贈閱書籍者，可以從本網站閱讀及下載。　書局版之《宗通與說通》亦已上網，台灣讀者可向書局洽購，售價 300 元。《狂密與眞密》第一輯~第四輯，亦於 2003.5.1.全部於本網站登載完畢；台灣地區讀者請向書局洽購，每輯約 400 頁，售價 300 元（網站下載紙張費用較貴，容易散失，難以保存，亦較不精美）。

＊＊假藏傳佛教修雙身法，非佛教＊＊

正智出版社 籌募弘法基金發售書籍目錄 2020/07/13

1.**宗門正眼**—公案拈提 第一輯 重拈 平實導師著 500 元

因重寫內容大幅度增加故，字體必須改小，並增爲 576 頁 主文 546 頁。比初版更精彩、更有內容。初版《禪門摩尼寶聚》之讀者，可寄回本公司免費調換新版書。免附回郵，亦無截止期限。（2007 年起，每冊附贈本公司精製公案拈提〈超意境〉CD 一片。市售價格 280 元，多購多贈。）

2.**禪淨圓融** 平實導師著 200 元（第一版舊書可換新版書。）

3.**真實如來藏** 平實導師著 400 元

4.**禪—悟前與悟後** 平實導師著 上、下冊，每冊 250 元

5.**宗門法眼**—公案拈提 第二輯 平實導師著 500 元
（2007 年起，每冊附贈本公司精製公案拈提〈超意境〉CD 一片）

6.**楞伽經詳解** 平實導師著 全套共 10 輯 每輯 250 元

7.**宗門道眼**—公案拈提 第三輯 平實導師著 500 元
（2007 年起，每冊附贈本公司精製公案拈提〈超意境〉CD 一片）

8.**宗門血脈**—公案拈提 第四輯 平實導師著 500 元
（2007 年起，每冊附贈本公司精製公案拈提〈超意境〉CD 一片）

9.**宗通與說通**—成佛之道 平實導師著 主文 381 頁 全書 400 頁售價 300 元

10.**宗門正道**—公案拈提 第五輯 平實導師著 500 元
（2007 年起，每冊附贈本公司精製公案拈提〈超意境〉CD 一片）

11.**狂密與真密 一～四輯** 平實導師著 西藏密宗是人間最邪淫的宗教，本質不是佛教，只是披著佛教外衣的印度教性力派流毒的喇嘛教。此書中將西藏密宗密傳之男女雙身合修樂空雙運所有祕密與修法，毫無保留完全公開，並將全部喇嘛們所不知道的部分也一併公開。內容比大辣出版社喧騰一時的《西藏慾經》更詳細。並且函蓋藏密的所有祕密及其錯誤的中觀見、如來藏見……等，藏密的所有法義都在書中詳述、分析、辨正。每輯主文三百餘頁 每輯全書約 400 頁 售價每輯 300 元

12.**宗門正義**—公案拈提 第六輯 平實導師著 500 元
（2007 年起，每冊附贈本公司精製公案拈提〈超意境〉CD 一片）

13.**心經密意**—心經與解脫道、佛菩提道、祖師公案之關係與密意 平實導師述 300 元

14.**宗門密意**—公案拈提 第七輯 平實導師著 500 元
（2007 年起，每冊附贈本公司精製公案拈提〈超意境〉CD 一片）

15.**淨土聖道**—兼評「選擇本願念佛」 正德老師著 200 元

16.**起信論講記** 平實導師述著 共六輯 每輯三百餘頁 售價各 250 元

17.**優婆塞戒經講記** 平實導師述著 共八輯 每輯三百餘頁 售價各 250 元

18.**真假活佛**—略論附佛外道盧勝彥之邪說（對前岳靈犀網站主張「盧勝彥是證悟者」之修正） 正犀居士（岳靈犀）著 流通價 140 元

19.**阿含正義**—唯識學探源 平實導師著 共七輯 每輯 300 元

20.**超意境** CD 以平實導師公案拈提書中超越意境之頌詞，加上曲風優美的旋律，錄成令人嚮往的超意境歌曲，其中包括正覺發願文及平實導師親自譜成的黃梅調歌曲一首。詞曲雋永，殊堪翫味，可供學禪者吟詠，有助於見道。內附設計精美的彩色小冊，解說每一首詞的背景本事。每片 280 元。【每購買公案拈提書籍一冊，即贈送一片。】

21.**菩薩底憂鬱** CD 將菩薩情懷及禪宗公案寫成新詞，並製作成超越意境的優美歌曲。1.主題曲〈菩薩底憂鬱〉，描述地後菩薩能離三界生死而迴向繼續生在人間，但因尚未斷盡習氣種子而有極深沈之憂鬱，非三賢位菩薩及二乘聖者所知，此憂鬱在七地滿心位方才斷盡；本曲之詞中所說義理極深，昔來所未曾見；此曲係以優美的情歌風格寫詞及作曲，聞者得以激發嚮往諸地菩薩境界之大心，詞、曲都非常優美，難得一見；其中勝妙義理之解說，已印在附贈之彩色小冊中。2.以各輯公案拈提中直示禪門入處之頌文，作成各種不同曲風之超意境歌曲，值得玩味、參究；聆聽公案拈提之優美歌曲時，請同時閱讀內附之印刷精美說明小冊，可以領會超越三界的證悟境界；未悟者可以因此引發求悟之意向及疑情，眞發菩提心而邁向求悟之途，乃至因此眞實悟入般若，成眞菩薩。3.正覺總持咒新曲，總持佛法大意；總持咒之義理，已加以解說並印在隨附之小冊中。本 CD 共有十首歌曲，長達 63 分鐘。每盒各附贈二張購書優惠券。每片 280 元。

22.**禪意無限** CD 平實導師以公案拈提書中偈頌寫成不同風格曲子，與他人所寫不同風格曲子共同錄製出版，幫助參禪人進入禪門超越意識之境界。盒中附贈彩色印製的精美解說小冊，以供聆聽時閱讀，令參禪人得以發起參禪之疑情，即有機會證悟本來面目而發起實相智慧，實證大乘菩提般若，能如實證知般若經中的眞實意。本 CD 共有十首歌曲，長達 69 分鐘，每盒各附贈二張購書優惠券。每片 280 元。

23.**我的菩提路**第一輯　釋悟圓、釋善藏等人合著　售價 300 元

24.**我的菩提路**第二輯　郭正益等人合著　售價 300 元（停售，俟改版後另行發售）

25.**我的菩提路**第三輯　王美伶等人合著　售價 300 元

26.**我的菩提路**第四輯　陳晏平等人合著　售價 300 元

27.**我的菩提路**第五輯　林慈慧等人合著　售價 300 元

28.**我的菩提路**第六輯　劉惠莉等人合著　售價 300 元

29.**鈍鳥與靈龜**—考證後代凡夫對大慧宗杲禪師的無根誹謗。

平實導師著 共 458 頁 售價 350 元

30.**維摩詰經講記** 平實導師述 共六輯 每輯三百餘頁 售價各 250 元

31.**真假外道**—破劉東亮、杜大威、釋證嚴常見外道見 正光老師著 200 元

32.**勝鬘經講記**—兼論印順《勝鬘經講記》對於《勝鬘經》之誤解。

平實導師述　共六輯　每輯三百餘頁　售價 250 元

33.**楞嚴經講記** 平實導師述 共**15**輯，每輯三百餘頁 售價300元
34.**明心與眼見佛性**—駁慧廣〈蕭氏「眼見佛性」與「明心」之非〉文中謬說
正光老師著 共448頁 售價300元
35.**見性與看話頭** 黃正倖老師 著，本書是禪宗參禪的方法論。
內文375頁，全書416頁，售價300元。
36.**達賴真面目**—玩盡天下女人 白正偉老師 等著 中英對照彩色精裝大本 800元
37.**喇嘛性世界**—揭開假藏傳佛教譚崔瑜伽的面紗 張善思 等人著 200元
38.**假藏傳佛教的神話**—性、謊言、喇嘛教 正玄教授編著 200元
39.**金剛經宗通** 平實導師述 共九輯 每輯售價250元。
40.**空行母**—性別、身分定位，以及藏傳佛教。
珍妮·坎貝爾著 呂艾倫 中譯 售價250元
41.**末代達賴**—性交教主的悲歌 張善思、呂艾倫、辛燕編著 售價250元
42.**霧峰無霧**—給哥哥的信 辨正釋印順對佛法的無量誤解
游宗明 老師著 售價250元
43.**霧峰無霧**—第二輯—救護佛子向正道 細說釋印順對佛法的各類誤解
游宗明 老師著 售價250元
44.**第七意識與第八意識？**—穿越時空「超意識」
平實導師述 每冊300元
45.**黯淡的達賴**—失去光彩的諾貝爾和平獎
正覺教育基金會編著 每冊250元
46.**童女迦葉考**—論呂凱文〈佛教輪迴思想的論述分析〉之謬。
平實導師 著 定價180元
47.**人間佛教**—實證者必定不悖三乘菩提
平實導師 述，定價400元
48.**實相經宗通** 平實導師述 共八輯 每輯250元
49.**真心告訴您(一)**—達賴喇嘛在幹什麼？
正覺教育基金會編著 售價250元
50.**中觀金鑑**—詳述應成派中觀的起源與其破法本質
孫正德老師著 分爲上、中、下三冊，每冊250元
51.**藏傳佛教要義**—《狂密與真密》之簡體字版 平實導師 著 上、下冊
僅在大陸流通 每冊300元
52.**法華經講義** 平實導師述 共二十五輯 每輯300元
已於2015/05/31起開始出版，每二個月出版一輯
53.**西藏「活佛轉世」制度**—附佛、造神、世俗法
許正豐、張正玄老師合著 定價150元
54.**廣論三部曲** 郭正益老師著 定價150元
55.**真心告訴您(二)**—達賴喇嘛是佛教僧侶嗎？
—補祝達賴喇嘛八十大壽
正覺教育基金會編著 售價300元

56.**次法**—實證佛法前應有的條件
張善思居士著　分為上、下二冊，每冊 250 元
57.**涅槃**—解說四種涅槃之實證及內涵　平實導師著 上、下冊 各 350 元
58.**山法**—西藏關於他空與佛藏之根本論
篤補巴‧喜饒堅贊著　　傑弗里‧霍普金斯英譯
張火慶教授、張志成、呂艾倫等中譯　精裝大本 1200 元
59.**假鋒虛焰金剛乘**—揭示顯密正理，兼破索達吉師徒《般若鋒兮金剛焰》
釋正安法師著 簡體字版 即將出版 售價未定
60.**廣論之平議**—宗喀巴《菩提道次第廣論》之平議　正雄居士著
約二或三輯　俟正覺電子報連載後結集出版　書價未定
61.**菩薩學處**—菩薩四攝六度之要義　陸正元老師著　出版日期未定。
62.**八識規矩頌**詳解　○○居士 註解　出版日期另訂　書價未定。
63.**印度佛教史**—法義與考證。依法義史實評論印順《印度佛教思想史、佛教史地考論》之謬說　正偉老師著　出版日期未定　書價未定
64.**中國佛教史**—依中國佛教正法史實而論。 ○○老師 著　書價未定。
65.**中論正義**—釋龍樹菩薩《中論》頌正理。
孫正德老師著　出版日期未定　書價未定
66.**中觀正義**—註解平實導師《中論正義頌》。
○○法師（居士）著　出版日期未定　書價未定
67.**佛藏經講記**　平實導師述　已於 2019 年 7 月 31 日出版　共 21 輯，每二個月出版一輯，每輯 300 元。
68.**阿含經講記**—將選錄四阿含中數部重要經典全經講解之，講後整理出版。
平實導師述　約二輯　每輯 300 元　出版日期未定
69.**寶積經講記**　平實導師述　每輯三百餘頁 優惠價 300 元　出版日期未定
70.**解深密經講記**　平實導師述 約四輯　將於重講後整理出版
71.**成唯識論略解**　平實導師著　五～六輯　每輯300 元　出版日期未定
72.**修習止觀坐禪法要講記**　平實導師述　每輯三百餘頁
將於正覺寺建成後重講、以講記逐輯出版　出版日期未定
73.**無門關**—《無門關》公案拈提　平實導師著　出版日期未定
74.**中觀再論**—兼述印順《中觀今論》謬誤之平議。正光老師著 出版日期未定
75.**輪迴與超度**—佛教超度法會之真義。
○○法師（居士）著　出版日期未定　書價未定
76.**《釋摩訶衍論》平議**—對偽稱龍樹所造《釋摩訶衍論》之平議
○○法師（居士）著　出版日期未定　書價未定
77.**正覺發願文**註解—以真實大願為因 得證菩提
正德老師著　出版日期未定　書價未定
78.**正覺總持咒**—佛法之總持　正圜老師著　出版日期未定　書價未定
79.**三自性**—依四食、五蘊、十二因緣、十八界法，說三性三無性。
作者未定　出版日期未定

80.**道品**—從三自性說大小乘三十七道品　作者未定　出版日期未定
81.**大乘緣起觀**—依四聖諦七真如現觀十二緣起 作者未定　出版日期未定
82.**三德**—論解脫德、法身德、般若德。　作者未定　出版日期未定
83.**真假如來藏**—對印順《如來藏之研究》謬說之平議　作者未定 出版日期未定
84.**大乘道次第**　作者未定　出版日期未定　書價未定
85.**四緣**—依如來藏故有四緣。　作者未定　出版日期未定
86.**空之探究**—印順《空之探究》謬誤之平議　作者未定 出版日期未定
87.**十法義**—論阿含經中十法之正義　作者未定　出版日期未定
88.**外道見**—論述外道六十二見　作者未定　出版日期未定

正智出版社有限公司書籍介紹

禪淨圓融：言淨土諸祖所未曾言，示諸宗祖師所未曾示；禪淨圓融，另闢成佛捷徑，兼顧自力他力，闡釋淨土門之速行易行道，亦同時揭櫫聖教門之速行易行道；令廣大淨土行者得免緩行難證之苦，亦令聖道門行者得以藉著淨土速行道而加快成佛之時劫。乃前無古人之超勝見地，非一般弘揚禪淨法門典籍也，先讀爲快。平實導師著200元。

宗門正眼—**公案拈提**第一輯：繼承克勤圜悟大師碧巖錄宗旨之禪門鉅作。先則舉示當代大法師之邪說，消弭當代禪門大師鄉愿之心態，摧破當今禪門「世俗禪」之妄談；次則旁通教法，表顯宗門正理；繼以道之次第，消弭古今狂禪；後藉言語及文字機鋒，直示宗門入處。悲智雙運，禪味十足，數百年來難得一睹之禪門鉅著也。平實導師著　500元（原初版書《禪門摩尼寶聚》，改版後補充爲五百餘頁新書，總計多達二十四萬字，內容更精彩，並改名爲《宗門正眼》，讀者原購初版《禪門摩尼寶聚》皆可寄回本公司免費換新，免附回郵，亦無截止期限）（2007年起，凡購買公案拈提第一輯至第七輯，每購一輯皆贈送本公司精製公案拈提〈超意境〉CD一片，市售價格280元，多購多贈）。

禪—悟前與悟後：本書能建立學人悟道之信心與正確知見，圓滿具足而有次第地詳述禪悟之功夫與禪悟之內容，指陳參禪中細微淆訛之處，能使學人明自眞心、見自本性。若未能悟入，亦能以正確知見辨別古今中外一切大師究係眞悟？或屬錯悟？便有能力揀擇，捨名師而選明師，後時必有悟道之緣。一旦悟道，遲者七次人天往返，便出三界，速者一生取辦。學人欲求開悟者，不可不讀。 平實導師著。上、下冊共500元，單冊250元。

眞實如來藏：如來藏眞實存在，乃宇宙萬有之本體，並非印順法師、達賴喇嘛等人所說之「唯有名相、無此心體」。如來藏是涅槃之本際，是一切有智之人竭盡心智、不斷探索而不能得之生命實相；是古今中外許多大師自以為悟而當面錯過之生命實相。如來藏即是阿賴耶識，乃是一切有情本自具足、不生不滅之眞實心。當代中外大師於此書出版之前所未能言者，作者於本書中盡情流露、詳細闡釋。眞悟者讀之，必能增益悟境、智慧增上；錯悟者讀之，必能檢討自己之錯誤，免犯大妄語業；未悟者讀之，能知參禪之理路，亦能以之檢查一切名師是否眞悟。此書是一切哲學家、宗教家、學佛者及欲昇華心智之人必讀之鉅著。 平實導師著 售價400元。

宗門法眼——**公案拈提**第二輯：列舉實例，闡釋土城廣欽老和尚之悟處；並直示這位不識字的老和尚妙智橫生之根由，繼而剖析禪宗歷代大德之開悟公案，解析當代密宗高僧卡盧仁波切之錯悟證據，並例舉當代顯宗高僧、大居士之錯悟證據（凡健在者，爲免影響其名聞利養，皆隱其名）。藉辨正當代名師之邪見，向廣大佛子指陳禪悟之正道，彰顯宗門法眼。悲勇兼出，強捋虎鬚；慈智雙運，巧探驪龍；摩尼寶珠在手，直示宗門入處，禪味十足；若非大悟徹底，不能爲之。禪門精奇人物，允宜人手一冊，供作參究及悟後印證之圭臬。本書於2008年4月改版，增寫為大約500頁篇幅，以利學人研讀參究時更易悟入宗門正法，以前所購初版首刷及初版二刷舊書，皆可免費換取新書。平實導師著 500元（2007年起，凡購買公案拈提第一輯至第七輯，每購一輯皆贈送本公司精製公案拈提〈超意境〉CD一片，市售價格280元，多購多贈）。

宗門道眼——**公案拈提**第三輯：繼宗門法眼之後，再以金剛之作略、慈悲之胸懷、犀利之筆觸，舉示寒山、拾得、布袋三大士之悟處，消弭當代錯悟者對於寒山大士……等之誤會及誹謗。亦舉出民初以來與虛雲和尚齊名之蜀郡鹽亭袁煥仙夫子——南懷瑾老師之師，其「悟處」何在？並蒐羅許多眞悟祖師之證悟公案，顯示禪宗歷代祖師之睿智，指陳部分祖師、奧修及當代顯密大師之謬悟，作爲殷鑑，幫助禪子建立及修正參禪之方向及知見。假使讀者閱此書已，一時尚未能悟，亦可一面加功用行，一面以此宗門道眼辨別眞假善知識，避開錯誤之印證及歧路，可免大妄語業之長劫慘痛果報。欲修禪宗之禪者，務請細讀。平實導師著 售價500元（2007年起，凡購買公案拈提第一輯至第七輯，每購一輯皆贈送本公司精製公案拈提〈超意境〉CD一片，市售價格280元，多購多贈）。

楞伽經詳解：本經是禪宗見道者印證所悟眞僞之根本經典，亦是禪宗見道者悟後起修之依據經典；故達摩祖師於印證二祖慧可大師之後，將此經典連同佛鉢祖衣一併交付二祖，令其依此經典佛示金言、進入修道位，修學一切種智。由此可知此經對於眞悟之人修學佛道，是非常重要之一部經典。此經能破外道邪說，亦破佛門中錯悟名師之謬說，亦破禪宗部分祖師之狂禪：不讀經典、一向主張「一悟即成究竟佛」之謬執。並開示愚夫所行禪、觀察義禪、攀緣如禪、如來禪等差別，令行者對於三乘禪法差異有所分辨；亦糾正禪宗祖師古來對於如來禪之誤解，嗣後可免以訛傳訛之弊。此經亦是法相唯識宗之根本經典，禪者悟後欲修一切種智而入初地者，必須詳讀。 平實導師著，全套共十輯，已全部出版完畢，每輯主文約320頁，每冊約352頁，定價250元。

宗門血脈—公案拈提第四輯：末法怪象—許多修行人自以爲悟，每將無念靈知認作眞實；崇尚二乘法諸師及其徒眾，則將**外於如來藏之緣起性空**—無因論之無常空、斷滅空、一切法空—錯認爲 佛所說之般若空性。這兩種現象已於當今海峽兩岸及美加地區顯密大師之中普遍存在；人人自以爲悟，心高氣壯，便敢寫書解釋祖師證悟之公案，大多出於意識思惟所得，言不及義，錯誤百出，因此誤導廣大佛子同陷大妄語之地獄業中而不能自知。彼等書中所說之悟處，其實處處違背第一義經典之聖言量。彼等諸人不論是否身披袈裟，都非佛法宗門血脈，或雖有禪宗法脈之傳承，亦只徒具形式；猶如螟蛉，非眞血脈，未悟得根本眞實故。禪子欲知佛、祖之眞血脈者，請讀此書，便知分曉。平實導師著，主文452頁，全書464頁，定價500元（2007年起，凡購買公案拈提第一輯至第七輯，每購一輯皆贈送本公司精製公案拈提〈超意境〉CD一片，市售價格280元，多購多贈）。

宗通與說通：古今中外，錯誤之人如麻似粟，每以常見外道所說之靈知心，認作眞心；或妄想虛空之勝性能量爲眞如，或錯認物質四大元素藉冥性（靈知心本體）能成就吾人色身及知覺，或認初禪至四禪中之了知心爲不生不滅之涅槃心。此等皆非通宗者之見地。復有錯悟之人一向主張「宗門與教門不相干」，此即尚未通達宗門之人也。其實宗門與教門互通不二，宗門所證者乃是眞如與佛性，教門所說者乃說宗門證悟之眞如佛性，故教門與宗門不二。本書作者以宗教二門互通之見地，細說「宗通與說通」，從初見道至悟後起修之道、細說分明；並將諸宗諸派在整體佛教中之地位與次第，加以明確之教判，學人讀之即可了知佛法之梗概也。欲擇明師學法之前，允宜先讀。平實導師著，主文共381頁，全書392頁，只售成本價300元。

宗門正道—**公案拈提**第五輯：修學大乘佛法有二果須證解脫果及大菩提果。二乘人不證大菩提果，唯證解脫果；此果之智慧，名爲聲聞菩提、緣覺菩提。大乘佛子所證二果之菩提果爲佛菩提，故名大菩提果，其慧名爲一切種智函蓋二乘解脫果。然此大乘二果修證，須經由禪宗之宗門證悟方能相應。而宗門證悟極難，自古已然；其所以難者，咎在古今佛教界普遍存在三種邪見：1.以修定認作佛法，2.以無因論之緣起性空—否定涅槃本際如來藏以後之一切法空作爲佛法，3.以常見外道邪見（離語言妄念之靈知性）作爲佛法。如是邪見，或因自身正見未立所致，或因邪師之邪教導所致，或因無始劫來虛妄熏習所致。若不破除此三種邪見，永劫不悟宗門眞義、不入大乘正道，唯能外門廣修菩薩行。平實導師於此書中，有極爲詳細之說明，有志佛子欲摧邪見、入於內門修菩薩行者，當閱此書。主文共496頁，全書512頁。售價500元（2007年起，凡購買公案拈提第一輯至第七輯，每購一輯皆贈送本公司精製公案拈提〈超意境〉CD一片，市售價格280元，多購多贈）。

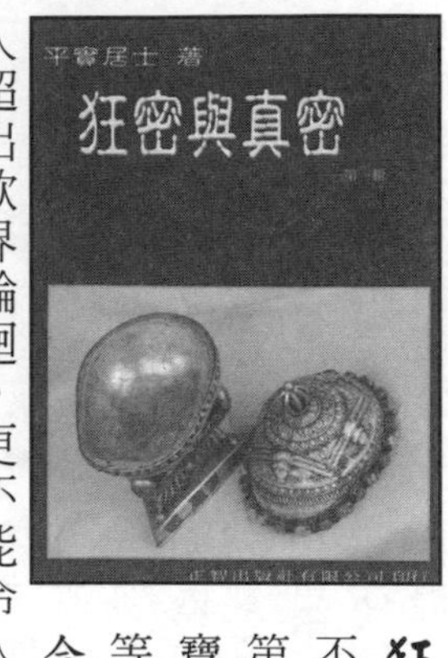

狂密與眞密：密教之修學，皆由有相之觀行法門而入，其最終目標仍不離顯教經典所說第一義諦之修證；若離顯教第一義經典、或違背顯教第一義經典，即非佛教。西藏密教之觀行法，如灌頂、觀想、遷識法、寶瓶氣、大聖歡喜雙身修法、喜金剛、無上瑜伽、大樂光明、樂空雙運等，皆是印度教兩性生生不息思想之轉化，自始至終皆以如何能運用交合淫樂之法達到全身受樂爲其中心思想，純屬欲界五欲的貪愛，不能令人超出欲界輪迴，更不能令人斷除我見；何況大乘之明心與見性，更無論矣！故密宗之法絕非佛法也。而其明光大手印、大圓滿法教，又皆同以常見外道所說離語言妄念之無念靈知心錯認爲佛地之眞如，不能直指不生不滅之眞如。西藏密宗所有法王與徒眾，都尚未開頂門眼，不能辨別眞僞，以依人不依法、依密續不依經典故，不肯將其上師喇嘛所說對照第一義經典，純依密續之藏密祖師所說爲準，因此而誇大其證德與證量，動輒謂彼祖師上師爲究竟佛、爲地上菩薩；如今台海兩岸亦有自謂其師證量高於 釋迦文佛者，然觀其師所述，猶未見道，仍在觀行即佛階段，尚未到禪宗相似即佛、分證即佛階位，竟敢標榜爲究竟佛及地上法王，誑惑初機學人。凡此怪象皆是狂密，不同於眞密之修行者。近年狂密盛行，密宗行者被誤導者極眾，動輒自謂已證佛地眞如，自視爲究竟佛，陷於大妄語業中而不知自省，反謗顯宗眞修實證者之證量粗淺；或如義雲高與釋性圓…等人，於報紙上公然誹謗眞實證道者爲「騙子、無道人、人妖、癩蛤蟆…」等，造下誹謗大乘勝義僧之大惡業；或以外道法中有爲有作之甘露、魔術……等法，誑騙初機學人，狂言彼外道法爲眞佛法。如是怪象，在西藏密宗及附藏密之外道中，不一而足，舉之不盡，學人宜應愼思明辨，以免上當後又犯毀破菩薩戒之重罪。密宗學人若欲遠離邪知邪見者，請閱此書，即能了知密宗之邪謬，從此遠離邪見與邪修，轉入眞正之佛道。

平實導師著　共四輯　每輯約400頁（主文約340頁）每輯售價300元。

宗門正義—公案拈提第六輯：佛教有六大危機，乃是藏密化、世俗化、膚淺化、學術化、宗門密意失傳、悟後進修諸地之次第混淆；其中尤以宗門密意之失傳，爲當代佛教最大之危機。由宗門密意失傳故，易令世尊本懷普被錯解，易令世尊正法被轉易爲外道法，以及加以淺化、世俗化，是故宗門密意之廣泛弘傳與具緣佛弟子，極爲重要。然而欲令宗門密意之廣泛弘傳予具緣之佛弟子者，必須同時配合錯誤知見之解析、普令佛弟子知之，然後輔以公案解析之直示入處，方能令具緣之佛弟子悟入。而此二者，皆須以公案拈提之方式爲之，方易成其功、竟其業，是故平實導師續作宗門正義一書，以利學人。全書500餘頁，售價500元（2007年起，凡購買公案拈提第一輯至第七輯，每購一輯皆贈送本公司精製公案拈提〈超意境〉CD一片，市售價格280元，多購多贈）。

心經密意—心經與解脫道、佛菩提道、祖師公案之關係與密意。二乘菩提所證之解脫道，實依第八識心之斷除煩惱障現行而立解脫之名；大乘菩提所證之佛菩提道，實依親證第八識如來藏之涅槃性、清淨自性、及其中道性而立般若之名；禪宗祖師公案所證之眞心，即是此第八識如來藏；是故三乘佛法所修所證之三乘菩提，皆依此如來藏心而立名也。此第八識心，即是《心經》所說之心也。證得此如來藏已，即能漸入大乘佛菩提道，亦可因證知此心而了知二乘無學所不能知之無餘涅槃本際，是故《心經》之密意，與三乘佛菩提之關係極爲密切、不可分割，三乘佛法皆依此心而立名故。今者平實導師以其所證解脫道之無生智及佛菩提之般若種智，將《心經》與解脫道、佛菩提道、祖師公案之關係與密意，以演講之方式，用淺顯之語句和盤托出，發前人所未言，呈三乘菩提之眞義，令人藉此《心經密意》一舉而窺三乘菩提之堂奧，迥異諸方言不及義之說；欲求眞實佛智者、不可不讀！主文317頁，連同跋文及序文…等共384頁，售價300元。

宗門密意—**公案拈提第七輯**：佛教之世俗化，將導致學人以信仰作爲學佛，則將以感應及世間法之庇祐，作爲學佛之主要目標，不能了知學佛之主要目標爲親證三乘菩提。大乘菩提則以般若實相智慧爲主要修習目標，以二乘菩提解脫道爲附帶修習之標的；是故學習大乘法者，應以禪宗之證悟爲要務，能親入大乘菩提之實相般若智慧中故，般若實相智慧非二乘聖人所能知故。此書則以台灣世俗化佛教之三大法師，說法似是而非之實例，配合眞悟祖師之公案解析，提示證悟般若之關節，令學人易得悟入。平實導師著，全書五百餘頁，售價500元（2007年起，凡購買公案拈提第一輯至第七輯，每購一輯皆贈送本公司精製公案拈提〈超意境〉CD一片，市售價格280元，多購多贈）。

淨土聖道—兼評日本本願念佛：佛法甚深極廣，般若玄微，非諸二乘聖僧所能知之，一切凡夫更無論矣！所謂一切證量皆歸淨土是也！是故大乘法中「聖道之淨土、淨土之聖道」，其義甚深，難可了知；乃至眞悟之人，初心亦難知也。今有正德老師眞實證悟後，復能深探淨土與聖道之緊密關係，憐憫眾生之誤會淨土實義，亦欲利益廣大淨土行人同入聖道，同獲淨土中之聖道門要義，乃振奮心神、書以成文，今得刊行天下。主文279頁，連同序文等共301頁，總有十一萬六千餘字，正德老師著，成本價200元。

起信論講記：詳解大乘起信論**心生滅門**與**心眞如門**之眞實意旨，消除以往大師與學人對起信論所說**心生滅門**之誤解，由是而得了知眞心如來藏之非常非斷中道正理；亦因此一講解，令此論以往隱晦而被誤解之眞實義，得以如實顯示，令大乘佛菩提道之正理得以顯揚光大；初機學者亦可藉此正論所顯示之法義，對大乘法理生起正信，從此得以眞發菩提心，眞入大乘法中修學，世世常修菩薩正行。平實導師演述，共六輯，都已出版，每輯三百餘頁，售價250元。

優婆塞戒經講記：本經詳述在家菩薩修學大乘佛法，應如何受持菩薩戒？對人間善行應如何看待？對三寶應如何護持？應如何正確地修集此世後世證法之福德？應如何修集後世「行菩薩道之資糧」？並詳述第一義諦之正義：五蘊非我非異我、自作自受、異作異受、不作不受……等深妙法義，乃是修學大乘佛法、行菩薩行之在家菩薩所應當了知者。出家菩薩今世或未來世登地已，捨報之後多數將如華嚴經中諸大菩薩，以在家菩薩身而修行菩薩行，故亦應以此經所述正理而修之，配合《楞伽經、解深密經、楞嚴經、華嚴經》等道次第正理，方得漸次成就佛道；故此經是一切大乘行者皆應證知之正法。平實導師講述，每輯三百餘頁，售價各250元；共八輯，已全部出版。

真假活佛—略論附佛外道盧勝彥之邪說：人人身中都有眞活佛，永生不滅而有大神用，但眾生都不了知，所以常被身外的西藏密宗假活佛籠罩欺瞞。本來就眞實存在的眞活佛，才是眞正的密宗無上密！諾那活佛因此而說禪宗是大密宗，但藏密的所有活佛都不知道、也不曾實證自身中的眞活佛。本書詳實宣示眞活佛的道理，舉證盧勝彥的「佛法」不是眞佛法，也顯示盧勝彥是假活佛，直接的闡釋第一義佛法見道的眞實正理。眞佛宗的所有上師與學人們，都應該詳細閱讀，包括盧勝彥個人在內。正犀居士著，優惠價140元。

阿含正義—唯識學探源：廣說四大部《阿含經》諸經中隱說之眞正義理，一一舉示佛陀本懷，令阿含時期初轉法輪根本經典之眞義，如實顯現於佛子眼前。並提示末法大師對於阿含眞義誤解之實例，一一比對之，證實唯識增上慧學確於原始佛法之阿含諸經中已隱覆密意而略說之，證實 世尊確於原始佛法中已曾密意而說第八識如來藏之總相；亦證實 世尊在四阿含中已說此藏識是名色十八界之因、之本—證明如來藏是能生萬法之根本心。佛子可據此修正以往受諸大師（譬如西藏密宗應成派中觀師：印順、昭慧、性廣、大願、達賴、宗喀巴、寂天、月稱、……等人）誤導之邪見，建立正見，轉入正道乃至親證初果而無困難；書中並詳說三果所證的**心解脫**，以及四果**慧解脫**的親證，都是如實可行的具體知見與行門。全書共七輯，已出版完畢。平實導師著，每輯三百餘頁，售價300元。

超意境CD：以平實導師公案拈提書中超越意境之頌詞，加上曲風優美的旋律，錄成令人嚮往的超意境歌曲，其中包括正覺發願文及平實導師親自譜成的黃梅調歌曲一首。詞曲雋永，殊堪翫味，可供學禪者吟詠，有助於見道。內附設計精美的彩色小冊，解說每一首詞的背景本事。每片280元。【每購買公案拈提書籍一冊，即贈送一片。】

鈍鳥與靈龜：鈍鳥及靈龜二物，被宗門證悟者說爲二種人：前者是精修禪定而無智慧者，也是以定爲禪的愚癡禪人；後者是或有禪定、或無禪定的宗門證悟者，凡已證悟者皆是靈龜。但後者被人虛造事實，用以嘲笑大慧宗杲禪師，說他雖是靈龜，卻不免被天童禪師預記「患背」痛苦而亡：「**鈍鳥離巢易，靈龜脫殼難**。」藉以貶低大慧宗杲的證量。同時將天童禪師實證如來藏的證量，曲解爲意識境界的離念靈知。自從大慧禪師入滅以後，錯悟凡夫對他的不實毀謗就一直存在著，不曾止息，並且捏造的假事實也隨著年月的增加而越來越多，終至編成「鈍鳥與靈龜」的假公案、假故事。本書是考證大慧與天童之間的不朽情誼，顯現這件假公案的虛妄不實；更見大慧宗杲面對惡勢力時的正直不阿，亦顯示大慧對天童禪師的至情深義，將使後人對大慧宗杲的誣謗至此而止，不再有人誤犯毀謗賢聖的惡業。書中亦舉證宗門的所悟確以第八識如來藏爲標的，詳讀之後必可改正以前被錯悟大師誤導的參禪知見，日後必定有助於實證禪宗的開悟境界，得階大乘眞見道位中，即是實證般若之賢聖。全書459頁，售價350元。

我的菩提路第一輯：凡夫及二乘聖人不能實證的佛菩提證悟，末法時代的今天仍然有人能得實證，由正覺同修會釋悟圓、釋善藏法師等二十餘位實證如來藏者所寫的見道報告，已爲當代學人見證宗門正法之絲縷不絕，證明大乘義學的法脈仍然存在，爲末法時代求悟般若之學人照耀出光明的坦途。由二十餘位大乘見道者所繕，敘述各種不同的學法、見道因緣與過程，參禪求悟者必讀。全書三百餘頁，售價300元。

我的菩提路第二輯：由郭正益老師等人合著，書中詳述彼等諸人歷經各處道場學法，一一修學而加以檢擇之不同過程以後，因閱讀正覺同修會、正智出版社書籍而發起抉擇分，轉入正覺同修會中修學；乃至學法及見道之過程，都一一詳述之。（本書暫停發售，俟改版重新發售流通。）

我的菩提路第三輯：由王美伶老師等人合著。自從正覺同修會成立以來，每年夏初、冬初都舉辦精進禪三共修，藉以助益會中同修們得以證悟明心發起般若實相智慧；凡已實證而被平實導師印證者，皆書具見道報告用以證明佛法之眞實可證而非玄學，證明佛法並非純屬思想、理論而無實質，是故每年都能有人證明正覺同修會的「實證佛教」主張並非虛語。特別是眼見佛性一法，自古以來中國禪宗祖師實證者極寡，較之明心開悟的證境更難令人信受；至2017年初，正覺同修會中的證悟明心者已近五百人，然而其中眼見佛性者至今唯十餘人爾，可謂難能可貴，是故明心後欲冀眼見佛性者實屬不易。黃正倖老師是懸絕七年無人見性後的第一人，她於2009年的見性報告刊於本書的第二輯中，爲大眾證明佛性確實可以眼見；其後七年之中求見性者都屬解悟佛性而無人眼見，幸而又經七年後的2016冬初，以及2017夏初的禪三，復有三人眼見佛性，希冀鼓舞四眾佛子求見佛性之大心，今則具載一則於書末，顯示求見佛性之事實經歷，供養現代佛教界欲得見性之四眾弟子。全書四百頁，售價300元，已於2017年6月30日發行。

我的菩提路第四輯：由陳晏平等人著。中國禪宗祖師往往有所謂「見性」之言，所言多屬看見如來藏具有能令人發起成佛之自性，並非《大般涅槃經》中 如來所說之眼見佛性。眼見佛性者，於親見佛性之時，即能於山河大地眼見自己佛性，亦能於他人身上眼見自己佛性及對方之佛性，如是境界無法爲尚未實證者解釋；勉強說之，縱使眞實明心證悟之人聞之，亦只能以自身明心之境界想像之，但不論如何想像多屬非量，能有正確之比量者亦是稀有，故說眼見佛性極爲困難。眼見佛性之人若所見極分明時，在所見佛性之境界下所眼見之山河大地、自己五蘊身心皆是虛幻，自有異於明心者之解脫功德受用，此後永不思證二乘涅槃，必定邁向成佛之道而進入第十住位中，已超第一阿僧祇劫三分有一，可謂之爲超劫精進也。今又有明心之後眼見佛性之人出於人間，將其明心及後來見性之報告，連同其餘證悟明心者之精彩報告一同收錄於此書中，供養眞求佛法實證之四眾佛子。全書380頁，售價300元，已於2018年6月30日發行。

我的菩提路第五輯：林慈慧老師等人著，本輯中所舉學人從相似正法中來到正覺同修會的過程，各人都有不同，發生的因緣亦是各有差別，然而都會指向同一個目標——證實生命實相的源底，確證自己生從何來、死往何去的事實，所以最後都證明佛法眞實而可親證，絕非玄學；本書將彼等諸人的始修及末後證悟之實例，羅列出來以供學人參考。本期亦有一位會裡的老師，是從1995年即開始追隨平實導師修學，1997年明心後持續進修不斷，直到2017年眼見佛性之實例，足可證明《大般涅槃經》中世尊開示眼見佛性之法正眞無訛，第十住位的實證在末法時代的今天仍有可能，如今一併具載於書中以供學人參考，並供養現代佛教界欲得見性之四眾弟子。全書四百頁，售價300元，已於2019年12月31日發行。

我的菩提路第六輯：劉正莉老師等人著。書中詳敘學佛路程之辛苦萬端，直至得遇正法之後如何修行終能實證，現觀眞如而入勝義菩薩僧數。本輯亦錄入一位1990年明心後追隨平實導師學法弘法的老師，不數年後又再眼見佛性的實證者，文中詳述見性之過程，欲令學人深信眼見佛性其實不難，冀得奮力向前而得實證。然古來能得明心又得見性之祖師極寡，禪師們所謂見性者往往屬於明心時親見第八識如來藏具備能使人成佛之自性，即名見性，例如六祖等人，是明心時看見了如來藏具有能使人成佛的自性，當作見性，其實只是明心而階眞見道位，尚非眼見佛性。但非《大般涅槃經》中所說之「眼見佛性」之實證。今本書提供十幾篇明心見道報告及眼見佛性者的見性報告一篇，以饗讀者，已於2020年6月30日出版。全書384頁，300元。

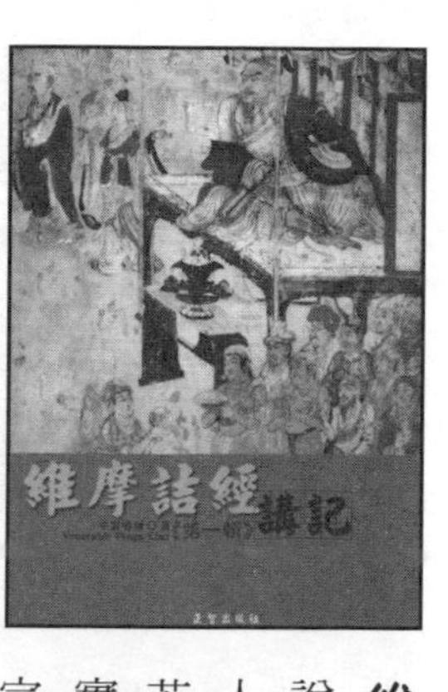

維摩詰經講記：本經係　世尊在世時，由等覺菩薩維摩詰居士藉疾病而演說之大乘菩提無上妙義，所說函蓋甚廣，然極簡略，是故今時諸方大師與學人讀之悉皆錯解，何況能知其中隱含之深妙正義，是故普遍無法爲人解說；若強爲人說，則成依文解義而有諸多過失。今由平實導師公開宣講之後，詳實解釋其中密意，令維摩詰菩薩所說大乘不可思議解脫之深妙正法得以正確宣流於人間，利益當代學人及與諸方大師。書中詳實演述大乘佛法深妙不共二乘之智慧境界，顯示諸法之中絕待之實相境界，建立大乘菩薩妙道於永遠不敗不壞之地，以此成就護法偉功，欲冀永利娑婆人天。已經宣講圓滿整理成書流通，以利諸方大師及諸學人。全書共六輯，每輯三百餘頁，售價各250元。

真假外道：本書具體舉證佛門中的常見外道知見實例，並加以教證及理證上的辨正，幫助讀者輕鬆而快速的了知常見外道的錯誤知見，進而遠離佛門內外的常見外道知見，因此即能改正修學方向而快速實證佛法。游正光老師著。成本價200元。

勝鬘經講記：如來藏爲三乘菩提之所依，若離如來藏心體及其含藏之一切種子，即無三界有情及一切世間法，亦無二乘菩提緣起性空之出世間法；本經詳說無始無明、一念無明皆依如來藏而有之正理，藉著詳解煩惱障與所知障間之關係，令學人深入了知二乘菩提與佛菩提相異之妙理；聞後即可了知佛菩提之特勝處及三乘修道之方向與原理，邁向攝受正法而速成佛道的境界中。平實導師講述，共六輯，每輯三百餘頁，售價各250元。

楞嚴經講記：楞嚴經係密教部之重要經典，亦是顯教中普受重視之經典；經中宣說明心與見性之內涵極爲詳細，將一切法都會歸如來藏及佛性—妙眞如性；亦闡釋佛菩提道修學過程中之種種魔境，以及外道誤會涅槃之狀況，旁及三界世間之起源。然因言句深澀難解，法義亦復深妙寬廣，學人讀之普難通達，是故讀者大多誤會，不能如實理解佛所說之明心與見性內涵，亦因是故多有悟錯之人引爲開悟之證言，成就大妄語罪。今由平實導師詳細講解之後，整理成文，以易讀易懂之語體文刊行天下，以利學人。全書十五輯，全部出版完畢。每輯三百餘頁，售價每輯300元。

明心與眼見佛性：本書細述明心與眼見佛性之異同，同時顯示了中國禪宗破初參明心與重關眼見佛性二關之間的關聯；書中又藉法義辨正而旁述其他許多勝妙法義，讀後必能遠離佛門長久以來積非成是的錯誤知見，令讀者在佛法的實證上有極大助益。也藉慧廣法師的謬論來教導佛門學人回歸正知正見，遠離古今禪門錯悟者所墮的意識境界，非唯有助於斷我見，也對未來的開悟明心實證第八識如來藏有所助益，是故學禪者都應細讀之。游正光老師著　共448頁　售價300元。

菩薩底憂鬱CD將菩薩情懷及禪宗公案寫成新詞，並製作成超越意境的優美歌曲。1.主題曲〈菩薩底憂鬱〉，描述地後菩薩能離三界生死而迴向繼續生在人間，但因尚未斷盡習氣種子而有極深沈之憂鬱，非三賢位菩薩及二乘聖者所知，此憂鬱在七地滿心位方才斷盡；本曲之詞中所說義理極深，昔來所未曾見；此曲係以優美的情歌風格寫詞及作曲，聞者得以激發嚮往諸地菩薩境界之大心，詞、曲都非常優美，難得一見；其中勝妙義理之解說，已印在附贈之彩色小冊中。2.以各輯公案拈提中直示禪門入處之頌文，作成各種不同曲風之超意境歌曲，值得玩味、參究；聆聽公案拈提之優美歌曲時，請同時閱讀內附之印刷精美說明小冊，可以領會超越三界的證悟境界；未悟者可以因此引發求悟之意向及疑情，眞發菩提心而邁向求悟之途，乃至因此眞實悟入般若，成眞菩薩。3.正覺總持咒新曲，總持佛法大意；總持咒之義理，已加以解說並印在隨附之小冊中。本CD共有十首歌曲，長達63分鐘，附贈二張購書優惠券。每片280元。

禪意無限CD平實導師以公案拈提書中偈頌寫成不同風格曲子，與他人所寫不同風格曲子共同錄製出版，幫助參禪人進入禪門超越意識之境界。盒中附贈彩色印製的精美解說小冊，以供聆聽時閱讀，令參禪人得以發起參禪之疑情，即有機會證悟本來面目，實證大乘菩提般若。本CD共有十首歌曲，長達69分鐘，每盒各附贈二張購書優惠券。每片280元。

金剛經宗通：三界唯心，萬法唯識，是成佛之修證內容，是諸地菩薩之所修；般若則是成佛之道（實證三界唯心、萬法唯識）的入門，若未證悟實相般若，即無成佛之可能，必將永在外門廣行菩薩六度，永在凡夫位中。然而實相般若的發起，全賴實證萬法的實相；若欲證知萬法的眞相，則必須探究萬法之所從來，則須實證自心如來—金剛心如來藏，然後現觀這個金剛心的金剛性、眞實性、如如性、清淨性、涅槃性、能生萬法的自性性、本住性，名為證眞如；進而現觀三界六道唯是此金剛心所成，人間萬法須藉八識心王和合運作方能現起。如是實證《華嚴經》的「三界唯心、萬法唯識」以後，由此等現觀而發起實相般若智慧，繼續進修第十住位的如幻觀、第十行位的陽焰觀、第十迴向位的如夢觀，再生起增上意樂而勇發十無盡願，方能滿足三賢位的實證，轉入初地；自知成佛之道而無偏倚，從此按部就班、次第進修乃至成佛。第八識自心如來是般若智慧之所依，般若智慧的修證則要從實證金剛心自心如來開始；《金剛經》則是解說自心如來之經典，是一切三賢位菩薩所應進修之實相般若經典。這一套書，是將平實導師宣講的《金剛經》內容，整理成文字而流通之；書中所說義理，迥異古今諸家依文解義之說，指出大乘見道方向與理路，有益於禪宗學人求開悟見道，及轉入內門廣修六度萬行，已於2013年9月出版完畢，總共9輯，每輯約三百餘頁，售價各250元。

空行母——性別、身分定位，以及藏傳佛教：本書作者爲蘇格蘭哲學家，因爲嚮往佛教深妙的哲學內涵，於是進入當年盛行於歐美的假藏傳佛教密宗，擔任卡盧仁波切的翻譯工作多年以後，被邀請成爲卡盧的空行母（又名佛母、明妃），開始了她在密宗裡的實修過程；後來發覺在密宗雙身法中的修行，其實無法使自己成佛，也發覺密宗對女性岐視而處處貶抑，並剝奪女性在雙身法中擔任一半角色時應有的身分定位。當她發覺自己只是雙身法中被喇嘛利用的工具，沒有獲得絲毫應有的尊重與基本定位時，發現了密宗的父權社會控制女性的本質；於是作者傷心地離開了卡盧仁波切與密宗，但是卻被恐嚇不許講出她在密宗裡的經歷，也不許她說出自己對密宗的教義與教制下對女性剝削的本質，否則將被咒殺死亡。後來她去加拿大定居，十餘年後方才擺脫這個恐嚇陰影，下定決心將親身經歷的實情及觀察到的事實寫下來並且出版，公諸於世。出版之後，她被流亡的達賴集團人士大力攻訐，誣指她爲精神狀態失常、說謊……等。但有智之士並未被達賴集團的政治操作及各國政府政治運作吹捧達賴的表相所欺，使她的書銷售無阻而又再版。正智出版社鑑於作者此書是親身經歷的事實，所說具有針對「藏傳佛教」而作學術研究的價值，也有使人認清假藏傳佛教剝削佛母、明妃的男性本位實質，因此洽請作者同意中譯而出版於華人地區。珍妮·坎貝爾女士著，呂艾倫 中譯，每冊250元。

霧峰無霧——給哥哥的信：本書作者藉兄弟之間信件往來論義，略述佛法大義；並以多篇短文辨義，舉出釋印順對佛法的無量誤解證據，並一一給予簡單而清晰的辨正，令人一讀即知。久讀、多讀之後即能認清楚釋印順的六識論見解，與眞實佛法之牴觸是多麼嚴重；於是在久讀、多讀之後，於不知不覺之間提升了對佛法的極深入理解，正知正見就在不知不覺間建立起來了。當三乘佛法的正知見建立起來之後，對於三乘菩提的見道條件便將隨之具足，於是聲聞解脫道的見道也就水到渠成；接著大乘見道的因緣也將次第成熟，未來自然也會有親見大乘菩提之道的因緣，悟入大乘實相般若也將自然成功，自能通達般若系列諸經而成實義菩薩。作者居住於南投縣霧峰鄉，自喻見道之後不復再見霧峰之霧，故鄉原野美景一一明見，於是立此書名爲《霧峰無霧》；讀者若欲撥霧見月，可以此書爲緣。游宗明 老師著　已於2015年出版　售價250元。

霧峰無霧—第二輯—救護佛子向正道：本書作者藉釋印順著作中之各種錯謬法義提出辨正，以詳實的文義一一提出理論上及實證上之解析，列舉釋印順對佛法的無量誤解證據，藉此教導佛門大師與學人釐清佛法義理，遠離岐途轉入正道，然後知所進修，久之便能見道明心而入大乘勝義僧數。被釋印順誤導的大師與學人極多，很難救轉，是故作者大發悲心深入解說其錯謬之所在，佐以各種義理辨正而令讀者在不知不覺之間轉歸正道。如是久讀之後欲得斷身見、證初果，即不爲難事；乃至久之亦得大乘見道而得證眞如，脫離空有二邊而住中道，實相般若智慧生起，於佛法不再茫然，漸漸亦知悟後進修之道。屆此之時，對於大乘般若等深妙法之迷雲暗霧亦將一掃而空，生命及宇宙萬物之故鄉原野美景一一明見，是故本書仍名《霧峰無霧》，爲第二輯；讀者若欲撥雲見日、離霧見月，可以此書爲緣。游宗明　老師著　已於2019年出版　售價250元。

假藏傳佛教的神話—性、謊言、喇嘛教：本書編著者是由一首名爲「阿姊鼓」的歌曲爲緣起，展開了序幕，揭開假藏傳佛教—喇嘛教—的神祕面紗。其重點是蒐集、摘錄網路上質疑「喇嘛教」的帖子，以揭穿「假藏傳佛教的神話」爲主題，串聯成書，並附加彩色插圖以及說明，讓讀者們瞭解西藏密宗及相關人事如何被操作爲「神話」的過程，以及神話背後的眞相。作者：張正玄教授。售價200元。

達賴真面目—玩盡天下女人：假使您不想戴綠帽子，請記得詳細閱讀此書；假使您不想讓好朋友戴綠帽子，請您將此書介紹給您的好朋友。假使您想保護家中的女性，也想要保護好朋友的女眷，請記得將此書送給家中的女性和好友的女眷都來閱讀。本書爲印刷精美的大本彩色中英對照精裝本，爲您揭開達賴喇嘛的眞面目，內容精彩不容錯過，爲利益社會大眾，特別以優惠價格嘉惠所有讀者。編著者：白志偉等。大開版雪銅紙彩色精裝本。售價800元。

喇嘛性世界—揭開假藏傳佛教譚崔瑜伽的面紗：這個世界中的喇嘛，號稱來自世外桃源的香格里拉，穿著或紅或黃的喇嘛長袍，散布於我們的身邊傳教灌頂，吸引了無數的人嚮往學習；這些喇嘛虔誠地爲大眾祈福，手中拿著寶杵（金剛）與寶鈴（蓮花），口中唸著咒語：「唵．嘛呢．叭咪．吽……」，咒語的意思是說：「我至誠歸命金剛杵上的寶珠伸向蓮花寶穴之中」！「喇嘛性世界」是什麼樣的「世界」呢？本書將爲您呈現喇嘛世界的面貌。當您發現眞相以後，您將會唸：「噢！喇嘛．性．世界，譚崔性交嘛！」作者：張善思、呂艾倫。售價200元。

末代達賴——性交教主的悲歌：簡介從藏傳僞佛教（喇嘛教）的修行核心——性力派男女雙修，探討達賴喇嘛及藏傳僞佛教的修行內涵。書中引用外國知名學者著作、世界各地新聞報導，包含：歷代達賴喇嘛的祕史、達賴六世修雙身法的事蹟，以及《時輪續》中的性交灌頂儀式……等；達賴喇嘛書中開示的雙修法、達賴喇嘛的黑暗政治手段；達賴喇嘛所領導的寺院爆發喇嘛性侵兒童；新聞報導《西藏生死書》作者索甲仁波切性侵女信徒、澳洲喇嘛秋達公開道歉、美國最大假藏傳佛教組織領導人邱陽創巴仁波切的性氾濫；等等事件背後眞相的揭露。作者：張善思、呂艾倫、辛燕。售價250元。

第七意識與第八意識？——穿越時空「超意識」：「三界唯心，萬法唯識」是佛教中應該實證的聖教，也是《華嚴經》中明載而可以實證的法界實相。唯心者，三界一切境界、一切諸法唯是一心所成就，即是每一個有情的第八識如來藏，不是意識心。唯識者，即是人類各各都具足的八識心王——眼識、耳鼻舌身意識、意根、阿賴耶識，第八阿賴耶識又名如來藏，人類五陰相應的萬法，莫不由八識心王共同運作而成就，故說萬法唯識。依聖教量及現量、比量，都可以證明意識是二法因緣生，是由第八識藉意根與法塵二法爲因緣而出生，又是夜夜斷滅不存之生滅心，即無可能反過來出生第七識意根、第八識如來藏，當知不可能從生滅性的意識心中，細分出恆審思量的第七識意根，更無可能細分出恆而不審的第八識如來藏。本書是將演講內容整理成文字，細說如是內容，並已在〈正覺電子報〉連載完畢，今彙集成書以廣流通，欲幫助佛門有緣人斷除意識我見，跳脫於識陰之外而取證聲聞初果；嗣後修學禪宗時即得不墮外道神我之中，得以求證第八識金剛心而發起般若實智。平實導師 述，每冊300元。

黯淡的達賴—失去光彩的諾貝爾和平獎：本書舉出很多證據與論述，詳述達賴喇嘛不為世人所知的一面，顯示達賴喇嘛並不是眞正的和平使者，而是假借諾貝爾和平獎的光環來欺騙世人；透過本書的說明與舉證，讀者可以更清楚的瞭解，達賴喇嘛是結合暴力、黑暗、淫欲於喇嘛教裡的集團首領，其政治行為與宗教主張，早已讓諾貝爾和平獎的光環染污了。 本書由財團法人正覺教育基金會寫作、編輯，由正覺出版社印行，每冊250元。

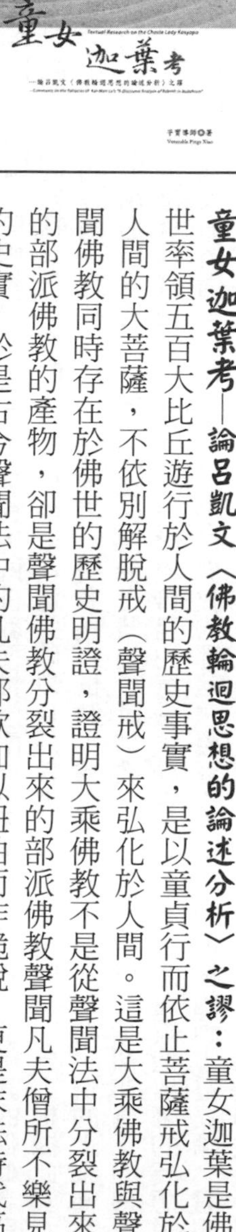

童女迦葉考—論呂凱文〈佛教輪迴思想的論述分析〉之謬：童女迦葉是佛世率領五百大比丘遊行於人間的歷史事實，是以童貞行而依止菩薩戒弘化於人間的大菩薩，不依別解脫戒（聲聞戒）來弘化於人間。這是大乘佛教與聲聞佛教同時存在於佛世的歷史明證，證明大乘佛教不是從聲聞法中分裂出來的部派佛教的產物，卻是聲聞佛教分裂出來的部派佛教聲聞凡夫僧所不樂見的史實；於是古今聲聞法中的凡夫都欲加以扭曲而作詭說，更是末法時代高聲大呼「大乘非佛說」的六識論聲聞凡夫極力想要扭曲的佛教史實之一，於是想方設法扭曲迦葉菩薩為聲聞僧，以及扭曲迦葉童女為比丘僧等荒謬不實之論著便陸續出現，古時聲聞僧寫作的《分別功德論》是最具體之事例，現代之代表作則是呂凱文先生的〈佛教輪迴思想的論述分析〉論文。鑑於如是假藉學術考證以籠罩大眾之不實謬論，未來仍將繼續造作及流竄於佛教界，繼續扼殺大乘佛教學人法身慧命，必須舉證辨正之，遂成此書。平實導師 著，每冊180元。

人間佛教—實證者必定不悖三乘菩提：「大乘非佛說」的講法似乎流傳已久，卻只是日本人企圖擺脫中國正統佛教的影響，而在明治維新時期才開始提出來的說法；台灣佛教、大陸佛教的淺學無智之人，由於未曾實證佛法而迷信日本人錯誤的學術考證，錯認為這些別有用心的日本佛學考證的講法為天竺佛教的眞實歷史；甚至還有更激進的反對佛教者提出「釋迦牟尼佛並非眞實存在，只是後人捏造的假歷史人物」，竟然也有少數人願意跟著「學術」的假光環而信受不疑，於是開始有一些佛教界人士造作了反對中國佛教而推崇南洋小乘佛教的行為，使佛教的信仰者難以檢擇，導致一般大陸人士開始轉入基督教的盲目迷信中。在這些佛教及外教人士之中，也就有一分人根據此邪說而大聲主張「大乘非佛說」的謬論，這些人以「人間佛教」的名義來抵制中國正統佛教，公然宣稱中國的大乘佛教是由聲聞部派佛教的凡夫僧所創造出來的。這樣的說法流傳於台灣及大陸佛教界凡夫僧之中已久，卻非眞正的佛教歷史中曾經發生過的事，只是繼承六識論的聲聞法中凡夫僧依自己的意識境界立場，純憑臆想而編造出來的妄想說法，卻已經影響許多無智之凡夫僧俗信受不移。本書則是從佛教的經藏法義實質及實證的現量內涵本質立論，證明大乘佛法本是佛說，是從《阿含正義》尚未說過的不同面向來討論「人間佛教」的議題，證明「大乘眞佛說」。閱讀本書可以斷除六識論邪見，迴入三乘菩提正道發起實證的因緣；也能斷除禪宗學人學禪時普遍存在之錯誤知見，對於建立參禪時的正知見有很深的著墨。 平實導師 述，內文488頁，全書528頁，定價400元。

見性與看話頭：黃正倖老師的《見性與看話頭》於《正覺電子報》連載完畢，今集結出版。書中詳說禪宗看話頭的詳細方法，並細說看話頭與眼見佛性的關係，以及眼見佛性者求見佛性前必須具備的條件。本書是禪宗實修者追求明心開悟時參禪的方法書，也是求見佛性者作功夫時必讀的方法書，內容兼顧眼見佛性的理論與實修之方法，是依實修之體驗配合理論而詳述，條理分明而且極為詳實、周全、深入。本書內文375頁，全書416頁，售價300元。

中觀金鑑——詳述應成派中觀的起源與其破法本質：學佛人往往迷於中觀學派之不同學說，被應成派與自續派所迷惑；修學般若中觀二十年後自以為實證般若中觀了，卻仍不曾入門，甫聞實證般若中觀者之所說，則茫無所知，迷惑不解；隨後信心盡失，不知如何實證佛法；凡此，皆因惑於這二派中觀學說所致。自續派中觀所說同於常見，以意識境界立為第八識如來藏之境界，應成派所說則同於斷見，但又同立意識為常住法，故亦具足斷常二見。今者孫正德老師有鑑於此，乃將起源於密宗的應成派中觀學說，追本溯源，詳考其來源之外，亦一一舉證其立論內容，詳加辨正，令密宗雙身法祖師以識陰境界而造之應成派中觀學說本質，詳細呈現於學人眼前，令其維護雙身法之目的無所遁形。若欲遠離密宗此二大派中觀謬說，欲於三乘菩提有所進道者，允宜具足閱讀並細加思惟，反覆讀之以後將可捨棄邪道返歸正道，則於般若之實證即有可能，證後自能現觀如來藏之中道境界而成就中觀。本書分上、中、下三冊，每冊250元，已全部出版完畢。

真心告訴您（一）——達賴喇嘛在幹什麼？這是一本報導篇章的選集，更是「破邪顯正」的暮鼓晨鐘。「破邪」是戳破假象，說明達賴喇嘛及其所率領的密宗四大派法王、喇嘛們，弘傳的佛法是仿冒的佛法；他們是假藏傳佛教，是坦特羅(譚崔性交)外道法和藏地崇奉鬼神的苯教混合成的「喇嘛教」，推廣的是以所謂「無上瑜伽」的男女雙身法冒充佛法的假佛教，詐財騙色誤導眾生，常常造成信徒家庭破碎、家中兒少失怙的嚴重後果。「顯正」是揭櫫真相，指出真正的藏傳佛教只有一個，就是覺囊巴，傳的是 釋迦牟尼佛演繹的第八識如來藏妙法，稱為他空見大中觀。正覺教育基金會即以此古今輝映的如來藏正法正知見，在真心新聞網中逐次報導出來，將箇中原委「真心告訴您」，如今結集成書，與想要知道密宗真相的您分享。售價250元。

實相經宗通：學佛之目的在於實證一切法界背後之實相，禪宗稱之爲本來面目或本地風光，佛菩提道中稱之爲實相法界；此實相法界即是金剛藏，又名佛法之祕密藏，即是能生有情五陰、十八界及宇宙萬有（山河大地、諸天、三惡道世間）的第八識如來藏，又名阿賴耶識心，即是禪宗祖師所說的眞如心，此心即是三界萬有背後的實相。證得此第八識心時，自能瞭解般若諸經中隱說的種種密意，即得發起實相般若——實相智慧。每見學佛人修學佛法二十年後仍對實相般若茫然無知，亦不知如何入門，茫無所趣；更因不知三乘菩提的互異互同，是故越是久學者對佛法越覺茫然，都肇因於尚未瞭解佛法的全貌，亦未瞭解佛法的修證內容即是第八識心所致。本書對於修學佛法者所應實證的實相境界提出明確解析，並提示趣入佛菩提道的入手處，有心親證實相般若的佛法實修者，宜詳讀之，於佛菩提道之實證即有下手處。平實導師述著，共八輯，已於2016年出版完畢，每輯成本價250元。

法華經講義：此書爲平實導師始從2009/7/21演述至2014/1/14之講經錄音整理所成。世尊一代時教，總分五時三教，即是華嚴時、聲聞緣覺教、般若教、種智唯識教、法華時；依此五時三教區分爲藏、通、別、圓四教。本經是最後一時的圓教經典，圓滿收攝一切法教於本經中，是故最後的圓教聖訓中，特地指出無有三乘菩提，其實唯有一佛乘；皆因眾生愚迷故，方便區分爲三乘菩提以助眾生證道。世尊於此經中特地說明如來示現於人間的唯一大事因緣，便是爲有緣眾生「開、示、悟、入」諸佛的所知所見——第八識如來藏妙眞如心，並於諸品中隱說「妙法蓮花」如來藏心的密意。然因此經所說甚深難解，眞義隱晦，古來難得有人能窺堂奧；平實導師以知如是密意故，特爲末法佛門四眾演述《妙法蓮華經》中各品蘊含之密意，使古來未曾被古德註解出來的「此經」密意，如實顯示於當代學人眼前。乃至〈藥王菩薩本事品〉、〈妙音菩薩品〉、〈觀世音菩薩普門品〉、〈普賢菩薩勸發品〉中的微細密意，亦皆一併詳述之，開前人所未曾言之密意，示前人所未見之妙法。最後乃至以〈法華大義〉而總其成，全經妙旨貫通始終，而依佛旨圓攝於一心如來藏妙心，厥爲曠古未有之大說也。平實導師述，共有25輯，已於2019/05/31出版完畢。每輯300元。

西藏「活佛轉世」制度—附佛、造神、世俗法：歷來關於喇嘛教活佛轉世的研究，多針對歷史及文化兩部分，於其所以成立的理論基礎，較少系統化的探討。尤其是此制度是否依據「佛法」而施設？是否合乎佛法眞實義？現有的文獻大多含糊其詞，或人云亦云，不曾有明確的闡釋與如實的見解。因此本文先從活佛轉世的由來，探索此制度的起源、背景與功能，並進而從活佛的尋訪與認證之過程，發掘活佛轉世的特徵，以確認「活佛轉世」在佛法中應具足何種果德。定價150元。

真心告訴您(二)—達賴喇嘛是佛教僧侶嗎？補祝達賴喇嘛八十大壽：這是一本針對當今達賴喇嘛所領導的喇嘛教，冒用佛教名相、於師徒間或師兄姊間，實修男女邪淫，而從佛法三乘菩提的現量與聖教量，揭發其謊言與邪術，證明達賴及其喇嘛教是仿冒佛教的外道，是「假藏傳佛教」。藏密四大派教義雖有「八識論」與「六識論」的表面差異，然其實修之內容，皆共許「無上瑜伽」四部灌頂爲究竟「成佛」之法門，也就是共以男女雙修之邪淫法爲「即身成佛」之密要，雖美其名曰「欲貪爲道」之「金剛乘」，並誇稱其成就超越於（應身佛）釋迦牟尼佛所傳之顯教般若乘之上；然詳考其理論，則或以意識離念時之粗細心爲第八識如來藏，或以中脈裡的明點爲第八識如來藏，或如宗喀巴與達賴堅決主張第六意識爲常恆不變之眞心者，分別墮於外道之常見與斷見中；全然違背　佛說能生五蘊之如來藏的實質。售價300元。

涅槃—解說四種涅槃之實證及內涵：眞正學佛之人，首要即是見道，由見道故方有涅槃之實證，證涅槃者方能出生死，但涅槃有四種：二乘聖者的有餘涅槃、無餘涅槃，以及大乘聖者的本來自性清淨涅槃、佛地的無住處涅槃。大乘聖者實證本來自性清淨涅槃，入地前再取證二乘涅槃，然後起惑潤生捨離二乘涅槃，繼續進修而在七地心前斷盡三界愛之習氣種子，依七地無生法忍之具足而證得念念入滅盡定；八地後進斷異熟生死，直至妙覺地下生人間成佛，具足四種涅槃，方是眞正成佛。此理古來少人言，以致誤會涅槃正理者比比皆是，今於此書中廣說四種涅槃、如何實證之理、實證前應有之條件，實屬本世紀佛教界極重要之著作，令人對涅槃有正確無訛之認識，然後可以依之實行而得實證。本書共有上下二冊，每冊各四百餘頁，對涅槃詳加解說，每冊各350元。

佛藏經講義：本經說明為何佛菩提難以實證之原因，都因往昔無數阿僧祇劫前的邪見，引生此世求證時之業障而難以實證。即以諸法實相詳細解說，繼之以念佛品、念法品、念僧品，說明諸佛與法之實質；然後以淨戒品之說明，期待佛弟子四眾堅持清淨戒而轉化心性，並以往古品的實例說明，教導四眾務必滅除邪見轉入正見中，然後以了戒品的說明和囑累品的付囑，期望末法時代的佛門四眾弟子皆能清淨知見而得以實證。平實導師於此經中有極深入的解說，總共21輯，每輯300元，於2019/07/31開始發行。

解深密經講記：本經係　世尊晚年第三轉法輪，宣說地上菩薩所應熏修之唯識正義經典，經中所說義理乃是大乘一切種智增上慧學，以阿陀那識—如來藏—阿賴耶識爲主體。禪宗之證悟者，若欲修證初地無生法忍乃至八地無生法忍者，必須修學《楞伽經、解深密經》所說之八識心王一切種智；此二經所說正法，方是眞正成佛之道；印順法師否定如來藏之後所說萬法緣起性空之法，是以誤會後之二乘解脫道取代大乘眞正成佛之道，亦已墮於斷滅見中，不可謂爲成佛之道也。平實導師曾於本會郭故理事長往生時，於喪宅中從初七至第十七，宣講圓滿，作爲郭老之往生佛事功德，迴向郭老早證八地、速返娑婆住持正法；茲爲今時後世學人故，將擇期重講《解深密經》，以淺顯之語句講畢後將會整理成文，用供證悟者進道；亦令諸方未悟者，據此經中佛語正義，修正邪見，依之速能入道。平實導師述著，全書輯數未定，每輯三百餘頁，將於未來重講完畢後逐輯出版。

修習止觀坐禪法要講記：修學四禪八定之人，往往錯會禪定之修學知見，欲以無止盡之坐禪而證禪定境界，卻不知修除性障之行門才是修證四禪八定不可或缺之要素，故智者大師云「性障初禪」；性障不除，初禪永不現前，云何修證二禪等？又：行者學定，若唯知數息，而不解六妙門之方便善巧者，欲求一心入定，未到地定極難可得，智者大師名之爲「事障未來」：障礙未到地定之修證。又禪定之修證，不可違背二乘菩提及第一義法，否則縱使具足四禪八定，亦不能實證涅槃而出三界。此諸知見，智者大師於《修習止觀坐禪法要》中皆有闡釋。作者平實導師以其第一義之見地及禪定之實證證量，曾加以詳細解析。將俟正覺寺竣工啓用後重講，不限制聽講者資格；講後將以語體文整理出版。欲修習世間定及增上定之學者，宜細讀之。平實導師述著。

阿含經講記——小乘解脫道之修證：數百年來，南傳佛法所說證果之不實，所說解脫道之虛妄，所弘解脫道法義之世俗化，皆已少人知之；從南洋傳入台灣與大陸之後，所說法義虛謬之事，亦復少人知之；今時台灣全島印順系統之法師居士，多不知南傳佛法數百年來所說解脫道之義理已然偏斜、已然世俗化、已非眞正之二乘解脫正道，猶極力推崇與弘揚。彼等南傳佛法近代所謂之證果者皆非眞實證果者，譬如阿迦曼、葛印卡、帕奧禪師、一行禪師……等人，悉皆未斷我見故。近年更有台灣南部大願法師，高抬南傳佛法之二乘修證行門爲「捷徑究竟解脫之道」者，然而南傳佛法縱使眞修實證，得成阿羅漢，至高唯是二乘菩提解脫之道，絕非究竟解脫，無餘涅槃中之實際尚未得證故，法界之實相尚未了知故，習氣種子待除故，一切種智未實證故，焉得謂爲「究竟解脫」？即使南傳佛法近代眞有實證之阿羅漢，尚且不及三賢位中之七住明心菩薩本來自性清淨涅槃智慧境界，則不能知此賢位菩薩所證之無餘涅槃實際，仍非大乘佛法中之見道者，何況普未實證聲聞果乃至未斷我見之人？謬充證果已屬逾越，更何況是誤會二乘菩提之後，以未斷我見之凡夫知見所說之二乘菩提解脫偏斜法道，焉可高抬爲「究竟解脫」？而且自稱「捷徑之道」？又妄言解脫之道即是成佛之道，完全否定般若實智、否定三乘菩提所依之如來藏心體，此理大大不通也！平實導師爲令修學二乘菩提欲證解脫果者，普得迴入二乘菩提正見、正道中，是故選錄四阿含諸經中，對於二乘解脫道法義有具足圓滿說明之經典，預定未來十年內將會加以詳細講解，令學佛人得以了知二乘解脫道之修證理路與行門，庶免被人誤導之後，未證言證，梵行未立，干犯道禁自稱阿羅漢或成佛，成大妄語，欲升反墮。本書首重斷除我見，以助行者斷除我見而實證初果爲著眼之目標，若能根據此書內容，配合平實導師所著《識蘊眞義》《阿含正義》內涵而作實地觀行，實證初果非爲難事，行者可以藉此三書自行確認聲聞初果爲實際可得現觀成就之事。此書中除依二乘經典所說加以宣示外，亦依斷除我見等之證量，及大乘法中道種智之證量，對於意識心之體性加以細述，令諸二乘學人必定得斷我見、常見，免除三縛結之繫縛。次則宣示斷除我執之理，欲令升進而得薄貪瞋痴，乃至斷五下分結…等。平實導師將擇期講述，然後整理成書。共二冊，每冊三百餘頁。每輯300元。

＊喇嘛教修外道雙身法、墮識陰境界，非佛教＊

＊弘揚如來藏他空見的覺囊派才是真正藏傳佛教＊

總經銷： 聯合發行股份有限公司

231 新北市新店區寶橋路 235 巷 6 弄 6 號 4F

Tel.02－2917-8022（代表號） Fax.02－2915-6275（代表號）

零售：1.**全台連鎖經銷書局：**

三民書局、誠品書局、何嘉仁書店

敦煌書店、紀伊國屋、金石堂書局、建宏書局

諾貝爾圖書城、墊腳石圖書文化廣場

2.**台北市：**佛化人生 **大安區**羅斯福路 3 段 325 號 6 樓之 4 台電大樓對面

3.**新北市：**春大地書店 **蘆洲區**中正路 117 號

4.**桃園市：**御書堂 **龍潭區**中正路 123 號

5.**新竹市：**大學書局 **東區**建功路 10 號

6.**台中市：**瑞成書局 **東區**雙十路 1 段 4 之 33 號

佛教詠春書局 **南屯區**永春東路 884 號

文春書店 **霧峰區**中正路 1087 號

7.**彰化市：**心泉佛教文化中心 南瑤路 286 號

8.**高雄市：**政大書城 **前鎮區**中華五路 789 號 2 樓（高雄夢時代店）

明儀書局 **三民區**明福街 2 號

青年書局 **苓雅區**青年一路 141 號

9.**台東市：**東普佛教文物流通處 博愛路 282 號

10.**其餘鄉鎮市經銷書局：**請電詢總經銷**聯合**公司。

11.**大陸地區請洽：**

香港：樂文書店

旺角店 :香港九龍旺角西洋菜街 62 號 3 樓

電話 : (852) 2390 3723 email: luckwinbooks@gmail.com

銅鑼灣店 :香港銅鑼灣駱克道 506 號 2 樓

電話 : (852) 2881 1150 email: luckwinbs@gmail.com

廈門：廈門外圖臺灣書店有限公司

地址:廈門市思明區湖濱南路809 號 廈門外圖書城3 樓 郵編:361004

電話：0592-5061658（臺灣地區請撥打 86-592-5061658）

E-mail：JKB118＠188.COM

12.**美國：世界日報圖書部：**紐約圖書部 電話 7187468889#6262

洛杉磯圖書部 電話 3232616972#202

13.**國內外地區網路購書：**

正智出版社 書香園地 http://books.enlighten.org.tw/

（書籍簡介、經銷書局可直接聯結下列網路書局購書）

三民 網路書局 http://www.sanmin.com.tw

誠品 網路書局 http://www.eslitebooks.com

博客來 網路書局 http://www.books.com.tw

金石堂 網路書局　http://www.kingstone.com.tw

聯合 網路書局　http:// www.nh.com.tw

附註：1.請儘量向各經銷書局購買：郵政劃撥需要八天才能寄到（本公司在您劃撥後第四天才能接到劃撥單，次日寄出後第二天您才能收到書籍，此六天中可能會遇到週休二日，是故共需八天才能收到書籍）若想要早日收到書籍者，請劃撥完畢後，將劃撥收據貼在紙上，旁邊寫上您的姓名、住址、郵區、電話、買書詳細內容，直接傳眞到本公司 02-28344822，並來電 02-28316727、28327495 確認是否已收到您的傳眞，即可提前收到書籍。 2.因台灣每月皆有五十餘種宗教類書籍上架，書局書架空間有限，故唯有新書方有機會上架，通常每次只能有一本新書上架；本公司出版新書，大多上架不久便已售出，若書局未再叫貨補充者，書架上即無新書陳列，則請直接向書局櫃台訂購。 3.若書局不便代購時，可於晚上共修時間向正覺同修會各共修處請購（共修時間及地點，詳閱**共修現況表**。每年例行年假期間請勿前往請書，年假期間請見共修現況表）。 4.郵購：郵政劃撥帳號 19068241。 5.正覺同修會會員購書都以八折計價（戶籍台北市者爲一般會員，外縣市爲護持會員）都可獲得優待，欲一次購買全部書籍者，可以考慮入會，節省書費。入會費一千元（第一年初加入時才需要繳），年費二千元。**6.尚未出版之書籍，請勿預先郵寄書款與本公司，謝謝您！** 7.若欲一次購齊本公司書籍，或同時取得正覺同修會贈閱之全部書籍者，請於正覺同修會共修時間，親到各共修處請購及索取；**台北市讀者**請洽：103 台北市承德路三段 267 號 10 樓（捷運淡水線 圓山站旁）請書時間：週一至週五爲 18.00~21.00，第一、三、五週週六爲 10.00~21.00，雙週之週六爲 10.00~18.00 請購處專線電話：25957295-分機 14（於請書時間方有人接聽）。

敬告大陸讀者：

大陸讀者購書、索書捷徑（尚未在大陸出版的書籍，以下二個途徑都可以購得，電子書另包括結緣書籍）：

1.廈門外國圖書公司：廈門市思明區湖濱南路 809 號 廈門外圖書城 3F
郵編：361004 電話：0592-5061658 網址：http://www.xibc.com.cn/

2.電子書：正智出版社有限公司及正覺同修會在台灣印行的各種局版書、結緣書，已有『**正覺電子書**』陸續上線中，提供讀者於手機、平板電腦上購書、下載、閱讀正智出版社、正覺同修會及正覺教育基金會所出版之電子書，詳細訊息敬請參閱『正覺電子書』專頁：http://books.enlighten.org.tw/ebook

關於平實導師的書訊，請上網查閱：
成佛之道 http://www.a202.idv.tw
正智出版社 書香園地 http://books.enlighten.org.tw/

中國網採訪佛教正覺同修會、正覺教育基金會訊息：

http://big5.china.com.cn/gate/big5/fangtan.china.com.cn/2014-06/19/content_32714638.htm

http://pinpai.china.com.cn/

★ 正智出版社有限公司售書之稅後盈餘，全部捐助財團法人正覺寺籌備處、佛教正覺同修會、正覺教育基金會，供作弘法及購建道場之用；懇請諸方大德支持，功德無量。

★ 聲 明 ★

本社於 2015/01/01 開始調整本目錄中部分書籍之售價，以因應各項成本的持續增加。

＊ 喇嘛教修外道雙身法、墮識陰境界，非佛教 ＊

＊ 弘揚如來藏他空見的覺囊派才是真正藏傳佛教 ＊

售後服務—換書啓事(免附回郵)　　2017/12/05

《楞伽經詳解》第三輯初版免費調換新書啓事：茲因 平實導師弘法早期尚未回復往世全部證量，有些法義接受他人的說法，寫書當時並未察覺而有二處（同一種法義）跟著誤說，如今發現已將之修正。茲爲顧及讀者權益，已開始免費調換新書；敬請所有讀者將以前所購第三輯（不論第幾刷），攜回或寄回本公司免費換新；郵寄者之回郵由本公司負擔，不需寄來郵票。因此而造成讀者閱讀、以及換書的不便，在此向所有讀者致上萬分的歉意，祈請讀者大眾見諒！

《楞嚴經講記》第 14 輯初版首刷本免費調換新書啓事：本講記第 14 輯出版前因 平實導師諸事繁忙，未將之重新閱讀而只改正校對時發現的錯別字，故未能發覺十年前所說法義有部分錯誤，於第 15 輯付印前重閱時才發覺第 14 輯中有部分錯誤尚未改正。今已重新審閱修改並已重印完成，煩請所有讀者將以前所購第 14 輯初版首刷本，寄回本公司免費換新（初版二刷本無錯誤），本公司將於寄回新書時同時附上您寄書來換新時的郵資，並在此向所有讀者致上最誠懇的歉意。

《心經密意》初版書免費調換二版新書啓事：本書係演講錄音整理成書，講時因時間所限，省略部分段落未講。後於再版時補寫增加 13 頁，維持原價流通之。茲爲顧及初版讀者權益，自 2003/9/30 開始免費調換新書，原有初版一刷、二刷書籍，皆可寄來本公司換書。

《宗門法眼》已經增寫改版爲 464 頁新書，2008 年 6 月中旬出版。讀者原有初版之第一刷、第二刷書本，都可以寄回本公司免費調換改版新書。改版後之公案及錯悟事例維持不變，但將內容加以增說，較改版前更具有廣度與深度，將更能助益讀者參究實相。

換書者**免附回郵**，亦無截止期限；舊書請寄：111 台北郵政 73-151 號信箱 或 103 台北市承德路三段 267 號 10 樓 正智出版社有限公司。舊書若有塗鴨、殘缺、破損者，仍可換取新書；但缺頁之舊書至少應仍有五分之三頁數，方可換書。所有讀者不必顧念本公司是否有盈餘之問題，都請踴躍寄來換書；本公司成立之目的不是營利，只要能眞實利益學人，即已達到成立及運作之目的。若以郵寄方式換書者，免附回郵；並於寄回新書時，由本公司附上您寄來書籍時耗用的郵資。造成您不便之處，再次致上萬分的歉意。

正智出版社有限公司 啓

國家圖書館出版品預行編目(CIP)資料

霧峰無霧 ：給哥哥的信 / 游宗明著.－－初版－－
［臺北市］：正智，2012.10
面；　公分
ISBN 978-986-6431-40-1（第 1 輯：平裝）
ISBN 978-986-98038-2-3（第 2 輯：平裝）

1.佛教修持

224.519　　　　101021006

——給哥哥的信

作　　者：游宗明老師
校　　對：正覺同修會編譯部
出 版 者：**正智出版社**有限公司
電話：○二 28327495、28316727（白天）
傳眞：○二 28344822
111 台北郵政 73-151 號信箱
郵政劃撥帳號：一九○六八二四一
正覺講堂：總機○二 **25957295**（夜間）
總 經 銷：聯合發行股份有限公司
231 新北市新店區寶橋路 235 巷 6 弄 6 號 4 樓
電話：○二 29178022（代表號）
傳眞：○二 29156275
初版首刷：二○一二年十月　二千冊
初版七刷：二○二○年七月　二千冊
定　　價：二五○元